长江文明通史

CHANGJIANG Wenming Tongshi

冯天瑜 刘玉堂 / 主编

—— 物用卷 ——

路彩霞 朱晓艳 / 著

武汉出版社
WUHAN PUBLISHING HOUSE

（鄂）新登字08号

图书在版编目（CIP）数据

长江文明通史. 物用卷 / 冯天瑜, 刘玉堂主编；路彩霞, 朱晓艳著. -- 武汉：武汉出版社, 2024.12.
ISBN 978-7-5582-6659-1

Ⅰ. K295；D691.9

中国国家版本馆CIP数据核字第2024QF3785号

长江文明通史·物用卷

主　　编：	冯天瑜　刘玉堂
著　　者：	路彩霞　朱晓艳
责任编辑：	张荣伟　管一凡
装帧设计：	马　波
出　　版：	武汉出版社
社　　址：	武汉市江岸区兴业路136号　　邮　编：430014
电　　话：	（027）85606403　　85600625
	http://www.whcbs.com　　E-mail:whcbszbs@163.com
印　　刷：	武汉精一佳印刷有限公司　　经　销：新华书店
开　　本：	787 mm×1092 mm　　1/16
印　　张：	21.5　　字　数：285千字
版　　次：	2024年12月第1版　2025年1月第1次印刷
定　　价：	108.00元

版权所有·翻印必究
如有质量问题，由本社负责调换。

长江礼赞

冯天瑜

长江，从雪山走来，自北而南，腾跃于羌藏滇群峰间，又东折入川，接纳巴蜀众水，汇巨流冲决川东绝壁，迎来荆楚平野阔，月涌大江流，江汉朝宗东去也，阅尽吴越繁盛，倾注大海不复返，以180万平方千米的丰美沃土，天赐中华。

长江，穿行于北纬30度南北。这是人类古文明（埃及、巴比伦、波斯、印度、中国）的发生线，而长江流域是其中自然条件最为优胜的地段——其他诸域皆因副热带高压控制，成为干旱的沙漠带。文明凭大河灌溉，而长江流域西边有横断山脉、青藏高原崛起，阻断太平洋湿暖季风，形成地球上少有的亚热带降雨丰富的地段，水热资源俱富。长江流域是中国乃至世界经济、文化最具发展潜力的区域，天赐中华。

回望古史，黄河流域对中华文明的早期发育厥功至伟，而长江流域依凭巨大潜力，自晚周急起直追，巴蜀文化、荆楚文化、吴越文化与北方之齐鲁文化、三晋文化、秦羌文化并耀千秋。龙凤齐舞、"国风—离骚"对称、"孔孟—老庄"竞存，共同构建二元耦合的中华文化。中唐以降，经济文化重心南移，长江迎来领跑千年的辉煌。近代以来，面对"数千年未有之大变局"，长江担当起中国工业文明的先导、改革开放的先锋。

长江流域人文兴盛，"大江东去，浪淘尽，千古风流人物"，当下正在创造更加壮阔的现代文明。试看今日之环球，长江正辉耀于东方。

总　序

刘玉堂

一

近 30 年来，长江文化及其研究逐渐成为海内外学术界关注的热点之一。尤其是 1995 年在湖北举行的"首届长江文化暨楚文化国际学术讨论会"和 2003 年 10 月在四川召开的"三星堆与长江文明国际学术研讨会"，在国际文化史学界引起了强烈反响，长江文化研究作为一门"新学"，越来越引起世人的瞩目。而长江文化研究之所以日益受到人们的重视，我以为是历史的必然，也是时代的呼唤。

其一，在国际大文化格局中，流域文化的研究、传承、保护和发展已成为世界性潮流。世界上一些著名的流域文化，如亚马孙河、密西西比河、尼罗河、莱茵河、多瑙河、伏尔加河、恒河等大河流域文化，正日益引起世人的关注。作为世界第三大河流的长江，其流域文化的研究与建设受到重视就是势所必至。

其二，长江流域的历史传统、区域经济和文化面貌，同朝鲜、韩国、日本、东南亚国家以及其他环太平洋地区的国家有着至为密切的关联。有专家预测，21 世纪是"太平洋世纪"，面对"千年未有之大变局"的"太平洋世纪"，长江儿女焉能无动于衷？

其三，中华文化是多元一体的，就其主体来说则是由南北文化二元耦合的，北方以黄河文化为标识，南方以长江文化为表率。二元耦合的态势虽因时而异，但二元耦合的结构始终未变。例如：经学分北学和南学，禅宗分北宗和南宗，戏曲分北曲和南曲，书画分北派和南派，甚至拳法也有北拳和南拳之别，等等。然而长期以来，黄河文化被当作中华文化的唯一摇篮备受礼遇，而长江文化却遭到不应有的冷落。这一"热"一"冷"的两极现象，严重地妨碍着人们对中华文化的全面体认和客观评价，而扭转这一反常现象的唯一途径，就是加快长江文化研究的步伐，使之与黄河文化研究并驾齐驱。

其四，中华人民共和国成立以来，尤其是20世纪80年代以来，长江流域的重大考古发现接踵而至：我国境内最早的古人类化石发现于四川巫山、湖北建始和云南元谋，世界上最早的人工栽培稻发现于湖南道县玉蟾岩，我国时代最早、规模最大的青铜雕像群出土于四川广汉三星堆，还有苏、浙、沪三地发现的精致的河姆渡文化和良渚文化的玉器，鄂、赣、皖三省境内发现的近百处商周时代的矿冶遗址，以及鄂、湘、豫、皖四省楚墓和汉墓出土的大批精美青铜器、漆器、丝织品等，无不给学术界以巨大震撼，促使人们对长江文化的成就、特色和地位作出新的思考。

其五，改革开放以来，长江文化在中国经济社会发展中愈益发挥出突出作用，显示出先导性。上海浦东开发区的建设，芜湖、九江、武汉港的对外开放，长江防护林工程的竣工，三峡工程的修建，西部大开发战略的实施，以及南水北调工程的兴建，尤其是长江经济带建设战略的持续推进及长江国家文化公园建设的启动，反映出长江文化的深入研究和创造性转化、创新性发展已成为迫在眉睫的现实课题。

显而易见，长江文化研究，对于探索中华文明的起源、文化的演进乃至人类的演化，对于从整体上认识长江在中华文明发展史上的地位和作用，把握长江流域的历史与现实、政治与经济、民族与文化，以及研究它与南亚、东南亚及至环太平洋地区的古今交往、交流、交融，都有着极其重要的意义，具有非常广阔的前景。

二

或许有人会问，既然中华文化的主体由黄河文化和长江文化二元耦合而成，而且长江文化的整体水平并不比黄河文化逊色，在某些方面甚至有过之而无不及，为何在相当长的历史时期内人们对黄河文化的青睐和对长江文化的冷淡会形成如此强烈的反差？我以为，这种强烈反差的形成，导源于以下三"差"，即政治中心的"位差"、考古发现的"时差"和文化学者的"视差"。

先说政治中心的"位差"。中国历史上的政治中心大都在被视为中原的黄河流域，由此形成了一种以黄河流域为核心的政治文化，而中国古代的史官文化又是受政治文化制约的，政治上的"中原正宗"必然导致文化上的"黄河一元"。《全上古三代秦汉三国六朝文》载袁淮劝曹爽的一段话，几乎是毫无保留地表露了中国古代士人的普遍心态："吴楚之民，脆弱寡能；英才大贤，不出其土；比技量力，不足与中国相抗。"这里的"技"即指文化，这里的"中国"即指中原。久而久之，人们很容易作出这样的逻辑推理：既然中华文明的摇篮只有一个——黄河，那么文明的诞生和发展就不应该偏离黄河这条轴线。

再说考古发现的"时差"。长江流域的重大考古发现，尤其是新石器时代的一些重大遗迹基本上是中华人民共和国成立以后才发现的，如屈家岭文化发现于1954年，河姆渡文化发现于1973年，大溪文化、北阴阳营文化、马家浜文化发现于20世纪50年代后期，而对其文化特征与类型的确认已到70年代了。同样，虽然良渚文化最早被发现是在1936年，但其名称直到20世纪50年代末期才确定下来。与之相反，黄河流域具有代表性的新石器时代遗址大多在20世纪20年代就被发现了，如仰韶文化发现于1921年，马家窑文化发现于1923年，齐家文化发现于1924年，龙山文化发现于1928年，只有大汶口文化例外，发现于1959年，即便如此，它仍早于长江流域大多数文化的确认和定名时间。至于1951年发现的青莲岗文化，则很难把它划入黄河流域或长江流域的范畴。这就是说，黄河流域的考古发现使得一些人类学家、考古学家、历史学家、民族学家较早地认识了黄河文化，而当今学术界占主流地位的观点，有不少是对20世纪二三十年代传统观点的沿袭和发挥。尽管20世纪50年代以来长江流域新石器时代遗址的考古发现大有超过黄河流域之势，但"先入为主"所形成的心理定势一时还难以迅速扭转。

正是由于政治中心的"位差"和考古发现的"时差"，才导致了文化史研究者的"视差"。在某些文化史学者看来，所谓中华文化，庶几成为黄河文化或曰中原文化的同义语。于是，自20世纪80年代以来开展的关于传统文化的研究和讨论，大多偏重于一条河流——黄河、一个学派——儒学、一种宗教——佛教、一类古都——北方古都，以及某个时代的社会思潮和某些人物的思想学术等。而作为中华文化重要组成部分的长江文化，则很少进入某些文化史研究者的视野。

三

长江文化的特殊地位和研究现状，迫使我们不得不正视这个历史和现实赋予我们的重大课题——长江文化研究。而这种研究首先便涉及长江文化概念的界说。

长江文化的基本概念有广义与狭义之分。广义的长江文化，是以长江流域特殊的自然地理和人文地理位置以及生产力发展水平为基础的具有认同性和归趋性的文化体系。换言之，长江文化即长江流域的一切物质文化和精神文化的总和。其概念内涵既有专门性、特指性，又有包容性、序列性。狭义的长江文化，是指文化地理学或历史学意义上的长江流域文化。它远祧仙人洞文化、彭头山文化、城背溪文化、河姆渡文化、马家浜文化、大溪文化、北阴阳营文化、凌家滩文化、良渚文化、屈家岭文化、石家河文化，以及长江上游地区一些尚待确认和定名的新石器时代文化；蕴藉青藏文化、滇黔文化、巴蜀文化、荆楚文化、皖赣文化、吴越文化；容纳巫觋文化、傩文化、道教文化、南方佛教文化和江南士族文化；包孕近代湖湘文化、海派文化、汉派文化；发展为现代革命文化和新时代中国特色社会主义文化。

长江文化作为一个时空交织的多层次、多维度的文化复合体，在漫长的历史发展中，势必形成一些具有普遍性、持久性和相对稳定性的文化特质——创新、进取和开放。

长江文化在形成与发展过程中，始终保持着旺盛的文化创造活力。水稻的栽培和推广，是长江文化为人类作出的巨大的开创性贡献。迄今我国共发现新石器时代含人工栽培稻的文化遗存约60处，95%在长江流域。其中时代最早的水稻遗存在长江中游的湖南道县玉蟾岩，距今12000年以上；长江下游的浙江余姚河姆渡水稻遗存，距今也有7000年。二者不仅早于黄河流域出土的最早的稻谷遗迹，而且比已知国外最早的稻谷遗存——印度北方邦安拉阿巴德市马哈加拉遗址的稻谷遗迹还要分别早约6000年和1000年。因此，说稻作文化由长江流域向环太平洋地区乃至全世界播迁，不为无据。严格意义上的中国哲学，也是在长江流域创立的。黑格尔在《哲学史讲演录》中说，"孔子只是一个实际的世间智者，在他那里，思辨的哲学是一点也没有的，只有一些善良的、老练的、道德的教训"，而"老子却说到了某种普遍的东西，有点像我们在西方哲学开始时那样的情形"。由老子发其端、庄子衍其绪、屈原推其波、荀子善其终的唯物主义天道观，不仅为汉代道家建构完整的宇宙观奠定了基石，更为中国哲学的独立发展开辟了道路。在中华民族实现文化自觉的历史过程中，长江文化更有创榛辟莽之功：中国共产党创立于上海，早期中国共产党的领导人主要来自长江流域，中国新民主主义革命早期的根据地主要集中在长江流域，中国现代史上不少重大革命活动和历史事件也都发生于长江流域。所有这些，无不表明长江文化具有蓬勃的朝气和创新的伟力。正是由于长江文化有着创新的特质，它才能生生不息，历久弥新。

要想保持创新的活力，务必具有进取的精神。文化的进取特质，是文化发展的内在动力。一种文化是否具有进取的锐志，是决定它是否具有超前性或前趋性发展力量的重要标准。长江文化正是一种锐意进取、矢志开拓的文化。试从长江文化的第一个辉煌期——春秋战国时期来看，无论是巴蜀北抗秦陇、内结羌濮以至成为西南强国，还是楚国筚路蓝缕、发奋绰厉，一跃而为春秋五霸之一和战国七雄之长，或是吴国的北进西突、东拓南征和越国的卧薪尝胆、发愤图强，都显示出一种自强不息的进取精神。正是凭着这种精神，它们分别创造出璀璨夺目的巴蜀文化、荆楚文化和吴越文化，铸造了上古长江文化的辉煌。长江文化的进取特质在中华文化迈向近代文明的变革中表现得尤其突出，试举两例说明。据不完全统计，1895年至1898年间维新派共组织成立学会78个，仅湖南就有18个，居全国之首；上海有17个，仅居其次；两地之和已近全国半数。而作为京师的北京，只有14个。又据有关资料记载，1895年至1898年间，全国创办的主要报刊31种，60%分布在长江流域。其中有广泛影响的三种报纸——《强学报》《时务报》《国闻报》，前两种都创办于长江流域。《强学报》阐述变法之必要、自强之亟须，影响既深且巨；《时务报》以宣传维新变法、救亡图存为宗旨，不数月间，风靡海内外。可以说，在中国进行社会体制变革、走向近代的探索中，长江文化一直勇立潮头。

不过，无论是创新，还是进取，一种文化如果离开了开放的精神，终究会停滞、萎缩乃至消亡。从长江文化的整体功能来看，它是一个开放的文化系统。所谓"开放"，一是指它具有兼收并蓄、容纳百家的恢宏气度，在充分认识自身的基础上，吸收和融汇异质文化的养分，不断地更新和增宏自己；二是指它在吸收异质文化养分的同时，源源不断地输出自身的文化能量，给异质文化以赋能和影响。在此同样以先秦时期长江流域的三朵争奇斗艳的文明之花——楚文化、吴越文化、巴蜀文化为例。楚人以"抚有蛮夷""以属诸夏"的博大胸怀，择善而从，为我所用，包容了一切有生机的文化。有学者对楚文化作了这样的分解：其文化主流虽可推溯到祝融，但其干流是黄河流域的华夏文化，支流则为蛮夷文化，三者交汇合流，才构成了具有典型意义的楚文化。吴越文化也不例外，齐人孙子入吴传授兵法，吴公子季札赴鲁观礼，楚人文种、范蠡入越治军、辅政、筑城，突显出吴越文化的开放襟怀。据有关学者研究，甚至早在四五千年之前，涉艰历险的越人曾率领船队前赴后继地去到了太平洋各岛屿，并抵达南、北美洲，奠定了中国古代航海事业的基础，加速了中华文化的海外播迁。巴蜀文化不仅吸收了楚文化、吴越文化、青藏文化、滇黔文化和中原文化的先进元素，而且还吸收了西亚文明、东南亚文明和印度文明中的某些养分。与此同时，它又将自己的文化传播到上述诸地。

秦汉以后，长江文化的开放精神有增无减。在中华文化近代转型过程中，长江文化积极汲取西方文化中的先进内容，率先接受了西方先进的科技文明；在中华文化的现代化进程中，经常以上海为"龙头"，以其上游的长江流域为"龙身"而起舞，从而演绎出一部部跌宕多姿、雄奇壮观的历史活剧。

斗转星移。时至今日，长江流域仍是风光佳丽之地，文化昌盛之区，人才荟萃之乡，一言以蔽之，长江文化仍自有其优势、生机和魅力。作为立志于研究长江文化的学人，应该有"天将降大任于是人也"的使命意识和"吾将上下而求索"的探索精神，为长江文化的研究、开发和建设殚精竭虑！

适逢长江文化研究浪潮初起，武汉出版社领导以其深厚的长江情怀和强烈的担当精神，约请冯天瑜先生和我共同主持编纂《长江文明通史》，堪称远见卓识之举。全书共分16卷，纵分横写，经纬交织，全面系统地展示了长江文明的概貌特征和演进历程，如能引起广大读者的关注和喜爱，则幸甚至哉！

目 录

前 言 …………………………………………………… 1
第一章 先秦时期长江流域的物用 ……………………… 3
    第一节 衣服装饰 …………………………………… 3
    第二节 饮食器物 …………………………………… 13
    第三节 家居之物 …………………………………… 20
    第四节 出行用具 …………………………………… 26
    第五节 日常用具 …………………………………… 32
    第六节 劳作工具 …………………………………… 44
    第七节 战争武器 …………………………………… 51
    第八节 节仪物用 …………………………………… 58
第二章 秦汉魏晋南北朝时期长江流域的物用 ………… 62
    第一节 衣服装饰 …………………………………… 62
    第二节 饮食器物 …………………………………… 66
    第三节 家居之物 …………………………………… 81
    第四节 出行用具 …………………………………… 85
    第五节 日常用具 …………………………………… 91
    第六节 劳作工具 …………………………………… 99
    第七节 战争武器 …………………………………… 102
    第八节 节仪物用 …………………………………… 108

第三章　唐宋时期长江流域的物用 …… 111
第一节　衣服装饰 …… 111
第二节　饮食器物 …… 121
第三节　家居之物 …… 131
第四节　出行用具 …… 137
第五节　日常用具 …… 146
第六节　劳作工具 …… 166
第七节　节仪物用 …… 170

第四章　元明清时期长江流域的物用 …… 172
第一节　衣服装饰 …… 172
第二节　饮食器物 …… 183
第三节　家居之物 …… 193
第四节　出行用具 …… 196
第五节　日常用具 …… 203
第六节　劳作工具 …… 215
第七节　节仪物用 …… 217

第五章　晚清时期长江流域的物用 …… 220
第一节　新旧杂糅的衣服装饰 …… 221
第二节　多元化的饮食器物 …… 226
第三节　中外并陈的建筑 …… 235
第四节　日新月异的出行方式 …… 256
第五节　传统器物的延续与西物东渐 …… 267

第六章　结　语 …… 287

参考文献 …… 294

后　记 …… 330

前　言

　　从物质视角看，人们不同层级或水平的需求，大多可借助一定的物质实现。人们日常生活中使用的器物既多且杂。器，是物质生产的产品，价值在于"用"。不同的器物，功能和特征差异较大。民生物用类的，以实用性为主；祭祀典礼类的，多具有象征性；而装饰赏玩类的，主要特征是艺术性。当然，也有一些器物，兼具实用性和艺术性，既满足日用所需，又达到一定审美标准，做到了物质性和精神性的统一。

　　器有多种划分方式。按功能和使用场合，可分为尊贵的礼器、供人赏玩的奇器、日用不可或缺的常器等不同种类。根据使用对象，有男女老幼、士农工商等不同侧重，如女子的装饰用品，读书人的文房四宝，儿童的玩具，将士的武器，农夫的农具，商人的量器、算筹等等。按材质，古代器物有青铜器、玉器、铁器、漆器、瓷器等。随着生产力水平的提高，器的材质逐渐丰富，晚清时期，一些化学合成的新材料被广泛应用，而一些使用不便的材质逐渐淡出日用品制作范围。

　　古代"侔造化以制作"的多是奇器或礼器，日用之具，虽不精巧，但生活中不可或缺。器物背后，折射着中国人的日常生活、科学技术和文化艺术，一些器物反映了三者的有机融合。

　　历史上的器物，可见诸考古发掘出的实物、画册上的描摹，以及文献中的记录，也有一些传承千年，仍活跃在我们的日常生活中，习焉而不察。考古学者、历史学者、文化学者、艺术学者、人类学者等对于器物的探究，逐渐形成了一个相对专门的研究领域——物质文化（Material Culture）研究。

物质文化研究一改人文学术研究重视精神与观念的传统，把研究对象聚焦于所有满足人类生存和发展需要所创造的物质产品上，认为这些物质产品具有各自不同的文化功能与价值，在建构日常生活方式和影响社会的历史变迁方面具有重要作用。

长江流域物用的研究，既关注纵向的器物的发展演进轨迹，也观照物质、技术、艺术、文化等不同层面；既考察具有普遍意义的器物，也探讨器物背后的地域特点，以及物质文化通过何种方式影响人们创造了不同的世界。

本书从物质文化史的视角，呈现了长江流域数千年来的物质创造。"形而上者谓之道，形而下者谓之器"，这些器物凝聚着长江流域人民的创造精神，体现了长江流域的发展水平和区域特征。

第一章　先秦时期长江流域的物用

长江流域作为中国古文明的发祥地之一，已发现了许多旧石器时代和新石器时代遗址。夏商周以后，长江流域文化发展更加迅猛，形成了以荆楚文化、吴越文化、巴蜀文化为代表的长江文化，在衣食住行等方面呈现出浓郁的地方特色。

第一节　衣服装饰

先秦时期作为中国古代服饰的奠基阶段，既有原始社会遗风的影响，又或多或少影响了后世服饰形制。一方面，服饰原料从皮毛过渡到丝麻；另一方面，楚国服饰因其独特性而成为这一时期的代表。

一、由"衣皮带茭"过渡到丝麻制衣

《墨子·辞过》篇云："古之民未知为衣服时，衣皮带茭"[①]，即上古先民将野兽皮或野生植物茎叶用骨针连缀起来，借以驱寒蔽体。1982年在贵州普定穿洞堆积物B格第二层中发现旧石器时代晚期的一枚骨针，与北京山顶洞人遗址中发现的骨针一样，为缝制兽皮所

---

① [战国]墨翟：《墨子》，卷1《辞过》，上海古籍出版社1989年版，第11—12页。

用，现藏于贵州省博物馆。①旧石器时代以后很长的一段历史时期，衣皮的习俗仍然存在，如湖南长沙战国墓曾出土一件皮甲，上半部为皮革制成。②

到了新石器时代，人们慢慢懂得运用植物藤茎来编制衣物，苎麻、葛藤成为最早采用的纺织原料。《韩非子》中就说尧"夏日葛衣"③，将穿葛衣年代推至三代之前。1972至1973年，在距今已六千多年的江苏吴县草鞋山新石器时代遗址中出土了三块已经炭化的纺织物残片，经鉴定为葛纤维所织。④《诗·国风·葛覃》中说，"是刈是濩，为絺为绤"，说明至晚在西周时期人们已能熟练掌握织葛工序，精曰絺，粗曰绤。浙江河姆渡遗址出土了多条粗细不一的绳索，同时出土了早期芦席残片，经鉴定绳索含苎麻纤维。⑤1958年，在浙江吴兴钱山漾新石器时代晚期遗址中出土了一批苎麻平纹织物残片和细麻绳。⑥据介绍，苎麻平纹织物经纬密度为每平方厘米16—24根，有的是经线31根，纬线20根，厚度约与现代麻布相当，⑦反映出较高的织麻技术。虽然苎麻织物洁白轻爽、清凉透汗，但普通老百姓却常以大麻为衣，称为布衣。大麻制衣需要脱胶，《诗·国风·东门之池》

---

① 贵州省地方志编纂委员会：《贵州省志·文物志》，贵州人民出版社2003年版，第514页。
② 吴铭生、戴亚东：《长沙出土的三座大型木椁墓》，《考古学报》1957年第1期。
③ ［战国］韩非：《韩非子》，卷19《五蠹》，上海古籍出版社1989年版，第153页。
④ 孙机：《中国古代物质文化》，中华书局2014年版，第77页。
⑤ 浙江省文物考古研究所：《河姆渡——新石器时代遗址考古发掘报告（上）》，文物出版社2003年版，第153—154页。
⑥ 浙江省文物管理委员会：《吴兴钱山漾遗址第一、二次发掘报告》，《考古学报》1960年第2期。
⑦ 周匡明：《钱山漾残绢片出土的启示》，《文物》1980年第1期。

中有"东门之池，可以沤麻"，即利用发酵原理为大麻脱胶，这道工序被称为"蒸"，《说文》曰"蒸，析麻中干也"①，剥下麻纤维后，再用纺锤捻成线。新石器时代遗址中常见的陶纺轮，便是用于麻衣制作的。

春秋战国时期，葛、麻成为主要的制衣原材料。据《越绝书》载，越王勾践"冬披毛裘，夏披绤纷"②，越地有"葛山"，"句践罢吴，种葛，使越女织治葛布，献于吴王夫差"③；有"麻林山"，"句践欲伐吴，种麻以为弓弦"④；《采葛妇之歌》就是在此背景下产生的，其诗曰：

> 葛不连蔓棻台台，我君心苦命更之。尝胆不苦甘如饴，令我采葛以作丝。女工织兮不敢迟，弱于罗兮轻霏霏，号绤素兮将献之。越王悦兮忘罪除，吴王欢兮飞尺书。增封益地赐羽奇，机杖茵褥诸侯仪。群臣拜舞天颜舒，我王何忧能不移。⑤

该诗唱出了采葛妇采葛、织布的艰辛以及想为越王分忧解难的心情，由此也可看出当时越地采葛作丝的普遍。这一时期，考古实物的出土也都说明葛麻织物在长江流域的流行，如江苏六合县和仁东周墓曾出

---

① ［汉］许慎撰，［宋］徐铉等校：《说文解字》，卷一下《草部》，上海古籍出版社2007年版，第43页。
② ［汉］袁康著，［汉］吴平辑录，乐祖谋点校：《越绝书》，卷12《越绝内经九术》，上海古籍出版社1985年版，第84页。
③ ［汉］袁康著，［汉］吴平辑录，乐祖谋点校：《越绝书》，卷8《越绝外传记地传》，第61页。
④ ［汉］袁康著，［汉］吴平辑录，乐祖谋点校：《越绝书》，卷8《越绝外传记地传》，第61页。
⑤ ［汉］赵晔撰，［元］徐天祐注：《吴越春秋》，卷5《句践归国外传第八》，商务印书馆1937年版，第171页。

土苎麻布①，江西贵溪仙岩战国早期墓出土了土黄色苎布和深棕、浅棕、黄褐三色麻布②，湖南长沙406号战国楚墓出土了麻布片③，湖北江陵马山一号墓出土了麻鞋④，等等。

众所周知，我国是世界上最早的养蚕和生产丝织物的国家。上古神话传说中有嫘祖和蚕丛氏务蚕之说。关于嫘祖，文献记载较少，《史记》中载："黄帝居轩辕之丘，而娶于西陵之女，是为嫘祖。"⑤西陵，应为远古氏族部落，具体地名已难以考证，有说是在湖北黄冈，《史记·楚世家》中载楚顷襄王二十年（公元前279年），"秦将白起拔我西陵"⑥，《史记正义》引《括地志》："西陵故城在黄州黄山西二里"⑦；有说在湖北浠水，《三国志·吴书》记载三国吴曾于此地置西陵郡，甘宁曾拜"西陵太守"⑧，治所在今湖北浠水县西南；有说在湖北宜昌，三国吴时曾改夷陵为西陵县，治所在今宜昌市西陵区；有说在四川茂县，《汉书·地理志》中称"蚕陵"⑨，后改称西陵；也有说在四川盐亭，相传此地曾出土《嫘祖故地》碑。种种说法，姑且不论其是否确指上古西陵，但从地域范围来看大都是在长江流域，由此也可反映出长江流域养蚕缫丝历史之悠久。至今，长江流

---

① 吴山菁：《江苏六合县和仁东周墓》，《考古》1977年第5期。
② 程应林、刘诗中：《江西贵溪崖墓发掘简报》，《文物》1980年第11期。
③ 黄纲正：《长沙市五里牌战国木椁墓》，《湖南考古辑刊》1982年第1期。
④ 彭浩：《湖北江陵马山砖厂一号墓出土大批战国时期丝织品》，《文物》1982年第10期。
⑤ [汉] 司马迁：《史记》，卷1《五帝本纪》，中华书局1959年版，第10页。
⑥ [汉] 司马迁：《史记》，卷40《楚世家》，第1735页。
⑦ [汉] 司马迁：《史记》，卷40《楚世家》，第1735页。
⑧ [晋] 陈寿：《三国志》，卷55《吴书·甘宁传》，中华书局1959年版，第1294页。
⑨ [汉] 班固：《汉书》，卷28《地理志》，中华书局1962年版，第1598页。

域一些地方如湖北宜昌仍流行"嫘祖养蚕缫丝传说"①。蚕丛氏，古神话蜀王先祖，汉扬雄《蜀王本纪》中载：

> 蜀之先称王者，有蚕丛、柏灌、鱼凫、开明。是时，人萌椎髻左衽，不晓文字，未有礼乐。从开明已上至蚕丛，积三万四千岁。②

相传蚕丛氏喜穿青衣，教民养蚕，故人们又称其为青衣神，今四川青神县、青衣江由此得名。另，三星堆遗址中出土的铜器纹饰中，蚕的形象清晰可辨。③ 考古实物显示，我国在新石器时代已学会养蚕缫丝。在对浙江吴兴钱山漾遗址第二次发掘中，发现了不少绢片、丝带、丝线等丝织品，标志着当时人们在种桑养蚕和纺织技术上有了重大进步。④

夏商以后，养蚕缫丝在社会经济生活中占据了重要地位，甲骨文里明确刻有"桑""蚕""丝""帛"等象形文字，并派生出100多个"糸"部首的文字。⑤ 西周至春秋战国时期，养蚕种桑规模进一步发展，丝织品广泛用于社会生活的许多领域。这一时期，长江流域形成了三大丝织品生产地，分别是楚国、吴越、蜀国。

---

① 张硕：《长江文明之旅：长江流域的丝织刺绣》，长江出版社2015年版，第9—10页。
② 王文才、王炎：《蜀志类钞》，巴蜀书社2010年版，第1页。
③ 张硕：《长江文明之旅：长江流域的丝织刺绣》，第26页。
④ 浙江省文物管理委员会：《吴兴钱山漾遗址第一、二次发掘报告》，《考古学报》1960年第2期。
⑤ 张硕：《长江文明之旅：长江流域的丝织刺绣》，第22页。

楚国丝织业相当发达。湖南衡山县曾出土一件春秋桑蚕纹尊①，反映了当时桑蚕活动的繁荣。《史记》中写楚庄王爱马，"衣以文绣"②，则从侧面反映出当时楚国丝织品的丰饶。这一时期文献记载的丝织品种类主要有纱、纨、缟、绡、锦、绮、罗、素、练、帛、绢等，这些在考古发掘中也都得到了印证。如，1957年，在长沙左家塘楚墓出土了一块藕色纱手帕，这是现存已知最早的织锦实物；同年，左家塘战国中期楚墓出土了一叠长30厘米、宽10—23厘米、厚5—6厘米夹有多层丝绵的丝织物，其中经三重组织的深棕地红黄色菱纹锦、褐地矩纹锦、褐地红黄矩纹锦，和经二重组织加特殊"挂经"的褐地双色方格纹锦，反映出战国中期楚国织造技术的高超。③1982年，湖北江陵马山一号楚墓出土了大量丝织品，有绢、纱、罗、锦、绮、绣等，其中刺绣，"一般在绣地上用墨或朱砂绘出图稿，然后再行刺绣。针法以锁绣为主，偶而间以平绣。根据构图的需要或满绣，或间绣，线条流畅，针法纯熟。刺绣纹样以凤鸟和龙为主题，几乎无一例外"④，绣工极为精致，体现了超绝的刺绣技术。文献记载与考古实物相互印证，也充分说明了先秦时期楚地丝织技术已能够很好地满足不同层次的消费者、使用者的审美和服用需求。

先秦时期，丝织业也是吴越两国的支柱产业之一。历史上长江流域曾发生著名的"吴楚争桑"之战，《史记》中载：

---

① 湖南省博物馆编：《湖南省博物馆文物精粹（中英文本）》，上海书店出版社2003年版，第14页。
② ［汉］司马迁：《史记》，卷126《滑稽列传》，第3200页。
③ 谷兴荣等：《湖南科学技术史》，湖南科学技术出版社2009年版，第219—220页。
④ 彭浩：《湖北江陵马山砖厂一号墓出土大批战国时期丝织品》，《文物》1982年第10期。

(王僚九年)初,楚边邑卑梁氏之女与吴边邑之女争桑,二女家怒相灭,两国边邑长闻之,怒而相攻,灭吴之边邑。吴王怒,故遂伐楚,取两都而去。①

这反映了吴楚两国对蚕丝生产的重视。1995年,越王者旨於睗古剑出土,其剑柄上包缠丝带和丝织品,它的发现被认为是"填补了自钱山漾良渚文化遗址出土丝线、丝带、丝织品以来浙江大地上再无丝绸文物出土的空白"②。

上文提到,蜀国蚕桑起源甚早,据《尚书》记载,春秋战国时期,时人把成都出产的锦专称"蜀锦",以示区别。秦惠文王派兵征服巴蜀后,曾在成都设官督造织锦,称"锦官",其城遂称锦城,流经成都的岷江一段因此得名锦江,"锦工织锦,濯其江中则鲜明,濯他江则不好,故命曰锦里也"③。1965年,成都百花潭出土了一件战国金属嵌错宴乐水陆攻战图像铜壶,壶身右面一侧刻有栽桑养蚕的场景,"上部有桑树两株,树叶茂盛,每株上各有两人用篮采桑,下有十二人用篮运桑,另有一人歌舞助兴"④,表明当时养蚕植桑已经是重要的社会生产活动。

二、独具特色的楚服

先秦时期的服饰,因地域不同而呈现出不同的特色。近年来随着考古实物的出土,学界对春秋战国时期的各地服饰研究增多,如有的学者认为,中原地区以质朴的曲裾交领式深衣为主;齐鲁地区服饰具

---

① [汉]司马迁:《史记》,卷31《吴太伯世家》,第1462页。
② 袁宜萍:《浙江丝绸文化史话》,宁波出版社1999年版,第15—16页。
③ [晋]常璩:《华阳国志》,卷3《蜀志》,齐鲁书社2010年版,第32页。
④ 四川省博物馆:《成都百花潭中学十号墓发掘记》,《文物》1976年第3期。

有务实性和世态性；北方地区服饰矜夸而有三晋冠带及齐鲁衣履的错综风格；西北秦地服饰厚实便用而逊华丽韵味；吴越地区服饰拙而有式，守成而内具机变；楚国服饰则轻盈细巧，冠式巾帽奇丽，服饰款样纷繁华艳；江淮、巴蜀滇服饰受楚文化影响较深。[1]东周以来，楚国在武力上不断扩展，逐步占领长江下游，在这一过程中，逐步形成了独具特色的楚文化，楚服成为先秦服饰的重要代表。

与"越人跣行"[2]"剪发文身"[3]不同，楚国人极注重穿着，如《墨子·公孟》篇云："楚庄王鲜冠组缨，绛衣博袍，以治其国。"[4]从文献记载和出土实物来看，楚服的形式主要有衣、袍、裳、袴四类，如湖北江陵马山一号楚墓曾出土了三件禅衣、八件绵袍、一件绵袴、一件夹衣。[5]楚式衣袍继承了深衣衣裳连属的形制，但在尺寸上与周礼规定的深衣之制相去甚远，这与楚人好细腰或许有极大关系。《楚辞》云，"小腰秀颈，若鲜卑只"[6]，这种以细腰为美的习俗，影响了人们的服装审美，故而楚人喜在袍外用大带束腰。与深衣相同的是，袍也有直裾、曲裾之分，如长沙陈家大山楚墓出土的帛画中妇女的着装即曲裾袍服，"衣裙曳地，疏散作喇叭状，其尖端翘举，似在

---

[1] 宋镇豪：《从出土文物看春秋战国时代的服饰（上、下）》，《文物天地》1996年第1、2期。
[2] ［战国］韩非：《韩非子》，卷7《说林上》，第60页。
[3] ［战国］墨翟：《墨子》，卷12《公孟》，第101页。
[4] ［战国］墨翟：《墨子》，卷12《公孟》，第101页。
[5] 彭浩：《湖北江陵马山砖厂一号墓出土大批战国时期丝织品》，《文物》1982年第10期。
[6] ［汉］刘向辑，［汉］王逸注，［宋］洪兴祖补注，孙雪霄校点：《楚辞》，卷10《大招章句》，上海古籍出版社2015年版，第284页。

风中飘舞"①。楚人还喜爱穿彩衣,"华采衣兮若英"②,湖北江陵马山一号楚墓中出土的木俑身着彩绘纹饰服装,"外衣用朱红色凤鸟纹绣绢做成,上衣右衽,下裳在腰部用丝线系住,下长过脚"③。

楚服的另一大特色是服饰用玉。早在新石器时代,居住于江汉平原的先民就曾用玉或石制作佩饰。④ 随着周公制礼作乐,玉器在人们生活中占据了重要地位,凡重要活动如吉礼、军礼、凶礼、宾礼、嘉礼都要用玉器,故当时流行"君子比德于玉"⑤"君子无故,玉不去身"⑥ 的说法,佩玉成为上层社会使用的一种重要佩饰。屈原作品中反复提到佩饰,如"长余佩之陆离""佩缤纷其繁饰兮"⑦"被明月兮佩宝璐"⑧ 等,都是指佩玉。考古发掘中也有不少玉器出土,如20世纪70年代末,湖北随州曾侯乙墓中出土了金玉服饰三百多件,有金缕玉瑱、玉璧、玉环、玉玦、十六节玉佩挂饰、动物肖形玉件等,其中,十六节玉佩挂饰制作精美,"全长48厘米、宽8厘米,系用四块白玉石分别雕成龙或其他图象(像),共十六节,再用三个椭圆形

---

① 孙作云:《长沙战国时代楚墓出土帛画考》,《人文杂志》1960年第4期。
② [汉]刘向辑,[汉]王逸注,[宋]洪兴祖补注,孙雪霄校点:《楚辞》,卷2《九歌章句·云中君》,第69页。
③ 彭浩:《湖北江陵马山砖厂一号墓出土大批战国时期丝织品》,《文物》1982年第10期。
④ 张绪球等:《钟祥六合遗址》,《江汉考古》1987年第2期。
⑤ [元]陈澔注,金晓东校点:《礼记》,卷10《聘义》,上海古籍出版社2016年版,第699页。
⑥ [元]陈澔注,金晓东校点:《礼记》,卷6《玉藻》,第351页。
⑦ [汉]刘向辑,[汉]王逸注,[宋]洪兴祖补注,孙雪霄校点:《楚辞》,卷1《离骚经章句》,第19页。
⑧ [汉]刘向辑,[汉]王逸注,[宋]洪兴祖补注,孙雪霄校点:《楚辞》,卷4《九章章句·涉江》,第155页。

活环将其连成一串，可以折卷。活环上均有榫头和铜销钉，可以装卸"①。从这些出土佩玉来看，龙凤题材是楚国服饰玉佩造型常见内容，与楚文化特质相合。

除佩玉外，楚人还喜佩香囊、佩剑。楚人常将各类香草装进丝织品制成的袋子中，如"扈江离与辟芷兮，纫秋兰以为佩"②，离、芷、兰，皆为香草。江陵马山一号楚墓、江陵九店410号楚墓、长沙406号楚墓等都曾出土过多件香囊实物，其中一件内装花椒。花椒，古人将其归为香木，其子实可用作调料、可入药，因其独特的香味，古代皇后居室常涂椒，称"椒房"。佩剑是楚人服外装饰之一。考古发掘证实，在已发现的西周晚期至战国晚期的一些中小型楚墓中大多随葬有剑，如湖北当阳赵家湖楚墓共出土青铜剑57件，江陵雨台山楚墓共出土青铜剑172件，江陵九店楚墓共出土青铜剑203件，从出土位置看，大多出自棺内人骨腰部，显为佩剑。③

南冠楚帽在先秦服饰中独具特色。《孟子·尽心下》中记载了春秋时期楚国宫廷琴师钟仪被晋所俘，依然南冠而絷。后人感念钟仪眷念故土的情怀，多以此激励自己，如唐代诗人骆宾王曾在狱中写道"西陆蝉声唱，南冠客思深"④，李白有"楚冠怀钟仪，越吟比庄舄"⑤。钟仪佩戴的南冠，唐代孔颖达认为是獬豸冠，"前低后高，两

---

① 随县擂鼓墩一号墓考古发掘队：《湖北随县曾侯乙墓发掘简报》，《文物》1979年第7期。
② ［汉］刘向辑，［汉］王逸注，［宋］洪兴祖补注，孙雪霄校点：《楚辞》，卷1《离骚经章句》，第3页。
③ 黄凤春：《浓郁楚风：楚国的衣食住行》，湖北教育出版社2001年版，第63页。
④ 许海山主编：《中国历代诗词曲赋大观》，北京燕山出版社2007年版，第186页。
⑤ 周振甫主编：《唐诗宋词元曲全集·全唐诗（第3册）》，黄山书社1999年版，第1212页。

边突起,形成双角,后部下延至颈部,有两系带"①,今人则认为是高冠,在包山楚墓漆奁画、曾侯乙墓漆鸳鸯盒上所绘人物画中可见。在屈原作品中,我们也可经常看到"高余冠之岌岌兮"②"冠切云之崔嵬"③ 等有关冠式的描述。楚人爱戴冠,并以冠之高低区别身份尊卑,贵族佩戴高冠或长冠。这种冠多"高耸于头顶,其上有环状或平顶状的结构,两边垂缨,结于颈下。服戴时仅著之于顶,并不像其他的冠一样覆盖整个发际"④。1973 年,在湖南长沙子弹库战国楚墓出土了一幅人物御龙帛画,画中人物即着高冠长袍。⑤

总之,作为楚文化的重要组成部分,楚服对后世服饰文化也起到了引领作用,西汉服饰继承并延续了先秦楚服深衣的形制,并有所发展,在中国传统服饰发展史上具有深远的影响。

第二节 饮食器物

远古社会生产力低下,人类以采集野生植物根茎、果实和狩猎野生动物为生,过着茹毛饮血的生活。随着原始农业的出现,饮食结构发生改变。受地理环境和人们所从事的物质生产方式等因素的影响,长江流域先民逐渐形成了以水稻为主食、杂以多样副食和菜蔬的饮食结构,并制作了各式餐具。

---

① 黄凤春:《浓郁楚风:楚国的衣食住行》,第 14 页。
② [汉]刘向辑,[汉]王逸注,[宋]洪兴祖补注,孙雪霄校点:《楚辞》,卷 1《离骚经章句》,第 19 页。
③ [汉]刘向辑,[汉]王逸注,[宋]洪兴祖补注,孙雪霄校点:《楚辞》,卷 4《九章章句·涉江》,第 155 页。
④ 黄凤春:《浓郁楚风:楚国的衣食住行》,第 11 页。
⑤ 湖南省博物馆:《新发现的长沙战国楚墓帛画》,《文物》1973 年第 7 期。

一、以稻米为主的饮食

早在新石器时代，长江中下游地区就产生了以稻作为特点的原始农业。从考古发掘来看，仙人洞文化遗址、玉蟾岩文化遗址、彭头山文化遗址、河姆渡文化遗址、罗家角文化遗址、马家浜文化遗址、崧泽文化遗址、良渚文化遗址和屈家岭文化遗址等，都是以出土了大量稻谷而著称于世的。① 其中，在湖南玉蟾岩文化遗址中，共出土了4粒一万年以前的古栽培稻谷。相关研究显示，其粒长与普通野稻相近，粒宽介于粳稻和籼稻之间，长宽比、稃毛长度、稃肩角度等特征介于普通野稻和籼稻之间，稃面双峰乳突属"钝型"，与粳稻相似，外稃顶端无芒，是一种兼有野、籼、粳综合特征的演化早期的原始栽培稻。② 除此之外，考古队在玉蟾岩文化遗址中还发现了稻谷壳。1996年3月3日《中国文物报》报道称："稻壳出土时，颜色呈灰黄色，共有两枚，其中一枚形状完整。此外，还筛出一枚1/4稻壳残片。在层位上它们晚于1993年该遗址出土的稻壳。1993年发掘的三个层位均有稻属的硅质体，进一步证明玉蟾岩存在水稻的事实。"③ 在浙江河姆渡文化遗址中，发现有稻谷、谷壳、稻秆、稻叶等的堆积，"这些稻谷都已炭化，但尚不失原形，颗粒大小接近于现代的稻谷，比野生稻的颗粒大得多。这些稻谷经浙江农业大学鉴定，属于栽培的籼稻"④。同时，遗址中还发现了骨耜、稻穗纹陶盆，也说明

---

① 姚伟钧：《长江文明之旅：长江流域的饮食生活》，长江出版社2019年版，第3页。
② 张文绪、袁家荣：《湖南道县玉蟾岩古栽培稻的初步研究》，《作物学报》1998年第4期。
③ 袁家荣：《玉蟾岩获水稻起源重要新物证》，《中国文物报》，1996年3月3日。
④ 姚伟钧：《长江文明之旅：长江流域的饮食生活》，第4页。

"他们对于稻谷的栽培早已超过初步认识的阶段"①。在湖北屈家岭文化遗址中,发现有大量食用后的稻谷壳用于房屋建筑中,经鉴定属于粳稻,与今天栽培品种相仿。由此可见,长江中下游地区水稻种植历史悠久。

至春秋战国时期,稻米已然成为长江流域人们的日常生活主食。这从文献记载和考古资料中都可以找到佐证。如《周礼·夏官》载,职方氏"掌天下之图","东南曰扬州,……其谷宜稻。正南曰荆州,……其谷宜稻"②;《史记·货殖列传》曰:"楚越之地,地广人希,饭稻羹鱼"③;1975年在江陵纪南城陈家台发现的战国时期铸造作坊遗址中,有五处被火烧过的稻米痕迹,应是当时该作坊手工工匠的粮食。④

水稻之外,长江流域还种植有其他谷类作物。粟,即小米,主要种植于黄河流域,先秦时期楚地亦种植,《战国策》中载苏秦说楚,曰:"地方五千里,带甲百万,……粟支十年。"⑤ 说的是楚地产粟可供军队十年之用。高粱,也称为蜀黍、蜀秫、芦穄等,属禾本科一年生草本作物。性喜温暖,抗旱,耐涝,我国南北均有种植,以东北各地为最多。对于高粱的起源问题,目前尚未有定论。1957年,江苏新沂三里墩遗址西周文化层发现了燃烧成炭而外形保存尚好的高粱秆,经南京农学院农学系主任李扬汉教授鉴定,是高粱秆近根部。文

---

① 姚伟钧:《长江文明之旅:长江流域的饮食生活》,第4页。
② [清] 孙诒让撰,王文锦、陈玉霞点校:《周礼正义》第10册,卷63《夏官司马·职方氏》,中华书局1987年版,第2636页。
③ [汉] 司马迁:《史记》,卷129《货殖列传》,第3270页。
④ 赵桦、陈永祥:《试述春秋战国时期楚人的饮食》,《湘潭大学学报(哲学社会科学版)》1987年第1期。
⑤ [汉] 刘向集录,范祥雍笺证,范邦瑾协校:《战国策笺证》上,卷14《楚一》,上海古籍出版社2006年版,第787页。

化层中还发现成堆的高粱叶遗迹。① 此处遗迹的发现，虽然不能验证高粱的起源问题，但可以表明，除了黄河流域之外，长江流域至少在先秦时期也已经种植高粱了。苽，又作菰，一名蒋，禾本科，春天发新芽，名茭白、茭瓜，可做蔬菜；秋天抽穗结实，名雕胡、菰米，米白滑腻芳香。东汉郑玄注《周礼·天官》曾将其列为"九谷"之一，《楚辞》亦云，"五谷六仞，设菰粱只"②，即是说楚国不仅种植五谷，且有菰粱饭。

在主食之外，人们还烹调各类菜肴，喜欢加入各种调味品，如椒姜、饴蜜、豉汁等，使其味道多样化。《楚辞》云："大苦咸酸，辛甘行些。……和酸若苦，陈吴羹些。胹鳖炮羔，有柘浆些。"③ 其中，大苦即豉也，辛指的是椒姜，甘指的是饴蜜。吴人做羹，喜用各种调味品调和味道。柘浆，即甘蔗汁，用之可增加菜品甜味。

长江流域先民喜饮酒，《楚辞》中常见饮酒的描写，如"吴醴白糵，和楚沥只"④，醴，甜酒；糵，米曲；沥，清酒；"挫糟冻饮，酎清凉些"⑤，糟是酒滓，酎即醇酒，指的是天热时饮冰镇酒解暑。可见，这一时期出现了用曲制作的粮食酒，甜酒、清酒都属此类。长江中下游地区还有在金秋时节饮用"桂花酒"的习俗。八月十五桂花香，中秋之夜，仰望月中丹桂，喝些桂花夜酒，也是一件美事。桂花

---

① 南京博物馆：《江苏新沂县三里墩古文化遗址第二次发掘简介》，《考古》1960年第7期。

② [汉]刘向辑，[汉]王逸注，[宋]洪兴祖补注，孙雪霄校点：《楚辞》，卷10《大招章句》，第281页。

③ [汉]刘向辑，[汉]王逸注，[宋]洪兴祖补注，孙雪霄校点：《楚辞》，卷9《招魂章句》，第265页。

④ [汉]刘向辑，[汉]王逸注，[宋]洪兴祖补注，孙雪霄校点：《楚辞》，卷10《大招章句》，第281页。

⑤ [汉]刘向辑，[汉]王逸注，[宋]洪兴祖补注，孙雪霄校点：《楚辞》，卷9《招魂章句》，第265页。

不仅具有观赏价值，而且具有食用价值。屈原在《九歌》中吟诵"奠桂酒兮椒浆"①"援北斗兮酌桂浆"②的诗句，表明我国早在先秦时期就用桂花酿酒了。在长江下游一带，每到中秋前后，店铺中卖桂花酒的生意总比平时好得多。南方人民喜食桂花，将桂花作为食品制作中添香的佐料。人们用糖或食盐浸渍桂花，长期保香于密封容器中；或者在制作糕点时，和入米面做成桂花糕，或者在烧食山芋时撒上一撮，色香俱美；还有在泡茶时将桂花加入其中，将之称为"桂花茶"。此外，在长江下游的上海、苏州，人们还很喜欢在过节时吃些糯米桂花甜酒酿。③

二、品种齐全的食器

为便于进餐，饭菜烹调之后需盛之以器。先秦时期特别是商周以降，长江流域人们所用食器品种已非常齐全。就材质而言，主要有陶器、青铜器、漆器等。就品种而言，盛肉之器有镬、鼎、俎、朼；盛羹之器有铏、镫、豆；盛饭之器有簋、敦、簠；盛酒之器有尊、勺、爵、柶、卮；盛水之器有罍、斗、洗等等。④

陶器是使用最为普遍的饮食器具。关于陶器的起源，有很多美丽的神话传说，如《搜神记》中记载：

  宁封子，黄帝时人也，世传为黄帝陶正。有异人过之，为其

---

① ［汉］刘向辑，［汉］王逸注，［宋］洪兴祖补注，孙雪霄校点：《楚辞》，卷2《九歌章句·东皇太一》，第66页。
② ［汉］刘向辑，［汉］王逸注，［宋］洪兴祖补注，孙雪霄校点：《楚辞》，卷2《九歌章句·东君》，第91页。
③ 姚伟钧：《长江流域的饮食文化》，湖北教育出版社2004年版，第365页。
④ 赵桦、陈永祥：《试述春秋战国时期楚人的饮食》，《湘潭大学学报（哲学社会科学版）》1987年第1期。

掌火。能出五色烟。久则以教封子，封子积火自烧，而随烟气上下。视其灰烬，犹有其骨。时人共葬之宁北山中。故谓之"宁封子"。①

今四川地区仍流传着宁封制陶的故事。考古发掘证实，早在新石器时代早期我国就出现了陶器，在南方一些洞穴遗址中发现了早期陶器的残片。到了新石器时代中后期，原始陶器得到迅速发展。人们根据日常生活的需要，用陶器制作了多种多样的日用器具，如瓶、壶、罐、瓮、盆、碗、杯、鼎、釜、鬲等，并且出现彩陶文化、黑陶文化等以陶色命名的文化类型。分布于江汉平原和洞庭湖地区的大溪文化遗址就以彩陶著称，"红陶上绘黑彩或黑陶上绘红彩，色彩对比强烈。纹饰多见绳索纹、平行线纹、人字纹、波浪纹、谷穗纹及变形回纹等。尤其是蛋壳彩陶，集蛋壳陶与彩陶于一身，无论其造型、纹饰、工艺和年代之早，均令人叫绝"②。湖北屈家岭文化的蛋壳彩陶与其一脉相承，"以黑彩晕染涂抹或作带状条纹装饰，图案混沌，似有神秘的色彩"③。浙江河姆渡文化则是早期黑陶的代表，"在黏土中掺入谷壳和植物茎叶烧制而成的'夹炭黑陶'"④，质地粗糙，制作方法较原始。良渚文化以泥质黑皮陶著称，"在泥质灰陶器的表面施一层黑色的陶衣，然后再打磨光亮，因而呈现漆黑色或铅黑色的光泽"⑤。

夏商周时期，陶器制作成为重要的手工行业之一。湖北盘龙城制陶业极为发达，出现了专门的制陶工匠。据考古实证，盘龙城外围杨

---

① ［晋］干宝：《搜神记》，江苏凤凰文艺出版社2019年版，第387页。
② 刘锚锚：《"陶"向"瓷"的过渡与并存》，中国书籍出版社2019年版，第50页。
③ 刘锚锚：《"陶"向"瓷"的过渡与并存》，第56页。
④ 刘锚锚：《"陶"向"瓷"的过渡与并存》，第52页。
⑤ 刘锚锚：《"陶"向"瓷"的过渡与并存》，第57页。

家湾和楼子湾一带陶片堆积厚达数米，王家嘴龙窑各类炊器、盛食器、盛酒器无不具备，出土的"高达 1 米的大陶缸，最突出的是硬（釉）陶，它胎骨细腻，质地坚硬，工艺水平极高，是迄今所见商代陶缸之最大者"①。江西清江吴城村商代遗址也曾出土大量釉陶制的食具，烹煮器物有鬲、罐、甗、甑、鼎五种，以鬲为最多，罐次之；存储盛放器物有豆、罐、盆、尊、大口尊、缸、瓮、瓿、钵、盂、碗和器盖等器物。② 这一时期，受到青铜器影响，陶器制作在造型与纹饰上有类青铜器的趋向，仍主要作为日常生活用具。春秋战国时期，一方面，仿铜器和漆器的陶器增多，日用陶器类以砂质灰陶、泥质灰陶居多；另一方面，随葬用陶器盛行且渐成风俗，长江中游的楚墓中出土了大量的随葬陶器如鼎、簠、壶、盒、鬲、敦、钵等。

漆器食具使用也比较广泛。早在新石器时代，长江流域先民就有用漆器，如 1977 年浙江河姆渡遗址中曾出土朱漆碗、朱漆筒形器；良渚文化遗址中，发现有木胎制的嵌玉高柄朱漆杯。商周以来，漆器制作逐渐增多，至春秋战国时期，已成为一种重要的手工业，以楚国漆器最负盛名。因漆器怕火，故不适合烹煮，多用来盛放、拿取食物，常见有杯、盘、碗、匜、钵、匕、豆、鼎、勺、箸、匙、樽、盒、簠、奁、敦、卮、壶、鬲、耳杯、魁、俎、簋、圆盒、方壶、扁壶等。总体来看，漆器食器的造型主要分为"仿动物形象的、仿铜陶器的和据生活需要而制作的器皿造型等三大类"。③ 这些在湖北云梦、湖北江陵、湖南长沙等地楚墓中大量出土，如曾侯乙墓出土了彩绘乐舞图鸭形漆盒、彩绘神鸟漆豆、彩绘龙凤纹木雕漆豆、彩绘窃曲纹漆

---

① 《武汉盘龙城经济开发区志》编纂委员会：《武汉盘龙城经济开发区志》，长江出版社 2011 年版，第 72 页。
② 范和：《吴城商代遗址新出土的陶器》，《南方文物》1976 年第 2 期。
③ 陈振裕：《战国秦汉漆器群研究》，文物出版社 2007 年版，第 231 页。

豆等，集实用性与艺术性于一体，制作十分精美。

相比于陶器食具与漆器食具，青铜食具出现较晚。据考古发掘可知，夏代开始铸造青铜器，主要供贵族阶层使用，周公制礼作乐后，青铜器作为礼器日益盛行。湖北随州曾侯乙墓中曾出土了一件战国青铜冰鉴酒缶。

商周时期，还出现了原始青瓷。在长江中游的湖北、湖南、江西和江苏南部商代中期遗址和墓葬中，都出土了不少尊、罍等瓷质的盛酒、饮酒器具，但其流行不广，和青铜器一样，主要供贵族阶层使用。

第三节　家居之物

长江流域水域广阔，地面潮湿，夏季炎热多雨，与黄河流域干燥少雨的气候有着明显差别。这种气候差异也造就了长江流域在建筑、家居等方面的不同。

一、房屋建筑

《周易·系辞下》曰，"上古穴居而野处"[①]，考古资料显示，旧石器时代长江流域原始社会先民曾利用天然洞穴作为居住处所。1956年，在湖北长阳县西南下钟家湾村发现长阳人居住的"龙洞"，就是一处天然石灰岩洞穴。之后又出现了半地穴。在上海崧泽假山墩遗址中，考古工作者发现了半地下式的圆形建筑，经证实是远古先民的居住处所。据称，这种房子的底部铺有细沙、坑灰等，说明当时人们已

---

① ［三国魏］王弼、韩康伯注，［唐］孔颖达等正义，黄侃经文句读：《周易正义》，卷8《系辞下》，上海古籍出版社1990年版，第168页。

懂得地面防潮。①

到了新石器时代晚期，长江流域发现的居住遗址主要有两种类型。一种是窝棚式住房，这类建筑多位于平坦的岗地上，聚落面积不大，毗邻成群，墙壁和屋顶在用植物干茎编织的骨架上敷以泥层；另一种是干栏式建筑，多位于平原或湖泊、河流附近。②如浙江河姆渡遗址中有大量木构建筑遗迹，"有一排排的木桩和板桩，沿着小山坡呈扇形分布"，这是"一种底层架空的长屋，即干栏式建筑。其中大的长23米余，深约7米，前廊深1.3米。许多木构件上有榫头和卯口，说明其采用了榫卯结点的技术"③。浙江吴兴钱山漾遗址也发现有干栏式建筑，南北两边隆起，中间地面下陷，木桩按东西方向排立，正中尚有"脊檩"，同时发现的还有大幅竹席、树皮以及各式竹编。有学者指出这些层层覆盖的竹编是此干栏式建筑的顶篷。④吴江梅堰新石器文化遗址出土的干栏式建筑也颇具特色。在吴江梅堰新石器文化遗址中，有以蛤蜊壳为地面的建筑遗迹，厚7—33厘米，上边铺有草木灰和排列整齐、纵横交织的芦苇层；有的则仅为一层蛤蜊壳，上边无草木灰和芦苇层；有的则在草木灰和芦苇层上又重新铺一层蛤蜊壳，作为新的地面。面积较大的约390平方米，小的也有18平方米。⑤此干栏式建筑基址使用蛤蜊壳来夯实铺垫，可以起到预防潮湿以及加固地基的作用。另外，江苏吴县草鞋山遗址也发现了干栏式建筑遗址，该遗址有柱洞、木桩和木板，木桩竖立在地面上，应是房屋的柱子，其中最高的一根约1.5米，有的木桩下面垫有一至两块

---

① 沈福煦：《中国建筑史》，上海人民美术出版社2015年版，第13页。
② 刘敦桢主编：《中国古代建筑史》，中国建筑工业出版社1984年版，第26页。
③ 沈福煦：《中国建筑史》，第14页。
④ 汪济英、牟永抗：《关于吴兴钱山漾遗址的发掘》，《考古》1980年第4期。
⑤ 陈玉寅：《江苏吴江梅堰新石器时代遗址》，《考古》1963年第6期。

木板。① 目前发现的这一时期干栏式建筑屋顶以圆形、方形为主，另外还有梯形屋顶，江西清江营盘里出土的新石器时代晚期陶器上就有脊长檐短的梯形屋顶，或许与当地多雨的自然气候有关。

随着社会生产力的发展，夏代开始修建城市和宫殿，廊院式建筑空间模式开启了中国建筑体系院落空间布局的先河。到了春秋战国时期，木结构、夯土技术均已取得一定进步，房屋功能分工也进一步发展。在宫室建筑方面，楚国上自祖庙，下至贵族的府、宅，无不以高台为木构建筑载体，并采用夯土台基形式，层台累榭成为楚国宫室建筑的一大特色。

这一时期民间常见建筑中，干栏式建筑变得普遍。1957 年，在湖北蕲春毛家咀遗址发现了西周木构建筑遗迹，"木构遗迹之一位于中型水塘中，形制较清楚，基本能看出当时的建筑结构。暴露面积约 1600 平方米，残存木柱 109 根，排列整齐，纵成行，横成列，有的木柱上还凿有榫眼，以便插接横柱架扶板墙。""木构遗迹之二分布在大型水塘中，遗迹范围很大，共发现粗细木柱 171 根，房子 2 间，木板墙残迹 13 处和一处长 2.3 米，宽 2.8 米的平铺木板遗迹。"② 毛家咀西周建筑遗迹被认为是干栏式建筑继河姆渡时代以后在我国南方的又一次面世③，遗址中发现了许多生活用器，可以肯定是作为住房使用。

另外还有石构建筑。据文献记载，古代太湖地区有居石室的风俗。《越绝书》记载越王勾践在郊野狩猎时设有石室休息。20 世纪 50 年代，在江苏、浙江多地发现石室土墩，其构造"一般采用天然石块

---

① 南京博物院：《江苏吴县草鞋山遗址》，《文物资料丛刊》1980 年第 3 期。
② 笪浩波：《探古寻踪：长江流域的古代文化遗迹》，武汉出版社 2006 年版，第 251 页。
③ 笪浩波：《探古寻踪：长江流域的古代文化遗迹》，第 253 页。

或略加工的块石作材料垒砌，一般只有三面石窟，外部犬牙交错，内部一面则较平"①。从已发现的石室建筑看，有人称其为"烽燧墩""藏军洞"，即军事设施；有人认为是墓葬；也有人认为是住房，因为石室中发现了大量生活用品。无论是作何用途，石室建筑都是吴越文化重要的组成部分。

春秋战国时期，在建筑材料上出现了瓦、砖。瓦的大量使用是在春秋时期，到战国时期，各诸侯国建筑上出现了不同形制的瓦当。楚国瓦当以春城遗址发现最为丰富，"陶质多为泥质陶，灰色，部分呈青灰色，少数夹细砂，火候高低不一。瓦当边轮有凹凸、宽窄不同。纹饰基本都是以卷云纹为主题，纹样简洁明快，组合均匀对称，疏密得当，具有独特的艺术风格"②。砖的使用较晚，大约在战国晚期流行，楚都纪南城就曾用方砖、空心砖、条形砖等。

二、家居陈设

先秦时期，室内空间低矮狭小，造就了席地而坐的起居方式，因此，这一时期的家具主要是低矮家具，如席、床、几、俎、案、架、箱、屏风等。

早在新石器时代，长江流域先民就已使用席，如浙江河姆渡遗址③、湖北均县朱家台仰韶文化遗址④、江苏吴兴钱山漾文化遗址⑤

---

① 笪浩波：《探古寻踪：长江流域的古代文化遗迹》，第317页。
② 张亚林、江岸飞：《中国陶瓷设计史》，江西美术出版社2016年版，第60页。
③ 河姆渡遗址考古队：《浙江河姆渡遗址第二期发掘的主要收获》，《文物》1980年第5期。
④ 中国社会科学院考古研究所长江工作队：《湖北均县朱家台遗址》，《考古学报》1989年第1期。
⑤ 浙江省文物管理委员会：《吴兴钱山漾遗址第一、二次发掘报告》，《考古学报》1960年第2期。

等都发现有竹席、芦席等。"席,古有二用,或卧或坐"①,席子是先秦时期的主要家具。《周礼·春官》中有"五席"②,指的是席的材质,分别为莞、藻、次、蒲、熊。莞席,即以莞草编织之席;藻席,又称缫席,以蒲蒻草编织,再夹以五色花纹之席;次席,东汉经学家郑众认为是以虎皮为席,郑玄认为是桃竹枝编的席;蒲席,蒲草编织;熊席,熊皮为席。③长江流域最常见的是竹席,细竹席叫簟,"下莞上簟"④,具有很好的防潮效果并且舒适。如,湖北荆门包山2号楚墓曾出土两件与床大小相同的草席,席长220厘米,宽128厘米,厚0.2厘米,边缘以绢包扎3—4厘米,防止席边散落。其编织方法采用双经单纬、平编工艺。研究者认为草席是铺在折叠床竹帘之上,其上铺竹席,然后铺丝绵被褥。⑤湖北江陵沙冢1号楚墓出土了战国彩漆竹席和竹笥,"席长51厘米,宽24厘米,厚约0.5厘米,""编织方法为方格十字纹,即以红漆竹片的经条与黑漆竹片的纬条垂直相交,构成2—4个平行直线纹及18个正方格纹,在正方格纹内编出一大四小的'十'字纹"⑥,由此可见当时制席工艺之精美。

几,在汉代以前使用普遍。《周礼·春官》中有"五几"⑦,分别为玉几、雕几、彤几、漆几、素几,就其不同装饰手法划分,并以此

---

① 钱玄、钱兴奇:《三礼辞典》,凤凰出版社2014年版,第588页。
② [清]孙诒让撰,王文锦、陈玉霞点校:《周礼正义》第6册,卷38《春官宗伯·司几筵》,第1541页。
③ 许嘉璐主编:《中国古代礼俗辞典》,中国友谊出版社1991年版,第153页。
④ 钱玄、钱兴奇:《三礼辞典》,第588页。
⑤ 李德喜、陈善钰:《中国古典家具》,华中理工大学出版社1998年版,第25页。
⑥ 湖北省文化局文物工作队:《湖北江陵三座楚墓出土大批重要文物》,《文物》1966年第5期。
⑦ [清]孙诒让撰,王文锦、陈玉霞点校:《周礼正义》第6册,卷38《春官宗伯·司几筵》,第1541页。

划分不同等级，是一种古人席地而坐时常扶凭或倚靠的低矮家具。考古发掘证实，春秋战国时期长江流域人们就已使用几。如湖北随州曾侯乙墓出土有板式漆几，"由三块木板嵌榫接成。竖立两块木板为几足，平嵌一块木板作几面。立板内侧有榫槽、榫眼，平板两端有榫头"①，呈"H"形，全身黑漆为地，加简单的朱漆图案，图案非常精美。长沙战国楚墓中曾出土一件彩绘凭几②，有学者认为，其不但可以凭倚，还可作放置器物的几案使用，为多功能家具。③

床，《说文》中解释为："安身之几坐也。"段玉裁注："床之制略同几，而庳于几，可坐，故曰安身之几坐。床制同几，故有足有桄，床可坐。"④ 相传神农氏发明床。据目前考古发掘来看，长江流域湖北包山楚墓出土的彩漆木床是较早的实物，由床身、床栏、床足组成，形制较低矮，周围有栏杆，栏杆为方形格，从两边上下床。

案，属置物类家具。案的用途则较多，有食案、书案、画案等之分，用于日常生活。湖北江陵马山砖厂二号楚墓曾出土两张漆案，"案身为长方形，案面平，四周口沿稍高，四角镶有矩形铜角，有四矮铜蹄足支撑。案面髹黑漆，以红色绘有15个圆圈云纹，案边及案四侧皆以黑色为底，以红、金色绘出鸟纹。高16.5厘米，长93厘米，宽50.5厘米，厚2.5厘米"⑤。由此大体可知案的形制，为长方形下方有足的承托家具。

---

① 随县擂鼓墩一号墓考古发掘队：《湖北随县曾侯乙墓发掘简报》，《文物》1979年第7期。

② 湖南省博物馆、湖南省文物考古研究所等：《长沙楚墓》上，文物出版社2000年版，第537页。

③ 杨代欣：《中国家具收藏与鉴赏》，巴蜀书社2000年版，第20页。

④ 聂菲、张曦：《良工匠意：中国古代家具沿革考述》，百花文艺出版社2016年版，第45页。

⑤ 院文清：《江陵马山砖厂二号楚墓发掘简报》，《江汉考古》1987年第3期。

箱，收藏东西的方形家具，目前长江流域发现的箱子多为漆木，也有竹箱。湖北随州曾侯乙墓中就出土有漆木箱，有盛放衣物的衣箱5件、食具箱2件、酒具箱1件。① 竹制箱也称竹笥，"呈长方形，或方形，或圆形，一般为平顶"②。湖北江陵九店东周墓中出土了50多件竹笥③，编织非常精致。

除此之外，据考古发掘的实物来看，用于屏蔽类家具的屏风在先秦时期已经存在，如湖北江陵马山砖厂二号楚墓曾出土髹黑漆座屏，"以朱、褐、黄彩绘变形几何凤纹、涡云纹、点纹、三角形纹，残高8厘米，残宽15厘米"，可见其工艺之精美。另在一些贵族墓中，支架类家具如衣架、铜炉架也有发现。如在湖北随州曾侯乙墓中出土了一件战国早期云雷纹衣架，"长264厘米、高181.5厘米"，"由圆座、立柱、横梁三部分组成"④。总的来看，春秋战国时期，各种置物类、坐卧类、储藏类、屏蔽类、支架类家具都已经出现，室内家具功能分类比较齐全。

第四节　出行用具

据文献典籍记载，夏代时已有车和舟。先秦时期，长江流域水网密集，多水环境下，许多地区要依靠舟船出行。

---

① 随县擂鼓墩一号墓考古发掘队：《湖北随县曾侯乙墓发掘简报》，《文物》1979年第7期。
② 聂菲、张曦：《良工匠意：中国古代家具沿革考述》，第93页。
③ 湖北省文物考古研究所：《江陵九店东周墓》，科学出版社1995年版，第316页。
④ 聂菲：《中国古代家具鉴赏》，四川大学出版社2000年版，第233—234页。

一、车

与中原地区不同，先秦时期长江流域陆路交通并不发达，车的使用并不普遍。从历史文献及考古资料来看，西周以后，车的使用才慢慢多了起来。这一时期，长江流域楚国的制车业代表了当时的最高水平。楚车按用途、性质及使用者的等级、阶层可分为王舆、后妃及贵族乘车、战车、牛车、邮车。①

王舆，即诸侯王所乘坐的专车"路车（辂车）"。据《周礼》载："王之五路"，分别为玉路、金路、象路、革路、木路。②据已发掘的考古实物来看其形制，"车箱的平面呈'凸'字形，箱内面积较大，约 4.7 平方米。箱分前后两室，前室是御者的驾驶室；后室为车主乘座处，面积 3.5 平方米。估计可乘坐八至十二人左右。箱的四周用长方格子的木栏作壁，四周交角处用曲尺形的铁饰件相接。车门朝后，并在前后两室之间界一隔墙，把御者和车主隔开。另在车箱顶部覆盖以彩绘华丽的圆拱形车盖。这种特殊的车箱结构，是中原地区所少见的。"③王后所乘车也很有讲究，《周礼》中记载有重翟、厌翟、安车、翟车、辇车五种，其中辇车也可为贵族乘用，湖南长沙五里牌 406 号战国楚墓中就发现有随葬车辇。④此外，楚国后妃还喜好驾小型马或牛羊拉的车、装饰鲜花香草的花车。

春秋战国时期，诸侯争霸，战争频繁，战车成为重要的作战用车。目前，在长江流域出土了不少春秋战国时期的战车实物。如湖北

---

① 宋公文、张君：《楚国风俗志》，湖北教育出版社 1995 年版，第 123 页。
② ［清］孙诒让撰，王文锦、陈玉霞点校：《周礼正义》第 8 册，卷 52《春官宗伯·巾车》，第 2141 页。
③ 楚文化研究会编：《楚文化研究论集》第 1 集，荆楚书社 1987 年版，第 164 页。
④ 夏渌：《从楚简"车辇"谈"太史公牛马走"》，《江汉论坛》1986 年第 8 期。

江陵九店东周墓发现车马坑一座，坑内葬车 2 辆，马 4 匹。车为木制，髹漆，均已腐朽，只存痕迹和少数漆皮。痕迹为灰色土，漆色深褐。两辆车中，一辆车痕保存较好，经剔剥出土后，结构较为清楚，可以据此复原；一辆车痕保存极差，仅见辕和右轭。两辆车均单辕两轮，由两匹马驾驶，为实用战车，是当时的陪葬品。① 宜城罗岗也发掘了一座大型车马坑。坑内共清理出车 7 辆，驾车马 18 匹。2 辆为小车，其余为大车，结构大致相似。车均为单辕、双轮、方舆，可能均为实用战车。② 战车根据实际用途又可细分，《周礼》中载："车仆，掌戎路之萃，广车之萃，阙车之萃，苹车之萃，轻车之萃。"③ 郑玄注："此五车皆兵车。"④ 除此之外，还有冲车、巢车、重车等⑤特型兵车。

《周礼·冬官考工记·车人》中有"柏车"，一种专用于在山地行驶的牛车，有研究认为就是楚国先王熊绎所乘的车"筚路"，其形制特点是，"轮、轴低矮，两直辕驾牛，方厢为荆竹编织而成，全车没有金属附件，也没有髹漆，属于一种极其原始、简陋的木车"⑥。

库车，《史记·循吏列传》中载："楚民俗好庳车，（楚庄）王以为庳车不便马，欲下令使高之。"⑦ 可知，库车是一种驾马的乘车，因其低矮，马拉起吃力。

邮车是邮传驿舍所用。春秋战国时期已形成了邮传制度，楚国的

---

① 湖北省文物考古研究所：《江陵九店东周墓》，第 138 页。
② 杨定爱：《湖北宜城罗岗车马坑》，《文物》1993 年第 12 期。
③ [清] 孙诒让撰，王文锦、陈玉霞点校：《周礼正义》第 8 册，卷 53《春官宗伯·车仆》，第 2195 页。
④ 许嘉璐主编：《中国古代礼俗辞典》，中国友谊出版公司 1991 年版，第 515 页。
⑤ 宋公文、张君：《楚国风俗志》，第 133—135 页。
⑥ 宋公文、张君：《楚国风俗志》，第 122 页。
⑦ [汉] 司马迁：《史记》，卷 119《循吏列传》，第 3100 页。

邮传驿舍遍及全境。《左传·昭公五年》记："楚子以驲至于罗汭。"驲,即传车,专门用来送信的车,是楚国传车中制作最考究、速度最快的一种。①

二、舟船

关于舟船的发明者,传说甚多,难以定论。从典籍的记载来看,伏羲氏"刳木为舟,剡木为楫"②,可知古代先民很早就学会将木头从中间剖开制造独木舟,削制木头成为桨楫。这一点得到考古发掘的证实。目前,在新石器时代至春秋战国时期的考古发掘中皆有发现独木舟、桨楫实物。

浙江河姆渡文化遗址中出土了6件木桨和1件舟形陶器,其中保存较好的有2件木桨,一件残长92厘米,另一件残长62厘米、宽12.2厘米、厚2.1厘米,桨柄与桨叶结合处有阴刻斜线纹。③ 舟形陶器长7.7厘米、宽2.8厘米、高3厘米,两头尖,底略平,首尾微翘,整个器物形状为棱形,④ 因其形制较小,据推测是仿独木舟造型的陶器。与此相类的,湖北宜都红花套新石器时代遗址中也发现一件舟形陶器,"方头方尾,两端略上翘,底呈弧形"⑤。另外,在浙江杭州半山水田畈新石器时代遗址中也出土了木桨,一种为宽翼式,桨身宽而扁平,宽为26厘米,厚1.5厘米,桨翼末端削成尖状,另作柄捆绑其上。另一种为窄翼式,数量较多,在3件以上,有的已无法取

---

① 宋公文、张君:《楚国风俗志》,第135页。
② [三国魏]王弼、韩康伯注,[唐]孔颖达等正义,黄侃经文句读:《周易正义》,卷8《系辞下》,第169页。
③ 席龙飞:《中国造船史》,海洋出版社2013年版,第14页。
④ 河姆渡遗址考古队:《浙江河姆渡遗址第二期发掘的主要收获》,《文物》1980年第5期。
⑤ 戴开元:《中国古代的独木舟和木船的起源》,《船史研究》1985年第1期。

出。桨宽 10—14 厘米，桨身和桨柄是一木削成，柄圆锥形。[1]吴兴钱山漾遗址中出土了青冈木制木桨，长 96.5 厘米，宽 19 厘米，稍有曲度。凸起的一面正中有脊，自脊向两边斜杀。柄长 87 厘米，已经腐朽。它与现今木桨不同的是：肩平直，翼长柄短，使用时较费力。[2] 这些木桨的出土充分说明在 4000 多年前的长江流域，先民已普遍使用独木舟这种水上交通工具了。2002 年，在浙江跨湖桥新石器时代遗址中出土了迄今为止中国最早的独木舟遗物，据记载，独木舟的东北端保存基本完整，船头上翘，比船身窄，宽约 29 厘米，离船头 25 厘米处，宽度突增至 52 厘米，弧收面及底部的上翘面十分光洁。内外加工的工具痕迹不能看清，离船头 1 米处有一片面积较大的黑炭面，东南侧舷内发现大片的黑焦面，西北侧舷内也有面积较小的黑焦面，这些黑焦面当是借助火焦法挖凿船体的证据[3]，在独木舟东南侧还发现两只木桨。

1965 年，在江苏武进奄城也曾出土独木舟，是整段楠木或柏木经火烤之后用斧凿制而成的，据碳-14 测定，其年代范围约属于西周时期。其中一艘长 4.34 米，宽 0.7—0.8 米，深 0.56 米，底厚约 6 厘米。舟形俯视平面为长梭形，尖头方尾；侧视舟体前端从后往前弧收上翘成尖锥状，后端呈平直方块状；舟身从上而下凿挖成 U 形槽状，舟舷略平，舟底稍圆；舟中两舷顶边穿凿有大致对称的小圆孔，舟头尖端部另凿一个可能是供缚系缆绳之用的大圆孔。另一艘长

---

[1] 浙江省文物管理委员会：《杭州水田畈遗址发掘报告》，《考古学报》1960 年第 2 期。
[2] 浙江省文物管理委员会：《吴兴钱山漾遗址第一、二次发掘报告》，《考古学报》1960 年第 2 期。
[3] 蒋乐平、朱倩、郑建明、施加农：《跨湖桥遗址发现中国最早的独木舟》，《中国文物报》，2003 年 3 月 21 日第 1 版。

7.35米，宽0.8米。① 此外，奄城遗址在1958年还出土了3艘春秋晚期至战国初期的独木舟遗物；江苏宜兴吾桥出土了1件春秋时期的独木舟遗物。这些独木舟遗物的发现，为了解西周至战国时期独木舟形制提供了重要依据。

随着造船技术的提高，至春秋时期，舟船的用途也变得多了起来。比如有航速快的轻舟、扁舟，有用于短途交通的舲船，《楚辞》中就有"乘舲船余上沅兮"②。在水战频繁的江南各国则相率建造战船，组建舟师。《左传·襄公二十四年》载："楚子为舟师以伐吴，不为军政，无功而还。"③

据《越绝书》记载，吴国的战船有大翼、中翼、小翼、楼船、突冒、桥船等。大翼"容战士二十六人，棹五十人，舳舻三人，操长钩、矛、斧者四，吏仆射长各一人，凡九十一人"④，长12丈，宽1丈6尺；中翼长9丈6尺，宽1丈3尺；小翼长9丈，宽1丈2尺。折合成今日的米制，大翼长27.6米，宽3.68米；中翼长22.08米，宽2.99米；小翼长20.7米，宽2.76米。⑤ "大翼者，当陵军之车；小翼者，当陵军之轻车；突冒者，当陵军之冲车；楼船者，当陵军之行楼车也；桥船者，当陵军之轻足剽定骑也。"⑥ 春秋战国时期水战情形，在四川成都百花潭中学战国时期10号墓中出土的一件嵌错宴

---

① 戴开元：《中国古代的独木舟和木船的起源》，《船史研究》1985年第1期。
② [汉]刘向辑，[汉]王逸注，[宋]洪兴祖补注，孙雪霄校点：《楚辞》，卷4《九章章句·涉江》，第156页。
③ [晋]杜预注，[唐]孔颖达等正义：《春秋左传正义》，卷35《襄公二十四年》，上海古籍出版社1990年版，第609页。
④ [宋]李昉等：《太平御览》，卷315《兵部四六》，中华书局1960年版，第1450页。
⑤ 席龙飞：《中国造船史》，第42—43页。
⑥ [宋]李昉等：《太平御览》，卷770《舟部三》，第3413页。

乐渔猎耕战纹铜壶上得到了生动反映。

战国时期，长江水运进一步发展，在西周时只有大夫这一等级才能够乘坐的舫船已变得普遍，且成为重要的货运工具。1957年出土于安徽寿县城东邱家花园的鄂君启金节，反映了当时楚国造船及航运业的水平。节是古时由帝王或政府颁发的用于水陆交通的凭证。就形制而言，有虎形、马形、龙形、竹节形等，而早期的节是剖竹为之，《周礼·秋官·小行人》中有所记载。后来虽用青铜铸造，但仍多取竹节之形。鄂君启金节分车节、舟节，舟节铭文不仅规定了舟船的数目，还划定了通航路线：以3艘船为一批，每年以50批，即150艘为限；自武昌（今湖北鄂州）出发经长江中游、汉水、湘、资、沅、澧和赣江，可走遍楚国各地①，由此可见其水运之发达。

舟船发明以前，长江流域先民还曾用葫芦作浮水工具，浙江河姆渡新石器时代遗址中曾发现葫芦的种子。②长江上游云南哀牢山下礼社江两岸至今还能看到彝族渔民将几个葫芦拴在腰间外出捕鱼，称为腰舟。

第五节　日常用具

先秦时期，长江流域先民在辛苦劳作之余，也尝试制作各类用具以满足日常生活之需，如夏令引风之物、书写之物、歌舞娱乐之物等。

---

① 席龙飞：《中国造船史》，第44页。
② 河姆渡遗址考古队：《浙江河姆渡遗址第二期发掘的主要收获》，《文物》1980年第5期。

一、古代的扇子

出于夏令引风、驱赶蚊虫、掸拂灰尘、引火加热等需要，古人发明了扇子。扇，古称箑，汉代扬雄称："扇，自关而东谓之箑。（今江东亦通名扇为箑。）自关而西谓之扇。"[1] 可见，在先秦长江流域，先民常常将扇子称为"箑"。

从考古资料来看，目前在长江流域所见较早的扇子形象是江苏六合程桥出土的东周锥刻铜器残片和四川成都百花潭出土的战国金银错壶上刻画的长柄扇，以及江陵天星观楚墓出土的木柄羽扇残件。天星观楚墓出土的羽扇，扇柄呈长方形，首端细，末端粗。首端由一横木和半圆形竹片组成扇形，扇面由羽毛拼接成，茎端用丝带缠裹在柄上，末端与竹片连接（出土时仅存茎部）。柄髹黑漆。长 2.12 米。[2] 此扇应为奴隶仆从执掌为主人引风蔽日所用。

战国晚期至两汉时期，便面扇流行，其中考古实物以江陵马山 1 号楚墓出土的朱黑两色漆篾编成的最为精美。扇全形是菜刀形，柄较短，扇面略近梯形，扇缘长弧形，外侧长 24.3 厘米，内侧长 30.4 厘米。扇面上下宽分别为 14.7 厘米、16.8 厘米。经篾红色，纬篾黑色，用三经一纬的细篾编织而成。每根篾宽 0.1 厘米。扇面由两部分组成：外侧单层，只有一面编织黑色矩形和十字形花纹；内侧两层，正背皆有三段不相连接的相同的长方形矩形花纹。扇柄通长 40.8 厘米，宽 2.5 厘米，厚 0.6 厘米，由两块黑色宽竹片和两片红色窄竹片

---

[1] ［清］戴震：《方言疏证》卷 5，上海古籍出版社 2017 年版，第 129 页。
[2] 湖北省荆州地区博物馆：《江陵天星观 1 号楚墓》，《考古学报》1982 年第 1 期。

拼叠而成，平面微弧。靠近柄的一侧，有两个长方形孔。①

从出土文物形象来看，这些扇子大多为奴隶仆从执掌，其权力象征性多于实际应用，但由此也反映出长江流域扇子的使用有着悠久的历史。另一方面，这些扇子的制作材料大多为竹子。从目前的考古资料来看，我国使用竹器的历史可以追溯至史前时期。旧石器时代晚期的古代先民已使用竹子制作器具。如良渚文化遗址中发掘了大量竹器纹饰的印纹陶器，浙江吴兴钱山漾遗址中发现了200多件竹器实物，到春秋战国时期，竹器制作已成为长江流域重要的手工业部门。湖北宜昌博物馆藏的竹筷，出自春秋战国楚墓，上方下圆，长短、粗细与现代筷子无异。湖北江陵马山1号墓、湖南湘乡牛形山1号墓各出土一件竹枕，是我国已知最早的竹枕。

二、书写用具

在长江流域，文具的使用具有悠久的历史。

据考古发现，新石器时代遗址中发现的一些彩绘陶器上保留有清晰的笔触痕，可知早在新石器时代即已出现毛笔。据《说文解字》记载，战国时期楚地称笔为"聿"，吴地则称"不聿"。

现存比较早的毛笔实物，一支是1954年6月在湖南长沙左家公山战国晚期木椁墓中出土的。该笔出土时置于竹筒之中，笔杆用竹刮削而成精细的圆柱，长17.8厘米，径0.5厘米，头部劈成数片，笔头即插入其中。此毛笔笔头系兔背之毛做成，插入笔杆顶部之内，用细丝线缠住，外面再涂一层漆。笔头露于外部的部分长4.2厘米，笔杆及笔头全长22厘米。此毛笔笔杆极细，毛精，锋长，似描花用的

---

① 陇菲：《漫议"便面"——兼谈文物图像命名》，《光明日报》，2012年3月13日。

毛笔，当然也宜于写字。① 河南信阳长台关的战国楚墓内，亦发现有一支竹杆毛笔，造型和制法基本和左家公山出土的近似。另一支具有代表性的毛笔是 1987 年湖北荆门包山 2 号楚墓出土的。该毛笔笔杆竹质，细长，末端削尖。笔毫有尖锋，上端用丝线捆扎，插入笔杆下端的銎眼内。毫长 3.5 厘米、全长 22.3 厘米。② 这些毛笔的出土，反映了长江流域先民书写文具的使用情形。

有笔必有墨。从殷墟出土的商代甲骨墨迹文字来看，在那个时代已经存在毛笔和朱墨，并有调和朱墨的石臼和砚盘。商代先民在甲骨上刻字时，往往要先用毛笔蘸墨写字，再依字刻文。此时，朱书较多，墨书较少，许多保留下来的商代墨书是先书后刻的漏刻文字，描摹的痕迹较重。经检验，这些商代遗物中的墨书字迹，用的是以炭黑为主要成分的墨。这种墨与《说文解字》所载制墨用的"烟煤"相吻合，是一种烟炱。

1954 年，考古专家在湖南长沙杨家湾战国墓中挖掘出一批用墨书写的竹简和一筐墨块。可见，春秋战国时期，长江流域的人们已掌握了较为成熟的制墨工艺。与手持研磨的墨锭不同，这一时期的人们用墨时，需以研石将墨块碾压成粉末状后再使用，故文献中称"和墨"，如《庄子·田子方》篇云："宋元君将画图，众史皆至，受揖而立，舐笔和墨。"③

在纸张发明以前，长江流域先民普遍用竹、木作为书写载体。远在商代，人们已然使用竹木来书写文字了。《尚书·多士》云，"惟殷

---

① 傅振伦：《记长沙左家公山发现的古笔》，《文史哲》1956 年第 2 期。
② 湖北省荆沙铁路考古队包山墓地整理小组：《荆门市包山楚墓发掘简报》，《文物》1988 年第 5 期。
③ ［清］王先谦集解：《庄子集解》，卷 5《田子方第 21》，上海书店出版社 1986 年版，第 129 页。

先人，有册有典"①，即可证明这一点。册在甲骨文中写作"⿰"，这与简牍编联成册的形状十分相似，可见我国古代很早就使用简牍了。

长江流域多竹简，尤其是战国时期的楚国。竹简之外，有用木材制的木牍，多用杨柳木制造，《楚国先贤传》中即有"孙敬编杨柳简以为经本，晨夜诵习"②。竹简与木牍在用途上并无区分，在先秦时期，都用于记载法律及经史典籍，著名的有楚简、秦简。如长江流域出土的湖北省荆门郭店楚墓竹简、云梦睡虎地秦墓竹简等都以内容丰富完备而闻名于世。另外，根据书写的内容不同，简的长度也有区别。最长的三尺简是记载法律用的，书写经史典籍则要用二尺四寸的简。再短一些以一尺为度而又比简宽的则为尺牍，用以记小事，常用于书信。湖北云梦睡虎地4号秦墓出土的我国现存最早的两封家书，就是写在尺牍上的。其中一件保存完整，长23.1厘米，宽3.4厘米，厚0.3厘米，两面书写，正面的字迹清晰可见，背面较为模糊，需借用仪器才能看清楚，共200余字。另一件保存较差，下端残缺，残长17.3厘米，宽2.6厘米，也是两面书写，文字多已看不清楚，仅残存100余字。这两块尺牍记录的是名叫"黑夫"和"惊"的两位参战士卒的家信，是我国现存年代最早的书信实物，反映了秦代下层士兵的尺短情长，颇为珍贵。

先秦时期，古人在简牍上书写时，有时会出现错讹，这时需用书刀削之，故古时的读书人及政客常常随身带着书刀和笔，以便随时修订错字。因刀笔并用，古代的文职官员也被称作"刀笔吏"。

除此之外，已知最早的砚为湖北云梦睡虎地秦墓出土，是用鹅卵

---

① ［汉］孔安国传，［唐］孔颖达等正义：《尚书正义》，卷16《周书·多士》，上海古籍出版社1990年版，第235页。
② ［晋］张辅原著，舒焚校注；［清］甘鹏云原著，石洪运点校：《楚国先贤传校注·楚师儒传点校》，湖北人民出版社1999年版，第62页。

石打磨制成，其砚形为圆饼形，其上无纹饰，配有研磨用的研子一支，二者都带有墨痕和墨迹，是迄今发现的我国最早的书写砚。

三、休闲娱乐之器

自古至今，劳作之余，休闲娱乐亦不能少。先秦时期，乐舞是最早也是最常见的一种娱乐方式，与之相应，乐器在这一时期亦获得发展，出现了哨、埙、箫、笙、琴、瑟、鼓、钟等多种，按其制造的材质被归纳为金、石、土、革、丝、木、匏、竹八类，称为"八音"。

从考古发掘来看，长江下游河姆渡遗址中出土的骨哨是我国已发现的最早的管乐器，距今约7000年。这批骨哨数量庞大，有164件。按加工孔的数量来看可以分为一孔、二孔、三孔、五孔四种类型。骨管的材质取自鹈鹕、雁、鹤等大型禽类的上腕骨、尺骨、桡骨等上肢骨，[①]其中以尺骨、桡骨为多，截去两端骨关节取中段。有的靠近骨关节，有的选取长度相对均匀的中段。在肢骨的外弧侧上加工圆孔，多数管身可见翼羽乳头（羽茎瘤）。骨管的加工方式推测是在较粗的砺石上磨切、锉磨，骨管端口的磨切以及磨孔的表面不作精细磨光处理，有的经过二次磨制。锉磨后骨管开孔的侧面呈圆形、三角形、方形等形状。经鉴定，这批带孔骨管被认为是作为乐器使用的哨、笛，特别是五孔骨哨，与现在的笛子十分接近，很可能是哨向笛演变的过渡形态，此观点一直为学界广泛认同。但也有学者通过最新的微痕研究，认为这批骨管不是作为乐器使用的器具，而是一种古老的原始纺织器具。[②]埙被认为是原始骨哨发展的另一种形态。如安徽蒙城尉迟寺遗址中曾出土陶埙，由泥质灰褐陶制成，顶有一孔，其下0.8厘米

[①] 浙江省文物考古研究所：《河姆渡——新石器时代遗址考古发掘报告（上）》，第213页。

[②] 李永加：《河姆渡遗址出土"骨哨"研究》，《东南文化》2012年第4期。

处又有一孔，高4厘米，径3.2厘米。① 该陶埙工艺技术比较原始，只有一个吹孔，无按音孔，还不能发出复杂的音阶。与埙相对的是篪，"伯氏吹埙，仲氏吹篪"，反映的是贵族文人以埙、篪合奏叙怀。《史记》中载伍子胥"至于陵水，无以糊其口，膝行蒲伏，稽首肉袒，鼓腹吹篪，乞食于吴市"②，说明篪在春秋战国时期的民间已广泛普及，这在考古发掘中也有发现，如湖北随州曾侯乙墓和枣阳九连墩1、2号墓都曾出土过篪。哨、埙、篪发音原理虽有不同，但各自有着不同的艺术表现力。

若是想要发出多种音阶，除了在管乐上多打孔以外，还可以用绳子或木框把一些发音不同的竹管编排在一起，这也是排箫和笙诞生的最初形式。相传，"舜作箫《韶》九成，凤凰来仪。其形参差，像凤之翼，十管，长一尺"③，可见最早的箫形状似凤翼。其中，随州曾侯乙墓出土的彩绘竹胎漆排箫是迄今为止发现的最早的髹漆竹排箫。此排箫先用单节细竹加工成长短不一的13根箫管，后按由短到长的次序并列缠绕在三个竹夹之内，口沿部分髹朱漆，其余部分均以黑漆为地，上面以朱红、金黄两色漆彩绘绚纹和三角雷纹，两种纹饰各成纵行，与箫管排列相对应，横向则为绚纹与三角雷纹交错搭配，极具韵律感。此箫出土时基本完好，形状如飞禽展翅之单翼，可吹出六声音阶。笙的最早实物，亦见于湖北随州曾侯乙墓，是目前所见中国匏制笙中最早的实物。曾侯乙墓中共出土笙6件，分为十二管、十四管、十八管三种，但因墓内积水，笙出土时各部件已漂移解体，并因

---

① 吴加安、梁中合、鹿俊倜：《安徽蒙城尉迟寺遗址发掘简报》，《考古》1994年第1期。
② [汉]司马迁：《史记》，卷79《范雎蔡泽列传》，第2407页。
③ [汉]应劭撰，吴树平校释：《风俗通义校释》，第6《声音·箫》，天津人民出版社1980年版，第248页。

浸泡而致腐受损。经复原发现，出土的笙通体饰彩绘，外形与现今葫芦笙相似，由笙斗、笙管、笙簧三部分组成。其中笙斗由葫芦制成，笙管取自纤细的芦竹秆上部，笙簧则取材于芦竹秆下部。拼装时，笙簧嵌于笙管底部，笙管底部透穿笙斗，[①] 体现出长江流域先民的智慧、审美和情感。

先秦时期，管乐器之外，打击乐器的发展同样引人注目。鼓、钟、磬等乐器制作十分精细，工艺水平相当高，编钟和磬在礼乐中占据重要的地位。

1977年6月，湖北省崇阳县出土了一件青铜鼓。经考证，它是商代晚期的铜鼓，距今已有3000多年的历史。这件铜鼓，通体用青铜铸成，高75.5厘米，重达42.5公斤。铜鼓从上到下由鼓冠、鼓身、鼓座三部分构成。鼓冠形如尾脊高耸的两面坡庙宇，正下方有前后相通的两个小圆孔，犹如庙门。整个鼓冠焊接于鼓身的铜盖板上。鼓身像现代腰鼓，横置，两侧是椭圆形鼓面。鼓身下面的长方体鼓座，有四只平稳的直角形鼓足。这件铜鼓，除鼓面外，其余部位都刻有花纹，图案细密对称，线条流畅活泼，多以云雷纹间两乳钉的饕餮纹为主题，鼓身两侧各有三列细密的乳钉，与鼓面相衬托，酷似木腔牛皮鼓上的铜鼓钉。[②] 这是我国迄今为止发现的年代最早的铜鼓，反映了长江流域先民的鼓乐面貌，是研究我国古代青铜艺术和奴隶社会礼乐制度的珍贵实物资料。

钟作为古代乐器"八音"之首，在这一时期发展迅速，西周中期青铜铭文上已出现了"钟"字，"钟鸣鼎食"成为王公贵族权势的象征。曾侯乙编钟以其规模之大、制作之精、一钟双音的设计，被视为

---

① 程丽珍:《曾侯乙笙复原研究》,《中国文物科学研究》2009年第4期。
② 林邦存:《崇阳商代铜鼓》,《乐器》1982年第5期。

南方青铜时代的杰出代表。曾侯乙编钟分钮钟、甬钟、镈钟三种，按大小和音高为序分 8 组，成曲尺状悬挂在 3 层钟架上。最上层横梁较细，由短柱支撑，悬挂 3 组钮钟，形体较小，长方钮，光素无纹，共 19 件。下层横梁由 3 个带座人形铜柱、1 根铜圆柱支撑，人形柱为武士形象，佩剑，双臂折举，铜人柱下有半球状底座，分上下两圈饰高浮雕蟠龙，每圈 8 条，龙身上还有若干条形态不同的小龙，悬挂 1 件镈钟和甬钟，共 2 组 13 件，形体较大。中层横梁亦由 3 个铜人、一根短柱支撑，悬挂甬钟，共 3 组 33 件，形体居中。这套编钟最引人注目的地方是，敲击每一件钟的"正鼓部"和"侧鼓部"都能发出两个不同的音高，即达到一钟双音的效果。经测音，64 件编钟音域跨度达五个八度之多，十二个半音（即传统音乐术语中的"十二律"）齐备，已具备旋宫转调能力，因此能演奏采用和声、复调及转调手法的乐曲。①

磬是另一种打击乐。《尚书·益稷》中有"予击石拊石，百兽率舞"，说的是通过敲击石头发出声音，这也被认为是磬的制作最初的灵感来源。从考古出土实物来看，湖北出土先秦编磬数量较多，如 1970 年湖北江陵纪南城遗址出土楚国彩绘石编磬 25 件，保存较完整，至今仍具有优美的音质，音域约两个半八度，其中编磬器表均用红、黄、蓝、绿 4 种颜色彩绘精美图案，一般以 1 只到 3 只凤鸟为主题，局部加饰金色纹线，制作极为精美。但也有一些编磬出土时溶蚀严重，如 1978 年江陵天星观 1 号战国楚墓出土的编磬皆粉碎成泥，所幸磬架、磬槌保存了下来。该磬架为木质，经复原后通高 94.7 厘米、宽 209 厘米，由上下横梁、4 根立柱、2 个圆墩座构成，横梁两

---

① 华觉明、谭德睿主编：《图说中华铜文化》，中国科学技术大学出版社 2018 年版，第 180 页。

端、立柱一端及圆墩座皆浮雕繁缛云纹，通体髹漆，并以金、红、黄、黑等色漆以彩绘。① 由此也可以看出当时制作工艺之精美。

　　长江流域的弦乐器也有悠久的历史。古琴在这一时期出现，并很快成为一种十分重要的独奏乐器。《楚辞》中云"破伯牙之号钟兮，挟人筝而弹纬"②，号钟，古琴名，相传春秋战国时期的杰出琴家伯牙曾弹奏过。据说，此琴音质洪亮，犹如钟声激荡，号角长鸣，令人荡胸生云。伯牙就是用此名琴弹奏《高山流水》，遇到知音钟子期的。除此之外，长江流域还有"绕梁三日"的故事。《列子·汤问》曰："昔韩娥东之齐，匮粮，过雍门，鬻歌假食。既去而余音绕梁欐，三日不绝。"③ 说的是一名叫韩娥的女子在去齐国的路上因缺少盘缠，于雍门卖唱，其歌声凄美动听，在离开后三天，人们仍仿佛听到韩娥的歌声回荡在屋梁之间。据说宋国执政华元曾献给楚庄王一架古琴，其名为"绕梁"，以"绕梁"为琴名，可见古琴音质优美。楚庄王得到"绕梁"琴后，整天弹琴作乐，沉醉在琴乐之中，有一次竟然连续七天不上朝，把国家大事都抛在脑后。后来王妃樊姬规劝楚庄王说："大王过于沉沦音乐了！当年的夏桀沉迷于'妹喜'之瑟，而招致丧国之恨；商纣王醉心于莺歌燕舞，而致焚身鹿台。而今大王因为喜欢琴声而七日不临朝，难道是愿意丧失国家和性命吗？"④ 楚庄王闻言十分惭愧。于是命人用铁如意将琴身碎为数段，名琴"绕梁"至此

---

① 中国国家博物馆、湖北省博物馆：《江汉汤汤：湖北出土商周文物》，北京时代华文书局2015年版，第14页。
② [汉]刘向辑，[汉]王逸注，[宋]洪兴祖补注，孙雪霄校点：《楚辞》，卷16《九叹章句·愍命》，第401页。
③ [晋]张湛注，[唐]卢重玄解，[唐]殷敬顺、[宋]陈景元释文，陈明校点：《列子》，卷5《汤问》，上海古籍出版社2014年版，第154页。
④ 马鹏翔：《无限江山：长江流域的君王与后苑》，长江出版社2014年版，第22—23页。

绝响。

另外，楚地还流传有"阳春白雪""下里巴人"等的说法。《阳春》《白雪》是著名的楚国民歌，常与《下里》《巴人》并举，分别作为高雅与通俗的代表。宋玉在《对楚王问》中说："客有歌于郢中者，其始曰《下里》《巴人》，国中属而和者数千人；其为《阳阿》《薤露》，国中属而和者数百人；其为《阳春》《白雪》，国中属而和者不过数十人；引商刻羽，杂以流徵，国中属而和者不过数人而已。是其曲弥高，其和弥寡。"① 四首曲子在演奏上的差异，也成了成语"曲高和寡"的由来。

从目前已发掘的考古实物来看，先秦时期的古琴主要出土于原楚国范围内的湘、鄂两省，有五弦、七弦、九弦、十弦琴。如2002年湖北枣阳九连墩1号战国楚墓出土了一件漆木十弦琴，通高73.5厘米，宽25厘米，高7.5厘米，通体彩绘浮雕，琴身分音响与尾板两部分，琴面隆起，其上浮雕凤、蛇和兽面纹，首岳与尾岳存弦孔十个，尾板微翘，尾板下有栓弦柱，通体以黑漆为地，用朱漆彩绘纹饰，② 造型和装饰可谓精美绝伦。此琴与曾侯乙墓出土的十弦琴在外形轮廓上相似。除此之外，还有湖南长沙五里牌战国晚期墓出土的彩绘琴（严重残损），九弦或少于九弦；湖北荆门郭店村一号战国中期墓出土有七弦琴；等等。这些琴的形制基本相同，但与今天所见的琴形制大为不同。

在这些乐器之外，还出现了调整音律的校音器。如1978年随州曾侯乙墓出土的漆木五弦器，通长115厘米，宽5.5—7厘米，木制，表面平直狭长，首端立一蘑菇状柱，柱旁和器表各亘首、尾岳山，两

---

① ［南朝梁］萧统编纂：《昭明文选》，民主与建设出版社2021年版，第455页。
② 中国国家博物馆、湖北省博物馆：《江汉汤汤：湖北出土商周文物》，第227页。

岳外侧均并列五个弦孔,整体以黑漆为地,朱绘纹饰。因其所绘两组图案题材推测为"夏后启上天得乐"和"伶伦听凤凰之鸣,以制十二律",故有学者认为它是《国语》中提到的,至迟于公元前6世纪已在周王宫廷中使用,并在秦汉时失传了的均钟木,即一种为编钟调律的音高标准器,也是古代的一种声学仪器,其功能相当于现在的音叉或校音器。① 足见当时人们的智慧与对音乐美感的追求。

四、计算用具

《周易·系辞下》载:"上古结绳而治,后世圣人易之以书契。"②表明原始社会人们为了生产生活需要,创造了结绳记事的方法,之后又有刻符记数。云南晋宁石寨曾出土西汉时期一块上有图画文字和记数方法的青铜版,③反映的是奴隶社会的情形,为后人展示了上古时期的记数方法。

为了更好地计数,至晚在西周时期,人们就发明了用于计算的器物——算筹。《说文·竹部》:"算,数也。从竹从具。"算也作筭,《说文·竹部》称:"筭,长六寸,计历数者。从竹从弄,言常弄乃不误也。"由此可知,算是一种竹制工具。算筹的形制随时代不同而有所变化,如《离骚》中有"索琼茅以筳篿兮,命灵氛为余占之",注曰:"筳,小折竹也",又云:"篿,竹筭也。"④ 1954年,湖南长沙左

---

① 中国国家博物馆、湖北省博物馆:《江汉汤汤:湖北出土商周文物》,第228页。
② [三国魏]王弼、韩康伯注,[唐]孔颖达等正义,黄侃经文句读:《周易正义》,卷8《系辞下》,第178页。
③ 林声:《晋宁石寨山出土铜器图象所反映的西汉滇池地区的奴隶社会》,《文物》1975年第2期。
④ [汉]刘向辑,[汉]王逸注,[宋]洪兴祖补注,孙雪霄校点:《楚辞》,卷1《离骚章句》,第41—42页。

家公山战国晚期墓中出土了竹筹 40 根，长短一致，每根长 12 厘米。1958 年 10 月 29 日至 1959 年 3 月 5 日，湖南省常德市德山镇的一座战国楚墓中又出土了 10 余根长约 13 厘米的竹算筹。①

这一时期，算筹并无定制，折竹、茅草茎皆可用来制作算筹，至秦汉时期渐有定制。

第六节　劳作工具

在漫长的劳作过程中，长江流域的先民创造和使用了种类众多、功能多样的劳作工具，体现出长江流域劳动人民的勤劳和智慧。

一、农具的使用

长江流域河湖密布，以种稻为主的水田农业发达。在先秦农业发展史上，长江流域曾出现和使用了石、木、骨、青铜和铁等材质制成的农具，按其用途来分，主要有砍伐农具、翻土农具、收割农具、粮食加工农具等。

斧、锛、凿属于砍伐农具，播种前用来砍伐林木，早期多为石质。古代原始农业不同于后来的犁耕农业，特别是树木茂密的南方地区，播种前需要使用石斧等将林木砍伐，后进行焚烧。在早期的考古遗址中，如湖南安乡汤家岗遗址曾出土石斧 8 件，"分二式，Ⅰ式 5 件，均残，但残存部分都通体磨光，形制规整，近长方形，弧刃，断面呈椭圆形。Ⅱ式 3 件，顶端和一侧保持天然石面，其余部分磨光，体短，略呈圆形，断面呈椭圆，纵剖面呈楔形"②。在距今六七千年

---

① 湖南省博物馆：《湖南常德德山楚墓发掘报告》，《考古》1963 年第 9 期。
② 文士丹：《长江中游的先秦农具》，《农业考古》1987 年第 1 期。

第一章　先秦时期长江流域的物用

的长江中游大溪文化相关遗址中出土了非常多的大中小型石斧、石锛。[1] 除此之外，在江苏涟水三里墩遗址、上海青浦崧泽遗址、江西湖口文昌原始农业遗址等都出土了许多石斧，反映了当时长江流域地区使用石斧的情况。考古发掘石锛的情况也非常多，如江苏溧阳良渚文化遗址中出土石锛，石锛头正面呈方形，背面上部有段，平顶，通体磨光，棱角整齐，单面直刃，刃口锋利，有使用的崩碴。段处卡住木柄卯口，柄的装锛端较粗，手握端较细。锛长 18.2 厘米，宽 3.5 厘米，厚 3 厘米；柄长 37 厘米，粗径 6 厘米。[2] 锛的用途与斧同，可用于伐木，有时用于刨土、刨除荒地野草。凿，《释名·释用器》中载："凿，有所穿凿也"[3]。与斧、锛同为农具。从出土物来看，凿与斧形体相似，略比斧窄，如湖南怀化高坎陇出土多件圭形石凿，一般长 10 厘米左右。随着时间的推进，还出现青铜斧、青铜锛等农具，如湖北黄陂盘龙城商代遗址中出土了大量青铜斧、青铜锛等，[4] 四川成都十二桥商周遗址曾出土 2 件青铜凿，[5] 江苏仪征破山口出土过西周早期的铜斧，[6] 等等。春秋战国时期，斧、锛、凿已不直接用于农业生产，但一些地区仍存在刀耕火种、火耕水耨的情况，斧、锛、凿仍被用作砍伐农具。这一时期楚国墓葬中出土了不少铁斧、铁锛、铁凿等，如湖北江陵天星观 1 号楚墓、湖南湘乡 52 号楚墓、益阳赫山 4 号楚墓都出土过铁斧。

由于南方平田居多，土质湿黏，当时长江流域使用的主要翻土工

---

[1] 文士丹：《长江中游的先秦农具》，《农业考古》1987 年第 1 期。
[2] 周昕：《中国农具通史》，山东科学技术出版社 2010 年版，第 24 页。
[3] [汉]刘熙：《释名》，卷 7《释用器》，中华书局 2016 年版，第 94 页。
[4] 湖北省博物馆：《盘龙城二里岗期青铜器》，《文物》1996 年第 2 期。
[5] 李昭和等：《成都十二桥商代建筑遗址第一期发掘简报》，《文物》1987 年第 12 期。
[6] 尹焕章：《仪征破山口探掘出土铜器纪略》，《文物》1960 年第 4 期。

具是耒耜，耒耜是由耒和耜两种独立的原始农具结合演化而来的另一种复式新农具。① 耒，即耒耜上部的木质曲柄，形似木叉。《释名·释用器》记载："耜，似也，似齿之断物也。"② 可知，早期的耜形状近似断齿，耜冠呈扁平板状，用来起土，不仅可以提高翻地效率，还可以增加翻地深度，因而长江流域先民广泛用耜。最早的耒耜用木制，也有骨耜、石耜等。浙江余姚河姆渡遗址即出土了大量用动物肩胛骨制作的耜冠，有的经长期使用，磨损得只剩下骨臼那一小段了。③ 经学者研究推测，这些骨耜是用个体较大的偶蹄类动物的肩胛骨制作而成，保留有肩胛骨的自然形态。同时，在骨耜正面中部有一道纵向浅槽，可能是由于竖向木柄与骨耜本身紧紧捆扎在一起的外力作用形成的。1977年河姆渡遗址第二次发掘中发现一件骨耜，残木柄还绑缚于其上，骨耜因长期使用而磨蚀，刃部形状不一，通体光滑。此外，在遗址内还发现有木耜，如一件用整木加工而成的木耜，耜冠与耜柄分界明显，柄的一端加工成倒三角形的捉手，捉手的形制在现在的一些工具上也能看得见。④

铚，《说文解字》中说，"铚，获禾短镰也"，即为收割禾穗的工具。长江流域多地新石器时代遗址中都有发现石铚，如屈家岭文化遗址、大溪文化遗址、良渚文化遗址、河姆渡文化遗址、崧泽文化遗址等。据《农业考古》所载的《中国古代农业考古资料索引》及相关资料，云南、四川、重庆、湖北、湖南、江西、安徽、江苏、上海、浙江等省市多地都发现铚的实物，由此可以看出铚作为收割农具被广泛

---

① 李根蟠：《先秦农器名实考辨——兼谈金属农具代替石木骨蚌农具的过程》，《农业考古》1986年第2期。
② ［汉］刘熙：《释名》，卷7《释用器》，第94页。
③ 孙机：《中国古代物质文化》，第4页。
④ 郭梦雨、文璋：《河姆渡先民的衣食住行》，《大众考古》2014年第7期。

使用。除了石铚外，还有蚌铚、陶铚、骨铚。金属制品出现后，有铜铚、铁铚。除此之外，还有一些石刀出土，如南京北阴营出土的双边弧刃七孔石刀，薛家岗遗址出土的条形七孔石刀，上海福泉山遗址出土的五孔双面刃石刀等，但尚无法证明专用于农业。

早期粮食加工工具主要有磨盘、棒和杵臼。距今约6000年的湖南澧县都督塔稻作农业遗址曾出土石磨盘3件、石磨棒5件和石杵3件。其中石磨盘均采用厚大扁平的砾石磨平，较大的1件盘面，长51厘米，中宽27厘米，大端宽22厘米，小端宽18厘米，厚度不一，最厚处7厘米，最薄处2厘米[①]；石磨棒均用未加工的棒状天然砾石，器身有清晰的研磨痕迹；石杵形状各异，1件类似蒜槌，杵头大，柄部小，断面为圆形，杵头可见舂捣所留的疤痕和麻点[②]。另外，还出土了与石磨棒具有相同功用的石磨饼、陶磨棒。江西湖口县史家桥原始稻作农业遗址[③]、江西新余拾年山遗址[④]等也曾发现类似的石磨盘、石磨棒。云南龙陵木城马鞍山遗址出土的1件石磨盘，则形状比较特殊，用大型扁块砾石打琢边侧而成，平面为长方形，无足，两面均被磨平，在磨盘中央有一圆孔，系专门对钻而成，两面均呈漏斗状，大径6厘米，小径4.2厘米[⑤]，同时出土的还有2件单平面研磨器，即磨饼。另外，浙江奉化名山后遗址曾出土过1件方形磨石，磨面石色与外沿明显不同，据推测，可能是曾用于研磨淀粉类植物所致。[⑥] 在石质农具之外，浙江河姆渡遗址还发现了1件较大的木

[①] 周昕：《中国农具通史》，第66页。
[②] 周昕：《中国农具通史》，第76页。
[③] 杨赤宇：《鄱阳湖史家桥原始稻作农业遗存》，《农业考古》1998年第1期。
[④] 诗中、家和：《江西新余拾年山遗址原始农业遗存》，《农业考古》1989年第2期。
[⑤] 周昕：《中国农具通史》，第68页。
[⑥] 周昕：《中国农具通史》，第67页。

杵，湖北宜都大溪文化的红花套遗址中也曾发现木杵的痕迹，同时还发现2处保存较好的地臼遗迹。这对我们了解原始农业时期的木质农具具有重要意义。夏商周时期，杵臼仍作为主要的谷物加工工具，以石制为主，兼有少量的陶制和木制。春秋战国时期，出现了铜制和铁制的杵臼。

这一时期，灌溉农具也开始得到发展。长江流域先民在与水打交道的过程中，懂得了许多水的知识。据文献记载，我国先民很早就懂得凿井，《周易》中就专门有"井卦"一章。目前已知较早的古井遗迹发现于浙江河姆渡遗址二期，距今约为5700年。1992年到1994年南京博物院、江苏省农业科学院与日本宫崎大学在对江苏草鞋山遗址进行联合考古发掘时，发现了距今6000年左右的马家浜文化时期的水田和灌溉系统遗迹结构，同时发现的还有提水容器穿牛鼻耳高领罐，水井井壁设有踏台，便于汲水，[①] 证实了井灌的存在。到了春秋战国时期，井灌得到迅速发展，传统的缸、罐等工具仍是主要的灌溉工具，新的灌溉工具桔槔尚未得到广泛推广。

总的来说，这些传统农具多取材常见之物，如石、木，结构简单，用途却随需要而变化，体现了我国古代劳动人民的智慧。

二、纺织工具的应用

在纺织方面，长江流域先民进行了诸多的创新与发展，促使纺织工艺出现了明显的变革。众所周知，纺织是受到编织的启发后产生的。早在新石器时期，编织技术就已经出现。江西万年仙人洞和广西桂林甑皮岩两处较早的新石器时期遗址都曾出土带有编织纹的陶

---

① 周昕：《中国农具通史》，第98页。

器。① 一些陶器底部还发现有篮纹、方格网状纹等，应是陶坯晾干时放在编织物上形成的。

远古先民在捻线、捻绳的基础上，将动物的筋、毛或是野生植物葛、麻等的表皮编织在一起，形成了最原始、最粗糙的纺织品。虽然这些纺织品还很简易，但比起此前的编织品终究还是要柔软、密实得多。此后，随着搓绳技术的逐步改进，纺织品的质量逐步提高，经历了从编织到纺织的过渡与转变。

在这一过程中，原始的纺轮出现。浙江余姚河姆渡遗址中就出土了众多纺轮，有陶质、石质、木质，形状上又分成圆饼形、梯形、凸字形、工字形、算珠形等，其大小、轻重相差较大，可能是用于不同的纺织用途。② 该遗址还出土了数量比较多的用动物肢骨剖成条状后精磨而成的骨针，应是用于衣物缝纫。另外，遗址中出土了许多骨质的梭形器、两端尖尖的木棒以及像刀一样的木匕。据推测，这些器物很可能就是当时织机上的梭子、卷布轴、定经杆和机刀等部件。③ 经过研究对比发现，这些木质部件与云南、广东等少数民族仍在使用的一种腰机上的卷布辊、打纬刀、提综木杆十分相似，组合在一起，极有可能是原始腰机的织造工具，这表明当时出现了原始的腰机。原始腰机出现在长江流域，也说明了长江流域纺织技术的高超。

三、渔猎工具的使用

长江流域先民在发展稻作农业的同时，也有丰富的渔猎活动。因获取对象不同，所用的工具也有所差别。

---

① 巫惠民、阳吉昌：《广西桂林甑皮岩洞穴遗址的试掘》，《考古》1976 年第 3 期。
② 郭梦雨、文璋：《河姆渡先民的衣食住行》，《大众考古》2014 年第 7 期。
③ 《河姆渡遗址第一期发掘报告》，《考古学报》1978 年第 1 期。

渔网是常用的捕鱼工具。原始社会人们利用植物纤维编织渔网，《周易·系辞下》载："作结绳而为罔罟，以佃以渔。"① 渔网名称不一，《说文·网部》记载网的种类有30余种，如罘、罾、罽、罩、筌等。渔网材质主要有植物纤维如麻，南方多竹之地也有用竹子编织的竹网。上海松江广富林新石器时代遗址曾出土捕鱼用的倒梢、竹篓，都是竹制渔具。渔网常与网坠一起使用，网坠多就地取材，制作方便，形式亦多样，常见的网坠有石质、陶质。三峡地区先秦考古遗址中就发现了数量众多、各式各样的渔猎用的网坠，如巴东茅寨子湾周代遗址曾出土穿孔石网坠1件、三凹石网坠1件，② 巫山双堰塘西周遗址出土1件单槽球状石网坠③。

钓钩、钓竿是一种常见的垂钓工具。《论语·述而》篇有"子钓而不网"，孔安国注解称用竿钓取鱼。《列子·汤问》中曾记载有"詹何钓鱼"的故事，据传詹何是楚国垂钓高手，他将单股的蚕丝做钓鱼的丝绳，用芒刺做钩，用细竹做钓竿，用剖开的米粒作为钓饵。长江三峡地区曾出土多件先秦时期的铜鱼钩，④ 春秋战国时期又出现了铁制鱼钩。

另外，长江流域渔民还用鱼叉、鱼镖、弓箭捕鱼。江苏新沂花厅村新石器时代遗址中多处墓葬都发现有鱼镖，用骨、角原料制成。距今8000年左右的浙江杭州跨湖桥遗址中出土一件漆弓，被证实为已

---

① ［三国魏］王弼、韩康伯注，［唐］孔颖达等正义，黄侃经文句读：《周易正义》，卷8《系辞下》，第168页。
② 吴春明、王凤竹：《湖北巴东茅寨子湾遗址发掘报告》，《考古学报》2001年第3期。
③ 重庆市文物局、重庆市移民局编：《重庆库区考古报告集：1997卷》，科学出版社2001年版，第33页。
④ 王运辅：《三峡先秦渔猎经济的考古学观察》，重庆师范大学硕士学位论文，2006年，第15—16页。

知最早的漆器，弓残长 121 厘米，弓身采用桑木边材制作，两端略细，应是捕鱼用具。

第七节　战争武器

《中国大百科全书·军事》在定义古代兵器时称："在原始社会晚期（即新石器时代晚期）的战争中，从带有锋刃的生产工具分化出专门用于作战的兵器。"① 由此可知，早期的兵器起源于某些生产工具。先秦时期，长江流域主要使用的兵器经历了石兵器、青铜兵器、铁兵器三个阶段。

一、石兵器的使用

古史传说涿鹿之战中，黄河流域的黄帝部落与炎帝部落结成联盟，打败了南方的蚩尤部落。相传，蚩尤作五兵，即戈、矛、戟、酋矛、夷矛，反映了原始社会后期部落之间的战争与兵器产生的联系。原始社会后期，磨制精良的石器常被用作兵器。

长江流域出土了数量众多的石兵器。如浙江杭州古荡新石器时代遗址曾出土了石斧锛与石钻凿、石刀、石镞、石戈、石钺、石铲等具有兵器性质的石器，均磨制平滑。其中，石钻凿在北方出土的石器中很少见，较有代表性。江苏海安青墩遗址出土过一件带柄穿孔陶斧，据学者考证，要想将斧与柄固定在一起，需要在斧身和柄上打孔，再用绳子穿孔缚牢。然而，木柄上部既要挖出容纳刃体末端的槽口，又要穿孔，故容易开裂。长江流域先民为了解决这一问题，往往在木柄

---

① 中国大百科全书军事卷编审室：《中国大百科全书·军事（十）·中国古代兵器分册》，军事科学出版社 1987 年版，第 1 页。

较粗的一端打孔挖槽，同时还在顶端装上冒，用以加固。①

石兵器使用时间比较长，一直到商周时期仍夹杂使用，春秋战国时期随着铁兵器的兴起而逐渐消亡。除了石质外，还有用骨、角、蚌制成的各类兵器，形状与石兵器相似，磨制精良。如江苏邳州市大墩子遗址出土的新石器时代环柄骨短剑，以整块的动物骨制作而成，其柄部挖空，做成环形，握持时可将手掌从环中穿过，造型十分原始，锋部很短，出土时尚握在墓主手中。② 同时，这一时期人们也开始使用藤、木、皮革等制造的盾和原始甲胄等防御装备。

二、青铜兵器的发展

商周时期，青铜冶炼业迅速发展，铜锡合金已臻美善，铜兵器制作如铜戈、铜矛亦十分精美。

目前，长江流域考古发掘的商周铜兵器数量较少。湖北黄陂盘龙城商代遗址出土了现存最早的铜矛，该矛骹作圆筒形，旁附两环纽，骹内残存有木柄，③ 因矛体如柳叶，又被称为柳叶式矛。据安阳大司空村商墓所见矛柄痕迹，商矛通长一般在1.4米左右。而根据专家计算，当时两辆战车错毂交战时，侧面的间距最近处为1.6米左右。④ 可以推测，商矛在车战中无法作用，应属于步战用的武器。

到了春秋战国时期，铜兵器的使用仍较频繁。近些年，长江流域出土了为数众多的春秋战国时期的铜兵器。

戈、矛是春秋战国时期常用兵器。1971年，湖南长沙浏阳城春

---

① 孙机：《中国古代物质文化》，第352—353页。
② 孙机：《中国古代物质文化》，第363页。
③ 湖北省博物馆：《一九六三年湖北黄陂盘龙城商代遗址的发掘》，《文物》1976年第1期。
④ 孙机：《中国古代物质文化》，第355页。

秋墓出土了4件铜矛、7件矛柄。其中，矛柄分为藤柄、积竹柄、短木柄三种不同形制。保存最完整的是一件积竹柄，柄中心有一直径为2厘米的圆木棒，外包0.3厘米宽的青竹篾18根，再用丝线紧缠髹黑漆，全长2.97米。①1978年，湖北随州曾侯乙墓也出土了青铜矛。这些矛的柲多为积竹木柲，极少数为圆杆髹漆；长度在3米以上，其中粗杆长矛长达4.36米，显然为古代车战所用武器。②为解决矛柄过长易导致折断的问题，长江流域先民常以枣木棒为芯，《淮南子·兵略训》中有"伐棘枣而为矜"③，即指此。木芯外包竹篾，再缠丝涂漆，称之为积竹柄。此外，矛、戈柄部常缚有几层羽毛，《诗·郑风·清人》称之为"二矛重英"，它的作用是防止下流的血液使柄部变滑。湖北荆门包山楚墓出土有这种铜矛，柲的上部缚有三匝羽毛，④便是用来防止漆柄变滑而失手。

戈、矛结合为戟，根据联装情形不同，有的戟以矛为主，有的以戈为主，这一点从柄的形制上即可看出。以矛为主的，如江苏六合程桥出土的戟，系由矛、戈、镦三器及一木柲组成。戟首是戈矛合体。戈直内，宽援，平脊，阑侧三穿，通长27.5厘米、援长19.2厘米、援宽4.6厘米、胡长2.9厘米。矛，圆銎，中空直透脊部前端、銎端有对称的小圆孔，矛身隆脊有棱。戟末为镦，镦呈平底椭圆筒形，近上端凸起两棱，筒身饰有雷纹。⑤安徽舒城九里墩出土的戟，也由戈

---

① 湖南省博物馆：《长沙浏城桥一号墓》，《考古学报》1972年第1期。
② 随县擂鼓墩一号墓考古发掘队：《湖北随县曾侯乙墓发掘简报》，《文物》1979年第7期。
③ ［汉］刘安等编著，［汉］高诱注：《淮南子》，卷15《兵略训》，上海古籍出版社1989年版，第165页。
④ 湖北省荆沙铁路考古队包山墓地整理小组：《荆门市包山楚墓发掘简报》，《文物》1988年第5期。
⑤ 汪遵国、郁厚本、尤振尧：《江苏六合程桥东周墓》，《考古》1965年第3期。

矛分铸组装而成。矛为三棱形脊，扁圆形骹，骹上端有箍，箍上饰卷云纹。残长 15 厘米。戈援较细平直，阑侧三穿，中脊隆起，内上有长方形和圆形两穿，后缘略圆，内上有错金花纹，援胡上有错金铭文共 6 字，铭文为"蔡□□之用戟"，第二个字锈蚀脱落。通长 24 厘米。① 以戈为主的，如长沙浏城桥春秋墓出土的铜戟，刺长 28 厘米、援残长 17.5 厘米、胡长 13 厘米，内尾端尖锐弯至戟柄处。戟柄为积竹柄，柄中心为菱形木柱，周围包青竹篾一圈，共 18 根，每根宽约 4 厘米。周围用丝线紧缠，再髹漆粘牢。戟柄的绕线分九段，每段内又分成许多股。每绕线约 21 圈或 22 圈，宽约 0.7—0.8 厘米，把线斜绕一圈，空约 0.4 厘米，再继续密绕。柄长 283.5 厘米。② 随州战国曾侯乙墓出土了装有多个戈的戟，这个戟三戈一矛同装于一柲上，矛装于柲的顶端，往下为一件有内的戈和两件无内的戈。戈之间的距离为 4.7 厘米、5.3 厘米。三件戈援长略有差别，自上而下依次递减。③ 戟柲却达 3 米以上，应是车战用武器。这种多戈戟的出现，标志着车战战术史上的一次重大改变。《左传》记载了隐公九年郑伯与戎人的作战，以及昭公二年晋国魏舒与狄人的作战情形，从中我们可以了解到当战车陷入步兵的重围时，会失去机动性与冲击能力，战车指挥官常发出不易击退步兵的慨叹，于是发明出多戈戟，用以击退围攻战车的步兵。

铜剑的使用也非常普遍，特别是在水网纵横的南方吴越地区，这里的战争与当时中原车战不同，以步兵交战为主。近战需要轻巧短小的兵器，因而铜剑的制作技术得到长足发展。《周礼·考工记》记载：

---

① 杨鸠霞：《安徽舒城九里墩春秋墓》，《考古学报》1982 年第 2 期。
② 湖南省博物馆：《长沙浏城桥一号墓》，《考古学报》1972 年第 1 期。
③ 随县擂鼓墩一号墓考古发掘队：《湖北随县曾侯乙墓发掘简报》，《文物》1979 年第 7 期。

"吴粤之剑，迁乎其地而弗能为良，地气然也。"① 说明吴越地域内有丰富的资源，是铸剑的绝佳之所。《越绝书·外传记宝剑》中记载了吴越有名的铸剑师欧冶子、干将，及龙渊、泰阿、工布等吴越名剑。

众所周知，越王勾践剑、吴王夫差剑是已出土的闻名中外的两把春秋时期的青铜剑。越王勾践剑，1965年湖北江陵望山一号楚墓出土，剑长55.7厘米，宽4.6厘米，柄长8.4厘米，重875克，剑首呈圆锥形底座，内铸有间隔只有0.2毫米的11道同心圆，剑格两边镶嵌蓝色玻璃和绿松石，剑身刻有鸟虫铭文。吴王夫差剑，1976年河南辉县出土，剑长59.1厘米，剑格饰以变形兽面纹，并镶嵌绿松石，剑身下端铸有铭文。两把剑出土时异常锋利，光洁如新，展现出吴越地区高超的铸剑工艺。

2014年，苏州博物馆征集到一件春秋时期青铜剑，剑的主人是吴王余昧（公元前530—前527年在位），剑通长57.5厘米，身宽4.8厘米，格宽5.5厘米。剑身刻有铭文，记载了吴王寿梦、余祭、余昧的世系以及伐麻之战、御楚之战、御越之战，是吴国王室兵器中较为重要的一件。

三、铁兵器的出现

春秋时，人们已经发明了冶铁技术，开始制作铁兵器。但这种块炼铁含碳量比较低，只能通过反复锻打，挤出夹杂物，并经渗碳处理，才能成为块炼钢制品。1975年，湖南长沙杨家山春秋晚期楚墓中发现1柄短剑，经检测是用含碳约0.5%的中碳钢经反复锻打制成的。

---

① ［汉］郑玄注，［唐］贾公彦疏，黄侃经文句读：《周礼注疏》，卷39《冬官考工记》，上海古籍出版社1990年版，第595页。

战国中晚期，楚国较多地使用了铁兵器。在两湖地区战国楚墓中，发现了为数不少的铁兵器，如剑、矛、戟等。《史记·范雎蔡泽列传》中秦昭王说，"楚之铁剑利而倡优拙"①，《荀子·议兵》亦载，荀子称赞楚国铁兵器"惨如蜂虿，轻利僄遫"②。

除了上述近战武器，还有一些远程武器。在远射武器中，弓箭是居于第一位的重要武器。原始的弓用单根木材或竹材弯曲上弦而成，即"弦木为弧"的单体弓。原始弓虽然构造简单，但足以将开弓时存储在弓体上的能量立刻释放出来。到了商代，逐渐发展出两层材料黏合起来、射程更远的合体弓。至战国时，又发展为复合弓。湖南长沙楚墓中就曾出土保存较好的战国弓，其中一件全长140厘米，最宽处4.5厘米、厚5厘米。两端装有角质弭，弓体为竹质，中间一段用四层竹片叠成，两面粘有呈薄片状的动物筋、角，再缠丝涂漆。③ 这件战国弓的用料与《周礼·考工记》中所说制弓要用干（竹、木）、角、筋、胶、丝、漆等"六材"的要求相合，强度比单体弓和合体弓都大，可见当时长江流域的制弓技术已取得相当的进步。

由于长江流域水域广大，水战时有发生。《墨子·鲁问篇》记载，春秋晚期，公输般为楚国做成专门的水战用具——钩拒，敌船"退者钩之，进者拒之"，使敌船进退两难，行动受困。

防备弓箭射杀，需要使用盾牌。先秦时期，盾牌根据大小，有不同的称呼。干是小盾，瞂是中盾，橹是大盾。从考古发掘来看，湖南长沙五里牌、左家公山，湖北荆门包山等地，都出土过漆革盾。这些盾牌盾面微鼓，中间的脊棱名盾瓦。脊的背面竖嵌木条，其中部屈曲

---

① ［汉］司马迁：《史记》，卷79《范雎蔡泽列传》，第2418页。
② ［战国］荀况著，［唐］杨倞注，耿芸标校：《荀子》，卷10《议兵篇》，上海古籍出版社2014年版，第180页。
③ 孙机：《中国古代物质文化》，第369页。

第一章　先秦时期长江流域的物用

呈高起的桥形，是用手执盾处，名盾握。盾握的两端套有铜盾鼻。盾鼻头部折屈若钩，用它向外钩住盾面，能够使木条附着得更紧密，也使盾体与盾握结合得更牢固。湖南长沙五里牌 406 号楚墓中出土的错银铜盾鼻就具有这个功用。此外，兵车上还用一种名叫子盾的盾牌。《释名·释兵》称："狭而短者曰子盾，车上所持者也。子，小称也。"这种盾牌还可以在马上使用。成都曾家包壁画中，便有描绘子盾的画面。

战斗中，皮甲比盾防护得更周到。湖南长沙浏城桥春秋墓及随州曾侯乙墓都出土过皮甲片。其中，长沙浏城桥出土的皮甲残片，有长方形、枕形、璜形、弯角形等六种。呈深褐色。长方形的一种长 15 厘米、宽 13 厘米，上有小孔 10 个。另一种长 20.5 厘米、宽 13 厘米，四周均有小孔。璜形的长短不一，长的 15 厘米，短的 9.8 厘米，两端中部有小孔。角形的长 15—20 厘米，枕形的长 22.5 厘米、宽 11 厘米，上面均钻有小孔。[①] 这些残片由于积水浮动，散置凌乱，已经无法复原。随州曾侯乙墓也出土有甲胄等防护武器的残片。这些护具残片均用皮革制成，外面髹漆，并彩绘花纹，可惜大多朽烂。[②] 从许多皮甲片所显示出的复杂形态、片上凸起的纹饰以及凹下的压边等情况推断，这些皮甲片在制作时曾经使用过模具。这些皮甲大多经过髹漆，应是为了避免皮甲片在使用过程中出现翘曲变形或断裂腐朽。

此外，这一时期的考古发掘中还出土了一些玉兵器，如浙江余姚河姆渡遗址中出土的青玉钺，此钺上面刻有神徽纹，并配以白玉的冒和镦。不过需要指出的是，这些玉冒、玉镦都是装饰品，并不坚固。玉冒与柄以榫卯相连，无法起到箍紧顶端的作用。显然，这件玉钺并

---

① 湖南省博物馆：《长沙浏城桥一号墓》，《考古学报》1972 年第 1 期。
② 随县擂鼓墩一号墓考古发掘队：《湖北随县曾侯乙墓发掘简报》，《文物》1979 年第 7 期。

57

不能用于实战。从其神徽纹来看，这件玉钺应是一种祭祀用的礼器。四川广汉三星堆出土的玉短剑，从其材质来看，既不是割肉的工具，也不是防身的武器，而应是礼器。这个时期，玉器很贵重，是身份的象征，一般人是不会有的，这柄玉剑应是上层贵族的佩饰品或祭礼场合中的祭祀品。玉兵器的发掘，从一定层面反映出先秦时期长江流域兵器制作的情形。

第八节　节仪物用

俗语云"十里不同风，百里不同俗"，长江流域地域宽广，岁时节庆丰富多彩。早在先秦时期，长江流域已有了对自然时序的认识，长沙马王堆楚帛画中发现的包牺"昝（规）天步（地）"，祝融率四神"奠三天""奠四极"，共工推步天干十日的记载，即印证了这一点。至秦汉时期，岁时节令在长江流域已基本形成，各种节仪物用也不断丰富发展。

这一时期，各类节仪所用器具多与祭祀有关。先秦时期，"国之大事，在祀与戎"①，祭祀是国家政治生活的头等大事。上面所说祝融率四神祭奠三天四极，即是远古时代人们祭祀的表现。周公作礼后，原始的祭祀文化走向伦理化，祭祀活动更加庄重，对礼仪用玉、礼仪用乐等都进行了规定，如众所周知的曾侯乙墓出土的编钟，即是当时重要的礼乐器。

在众多祭祀用具中，玉卷龙形佩是长江流域常见的器物。古人云"亢龙有悔"，亢龙即直龙，这种龙的出现常常代表不吉利事情的发

---

① ［晋］杜预注，［唐］孔颖达等正义：《春秋左传正义》，卷27《成公十三年》，第460页。

生，曲龙才是神龙的正常形象。玉卷龙反映的是长江流域先民对于神龙的认识。这种玉饰的形制十分稳定，历商、周直到西汉，在出土文物中都没有很大变化。随州曾侯乙墓曾出土两件素面蟠龙玉佩，这两件蟠龙佩上的蟠龙螺旋状盘曲，龙首上扬，嘴部微微张开，卷曲上翘，都出自墓主内棺，大小相近，分别长9厘米、9.2厘米，宽7.1厘米。① 据推断，从两件玉佩的切割痕与底色来看，二者应是一分为二的对开同型玉佩。同类型的玉卷龙形佩，在长江流域的很多汉墓中都有出土。如江苏仪征刘集也出土了一件汉代的玉卷龙形佩。该玉佩白玉泛黄，局部有黑色沁斑，扁椭圆形，双面对称琢雕成一条龙，身蜷曲，口衔尾，龙双目圆睁，吻部突出，角向后呈三角形，通体阴刻细密鳞纹和网格纹，镂雕三个弯趾呈"人"字形的龙爪，首尾衔咬处和尾足处各有镂孔，直径3.5厘米、厚0.3厘米。② 安徽天长三角圩汉墓、巢湖放王岗汉墓等亦有发现玉卷龙形佩。从这些宝玉的出土情况来看，一般位于墓主胸前，应不是一种单纯的佩饰。同时，玉件雕琢精湛、不易佩戴，如果不用于事神，很难派上别的用场，应是在特殊情况下使用的宝玉。上溯至远古，此类玉件的地位应该很高，其佩戴者必然具有特殊的身份。玉器在古代是十分珍贵的宝物，《史记·廉颇蔺相如列传》记载秦昭王就曾表示愿用十五城换取和氏璧；《左传·桓公元年》中郑伯用一块璧换取了许国的一片土地。玉琮、玉牌在长江流域先秦墓葬中也常有发现。位于环太湖地区的良渚文化遗址出土了大量玉琮，如1987年瑶山遗址发掘出土的良渚玉琮。该玉琮呈南瓜黄色，中空矮柱状体，内孔壁略弧凸，外表呈弧边方形，四个角各有一个顶视为角尺状的凸块，其上以转角为中轴，琢刻神兽图

---

① 湖北省博物馆：《曾侯乙墓》，文物出版社1989年版，第415页。
② 王晓涛、夏晶、胡乔等：《江苏仪征刘集联营1—4号西汉墓发掘简报》，《东南文化》2017年第4期。

纹。有学者根据良渚古城的反山墓中随葬玉器的摆放形式，复原了长江流域先民玉琮的佩戴形式。①

祭祀歌舞在楚越之地非常盛行。楚地尚巫，汉人王逸在《楚辞章句》中写道："昔楚南郢之邑，沅湘之间，其俗信鬼而好祠，其祀必使巫觋作乐，歌舞以娱神。"1956年，河南信阳长台关一号楚墓中曾出土一件彩绘漆瑟，从这件器物上我们可以看到楚巫的各种形象，其中有手持法器的巫师。法器形象与湖南长沙浏城桥一号墓、湖北江陵天星观一号墓出土的羽扇一样，柄为长方形，首端细，末端粗，首端由羽茎排列在一横木和半圆形竹条之上，茎尾端用丝带缠裹，可惜的是出土时仅存羽毛插接的另外茎部。② 另外，各式伞也常见于祭祀活动中。岁终南方傩戏中的伞舞，就是一个典型的例子。伞舞是明代的称谓，先秦称"绂舞"，是祭祀土地神的舞蹈，其历史十分悠久。在南方长江流域的傩戏演出中，伞是一件重要道具。不论请神、祭社、演出或者送神，都需要"神伞"的参与。伞的种类也很多，有傩仪中用来造势的"万民伞"，有象征家族兴旺的"百代伞"，还有伞舞中无可替代、不可或缺的"五色神伞"。③

除此之外，端午节在先秦时期的长江流域已开其端，《楚辞·九歌章句·云中君》中记载，"浴兰汤兮沐芳，华采衣兮若英"④，古人以五月为恶月，喜用兰汤沐浴。由此可知，古人很早就认识了兰草的价值。龙舟竞渡是端午节具有标志性的活动。一方面，龙崇拜在中国源远流长，在长江流域更为盛行，吴越地区将其视为图腾，将舟制成

---

① 方向明：《反山大玉琮及良渚琮的相关问题》，《东方博物》2019年第4期。
② 王崇礼：《楚巫略说》，载《楚俗研究》第3集，湖北美术出版社1999年版，第60页。
③ 胡迟：《池州傩戏：人与神的对话》，《江淮文史》2012年第4期。
④ [汉]刘向辑，[汉]王逸注，[宋]洪兴祖补注，孙雪霄校点：《楚辞》，卷2《九歌章句·云中君》，第69页。

龙形具有图腾祭祀的含义。另一方面，有说龙舟起源与楚人流行的送魂丧俗有关，以龙舟送魂，寓意灵魂送入天堂安息。

总而言之，长江流域先民在长期的生产、生活中不断认识自然、适应自然，形成了具有浓郁地方特色的岁时节令文化，在很长时期内影响着人们的生产生活。

第二章　秦汉魏晋南北朝时期长江流域的物用

秦汉魏晋南北朝时期，长江流域得到逐步开发，特别是魏晋以后，长江流域出现了大规模的人口流动和聚居，加快了流域沿岸城市间人口和社会各阶层之间的流动，社会经济较之前有很大提高。这一时期，衣食住行也在不断发生变化。

第一节　衣服装饰

秦汉魏晋南北朝时期，长江流域衣饰所用的材料，主要有葛、麻、丝织物，以及动物皮毛等，其中又以丝织物、麻织物的使用最为普遍。

一、葛麻织物

汉代织葛业与织麻业在南方地区非常兴盛，特别是吴越地区，盛产细葛织物和苎麻织物。在棉花没有大面积推广之前，葛、麻作为一种成本较为低廉的纤维织物，是下层民众所着服饰的主要质料。西汉思想家王符在《潜夫论》中记载："从奴仆妾，皆服葛子升越。"[①] 由

[①] ［汉］王符：《潜夫论》，卷3《忠贵》，上海古籍出版社1978年版，第130页。

此可知细葛织物和苎麻织物作为服饰材料在普通百姓中被广为使用。此外，汉代推行重农抑商政策，商人不被允许穿着高档的丝织物，只能穿着质量较为低劣的葛麻织物。

除了葛衣之外，秦汉魏晋时期男子使用的头巾，也多为葛制，并且是一种颇为流行的服饰，无论地位高低，均为时人所尚。东汉末年，黄巾起义爆发，起义军以佩戴黄色的葛巾为标识，被称为"黄巾军"。到了汉末，皇权式微，朝廷所规定的服饰礼仪制度逐渐松弛，士人多不戴冠而以佩戴葛巾为雅，故而后世亦称葛巾为汉巾。诸葛亮以布衣入仕，所着葛巾、羽扇均展现了一代名相的儒雅风度。秦汉魏晋时期，社会底层民众脚着葛屦，即一种由葛纱制作的鞋子。葛屦取葛纱编织，强度大、实用性强，兼之材料易得、制作方便，故其在民间较为普及，并且一直到明代，葛屦都是下层庶民所穿着的鞋物。①

秦汉之后，麻逐渐成为纺织物的主流。此时的布，通常特指麻布。这一时期主要种植大麻和苎麻。大麻原产地在中亚，远古时已传入我国。而苎麻的原产地则在我国，苎麻因其纤维长、质量轻、拉力强、染色容易且褪色困难，是一种良好的纺织原料。②《汉书》中有记载，"以北山石为椁，用纻絮斮陈漆其间"③，这说明苎麻絮甚至可以作为丝絮的代用品。

经考古发掘证实，秦汉时期在对麻织物脱胶、漂白、印染等方面有了较大进步。湖北江陵凤凰山 168 号西汉墓出土的麻絮，质地精良，呈白黄色，类似丝绵，拉力强度大，④ 这是因为麻絮已经用石灰脱胶，且脱胶效果较好。长沙马王堆 1 号汉墓出土了 23 升苎麻布，

---

① 廖江波：《中国传统葛纺织服饰探析》，《丝绸》2020 年第 2 期。
② 孙机：《汉代物质文化资料图说》，文物出版社 1991 年版，第 51 页。
③ [汉] 班固：《汉书》，卷 36《楚元王交传》，第 1516 页。
④ 孙机：《汉代物质文化资料图说》，第 51 页。

其纤维大多数呈单纤维状态，胶质残留很少，可以推断出秦汉时代的人们已经很好地掌握了用草木灰溶液或者石灰水进行化学脱胶的方法。三国以后，由于自然条件及气候的变化，苎麻种植逐步从黄河流域转至长江流域及以南，江南的苎麻生产大增，人们纷纷利用苎麻进行纺织。

随着苎麻纺织机具的完善，苎麻纺织在这个时候取得了重大进步，出现了很多闻名天下的苎麻织物，如黄润细布、花练、阑干细布、越布等。[1] 黄润细布最为出名，西汉文学家扬雄在其名作《蜀都赋》中记载的"筒中黄润"，指的就是这种在我国西南地区生产的高级苎麻织物。[2] 这种布料以轻细闻名，纱支极细，据说一节竹筒就可以盛放一整匹布，故而又称之为"筒中女布"。花练，是一种非常精细的苎麻织物。南宋地理学家周去非在《岭外代答》中记载道，"汉高祖有天下，令贾人无得衣练，则其可贵，自汉而然。有花纹者，为花练，一端长四丈余，而重止数十钱，卷而入之小竹筒，尚有余地"[3]，介绍了花练的可贵，仅重几十钱，放入竹筒中还有空余，其精细程度可见一斑。阑干细布和越布也是这一时期做工非常精细的苎麻布料。东晋史学家常璩在《华阳国志·南中志》中记载道，"有兰（阑）干细布——兰（阑）干，僚言纻也，织成纹如绫锦"[4]，意思是这种织物，其华美程度如丝织物的大花绫锦一般，并且阑干纹样艳丽，其精细度与丝绸相似。越布则是指当时越地生产的一种精细的苎麻布。《后汉书·独行列传》记载，东汉名士陆续"美姿貌，喜着越

---

[1] 刘翠佳：《苎麻纺织品的发展》，东华大学硕士学位论文，2018年，第25页。
[2] 孙机：《汉代物质文化资料图说》，第79页。
[3] ［宋］周去非著，杨武泉校注：《岭外代答校注》，中华书局1999年版，第225页。
[4] ［晋］常璩撰，刘琳校注：《华阳国志校注》，卷4《南中志》，巴蜀书社1984年版，第431页。

布单衣",故而汉光武帝刘秀"见而好之,自是常敕会稽郡献越布"①。另《后汉书》还记载了汉明帝驾崩后,明德马皇后赐给诸贵人白越三千端,②这种白越指的就是越布。

然而,无论是葛织物,还是麻织物,其面料粗糙、生硬,穿着时有一定的刺痒感,成本较为低廉,因此只能称之为"布"或者"布衣"。相较而言,丝绸纺织的面料精致并且做工昂贵,世人称之为"帛"。中国古代社会由于存在等级差异,社会财富分配不均衡,故而形成了平民穿布衣、富人着丝帛的社会现象,③体现出一种经济差异和礼制区别。

二、丝织物

秦汉以来,长江流域丝织技术不断提高,规模不断扩大,丝织品在人们生活中日益普及,种类亦十分丰富。

1972年到1974年,湖南长沙马王堆汉墓发掘出土了大量丝织品。从品种来看,有素绢、绮、罗、纱、锦等,几乎涵盖了我们目前所知的汉代丝织物的大部分;从颜色来说,有茶褐、绛红、灰、朱、黄棕、棕、浅黄、青、绿、白等;从花纹制作技术来说,有织、绣、绘等不同工艺,纹样有各种动物、云纹、卷草纹、变形云纹、菱形几何纹等;在印染方面,已巧妙运用了矿物和植物染料的套染和媒染技术。④

---

① [南朝宋]范晔:《后汉书》,卷81《独行列传》,中华书局1999年版,第1810页。
② [南朝宋]范晔:《后汉书》,卷10《皇后纪》,第272页。
③ 廖江波、杨小明:《布衣本体语义视角下的葛麻》,《服饰研究》2017年第3期。
④ 张硕:《巧梭慧针:长江流域的丝织与刺绣》,武汉出版社2006年版,第130页。

早在汉代,蜀地四川就是著名的丝织品产地,《后汉书·公孙述传》中说"蜀地沃野千里,……女工之业,覆衣天下"[1]。蜀锦是当时有名的丝织品,在西汉地方丝绸赋税岁额中,山东居第一,四川紧跟其后居第二。[2] 东汉时,蜀锦更是声名远播。魏晋南北朝时期,蜀锦仍是著名的丝织物,魏、吴两国每年都要向蜀汉大量购买蜀锦。

这一时期,随着北人南迁,封建统治者大力提倡植桑养蚕,江南地区丝织业也得到进一步发展。《宋书》卷54中写道:"荆城跨南楚之富,扬部有全吴之沃,鱼盐杞梓之利,充仞八方,丝绵布帛之饶,覆衣天下。"[3] 由此可知,四川之外,荆州、扬州也是长江流域重要的丝织品生产地。

除了上述衣料外,《华阳国志·南中志》还记载:"(蜀郡)有梧桐木,其华柔如丝,民绩以为布,幅广五尺以还,洁白不受污,俗名曰桐华布"[4]。桐华布被认为是一种以木棉为主要材质的纺织物。

第二节　饮食器物

秦汉魏晋南北朝时期,长江流域的食物种类丰富,下面就一些具有代表性的食物进行介绍。

一、食物品种增多

"黄瓜"原名"胡瓜",李时珍在《本草纲目·菜部》记载,"张

---

[1] [南朝宋] 范晔:《后汉书》,卷13《公孙述传》,第535页。
[2] 张硕:《巧梭慧针:长江流域的丝织与刺绣》,第125页。
[3] [南朝梁] 沈约:《宋书》,卷54《孔季恭、羊玄保、沈昙庆传》,中华书局1974年版,第1540页。
[4] [晋] 常璩撰,刘琳校注:《华阳国志校注》,卷4《南中志》,第430—431页。

骞使西域得种,故名胡瓜",可知其因西汉时期由西域传入中原地区而得名。① 江苏扬州西汉"妾莫书"墓中曾出土黄瓜籽,但当时没有相关文献对其记载。贾思勰的《齐民要术》中记载有"种胡瓜法",指的应是黄瓜的种植方法。胡瓜更名为黄瓜,有说始于后赵。后赵王朝的建立者石勒,本是塞外的羯族人,称帝后因不喜被称胡人,故而下令无论说话写文章,一律严禁出现"胡"字,违者问斩不赦。史书载,石勒曾召见襄国郡守樊坦,指着一盘胡瓜问樊坦,樊坦恭敬答道:"紫案佳肴,银杯绿茶,金樽甘露,玉盘黄瓜。"从此以后,胡瓜就被称作黄瓜,在朝野之中传开了。② 到了唐朝时,由于广泛种植,黄瓜成为南北地区常见的蔬菜。

菠菜的来源说法不一,在江苏邗江西汉墓中曾出土过菠菜籽,但《册府元龟》《唐会要》《北户录》《封氏闻见录》等书都认为它是贞观二十一年(647年)由尼波罗国(今尼泊尔)引进的。也有人认为菠菜原名波斯草,是从波斯国(今伊朗)引入的。③ 孙机在《中国古代物质文化》一书中认为,菠菜最初名菠棱菜,后简称菠菜,④ 也是秦汉魏晋时期人们常吃的蔬菜。

先秦至秦汉时期,长江流域的水果种植多了起来,其中,橘柚备受喜爱。战国时期楚国大诗人屈原曾写过"后皇嘉树,橘徕服兮。受命不迁,生南国兮"⑤ 等脍炙人口的诗句,来表达自己对橘树的喜

---

① 曾维华:《"黄瓜"始名考》,《上海师范大学学报(社会科学版)》2000年第4期。
② 孙机:《中国古代物质文化》,第16页。
③ 胡文权:《琐谈我国古代的蔬菜》,《植物杂志》1988年第1期。
④ 孙机:《中国古代物质文化》,第16页。
⑤ [汉]刘向辑,[汉]王逸注,[宋]洪兴祖补注,孙雪霄校点:《楚辞》,卷4《九章章句·橘颂》,第191页。

爱。汉末曹植在《橘赋》中称："播万里而遥植，列铜雀之园庭。"[1]汉末，橘柚已传播到北方地区。《史记·货殖列传》记载："蜀、汉、江陵千树橘……此其人皆与千户侯等"[2]，这表明从战国到秦汉，蜀地与楚地柑橘生产的规模和收入是很可观的。在长沙马王堆西汉墓中，记载死者随葬品的竹简上有"橘一笥"字样，还发现了几个柑橘种核，为楚地自古生产柑橘类果品提供了物证。据《三国志·吴书·孙休传》记载，三国时期，孙吴丹阳太守李衡非常赞赏太史公司马迁"江陵千树橘，当封君家"的话，故而"遣客十人于武陵龙阳汜洲上作宅，种甘橘千株。……吴末，衡甘橘成，岁得绢数千匹，家道殷足"[3]。东晋咸康年间，李衡所种的柑橘树依然存在。另外，其他地区如洞庭湖流域，也有一定规模的柑橘种植。巴蜀地区也是柑橘生产的传统区域，三国蜀及晋政权还设有专门的官员负责柑橘的生产和征收，称橘官或黄柑吏。据《华阳国志》记载，巴都江州巴水北（今重庆江津一带）、鱼复（今重庆奉节）、朐忍（今重庆云阳县、开县及万州等地直到湖北利川等地）都设有橘官，犍为南安县则设有柑橘官社。长江下游的江浙地区，自秦汉以后便种植柑橘，以至于形成了一批以种柑橘为生的橘户，国家还为橘户设立了专门的橘籍。据任昉《述异记》记载，三国东吴时期的绍兴地区"多橘柚园，越人岁多橘税，谓橙橘户"[4]。橘户每年向政府交纳大批柑橘以充赋税，一般情况下不允许脱离橘籍。到南朝时，这一地区的柑橘园随处可见，在沈约等著名文学家的作品中，橘柚以黄柑最负盛名，晋及南朝的文人多

---

[1] ［三国魏］曹植著，［清］朱绪曾考异，［清］丁晏铨评：《曹植集》，卷4《赋·橘赋》，上海古籍出版社2018年版，第70页。
[2] ［汉］司马迁：《史记》，卷129《货殖列传》，第3272页。
[3] ［晋］陈寿：《三国志》，卷48《吴书·三嗣主传》，第1156—1157页。
[4] ［南朝梁］任昉：《述异记》卷上，吉林大学出版社1992年版，第7页。

有诗记载赞美。①

杏的栽培历史悠久，分布范围广泛，品种繁多。由于文献资料记载的残缺，关于杏的起源，目前说法不一。春秋战国时，史籍中关于杏的记载多了起来。如《管子·地员》记载道："五沃之土……其梅其杏。"②《山海经·中山经》记载道："又东北三百里，曰灵山，其上多金玉，其下多青䨼，其木多桃李梅杏。"③湖北光化五座坟西汉墓曾出土杏核，④可见这时杏已是比较常见的果类。杏在我国古代有着丰富的文化意蕴，如《庄子·渔父》记载，"孔子游乎缁帷之林，休坐乎杏坛之上。弟子读书，孔子弦歌鼓琴"⑤，杏坛指的就是孔子与弟子论学之地。东晋葛洪《神仙传》记载，三国吴人董奉（字君异）为道医，"君异居山间，为人治病，不取钱物，使人重病愈者，使栽杏五株，轻者一株，如此数年，计得十万余株，郁然成林"⑥，故而古代文人多用杏林来代指医生，"杏林春暖""誉满杏林"等词用来称颂医家的高尚品质与精良医术。

梨的原产地在中国，我国古代先民很早就开始栽培梨树了。到汉代时，梨已成为一种十分重要的果品了。当时已培育出许多优良的品种，有果形特大，味甜多汁，香气宜人等各种特色。⑦梨的实物曾在长沙马王堆西汉墓中出土。据《史记》记载，在淮北、荥阳、河济之

---

① 姚伟钧：《长江流域的饮食文化》，湖北教育出版社 2004 年版，第 112—113 页。
② [春秋] 管仲：《管子》，卷 19《地员》，中华书局 2004 年版，第 1106 页。
③ 袁珂校注：《山海经校注》，第 5《中山经》，上海古籍出版社 1980 年版，第 154 页。
④ 杨权喜：《光化五座坟西汉墓》，《考古学报》1976 年第 2 期。
⑤ [清] 郭庆藩：《庄子集释》，《杂篇·渔父》，中华书局 1961 年版，第 1023 页。
⑥ [晋] 葛洪撰，胡守为校释：《神仙传校释》，卷 10《董奉》，中华书局 2010 年版，第 335 页。
⑦ 姚伟钧：《长江流域的饮食文化》，第 110—111 页。

间有种植千余株梨树的果园，其收入可与千户侯等，说明这时我国已有规模可观的梨园。

菜肴烹制时，酱油是重要的调味品。西汉是酱和酱油生产的重要发展时期，西汉学者史游的《急就篇》中有"芜荑盐豉醯酢酱"一说，说明当时"酱"（包含酱油）已经是大众调味品了。[①] 湖南沅陵虎溪山西汉沅陵侯墓出土竹简《美食方》中所记"菽酱汁"就是酱油。[②]

汉代人们已经懂得了利用豆、麦混合而制造豆酱。豆类含蛋白质较多，麦类则含淀粉较多，由于蛋白质和淀粉的同时存在，更适合微生物米曲霉、酵母菌和细菌的生长，菌体所代谢的各种生物酶也大量产生，使原料中的不同成分能够加速发生一系列的化学变化，生成了营养丰富、具有独特风味的豆酱。北魏著名农学家贾思勰在《齐民要术》中指出，要制作好的豆酱，首先必须"簸、择、淘洗和浸、蒸、搅、均调"大豆或其他原料；其次，曲的好坏是非常重要的，"黄蒸（米麦曲）令酱赤美，草蒿令酱芬芳……用神曲者，一升当笨曲四升"，所谓"神曲"和"笨曲"，就是相当于我们现在所说的大曲和小曲。传统的豆酱或酱油制造过程中，常常配入一些草蒿、丁香、甘草、茴香、陈皮、花椒等中药或其他佐料，这样不仅使产品气秀味甜色泽好，而且还具有除腥、提鲜和久藏不坏等优点。再者，制曲时，曲料必须"彻底生衣"，晒酱时要"仰瓮口曝之"，"彻底搅之"。另外，还必须注意"不用津瓮，瓮津则坏酱"，以及"盐少令酱酸；盐色黄者，发酱苦；盐若润湿，令酱坏"的可能性，同时，熟豆酱，也

[①] 谢韩、李勇：《古代酱生产发展研究》，《江苏调味副食品》2016年第2期。
[②] 孙机：《中国古代物质文化》，第12页。

要注意"无令水入,水入则虫生"的危险,① 可见当时人们已熟练掌握制作豆酱的工艺。

酱油与豆酱、豆豉的发展有着密不可分的关系。东汉崔寔《四民月令》记载:"(正月)可作诸酱。上旬炒豆,中旬煮之。以碎豆作'末都'。至六七月之交,分以藏瓜。可以作鱼酱、肉酱、清酱。"②酱油最早起源于我国,是以大豆为原料,配以适当的含淀粉物质,利用微生物发酵而成的优质调味品。豆豉的起源则较早,许慎《说文解字》中有"配盐幽末",即待大豆生霉,再加盐发酵。西晋张华《博物志》中有关于做豆豉的记载:"外国有豉法,以苦酒溲豆,暴令极燥,以麻油蒸讫,复暴三过乃止。然后细捣椒屑筛下,随多少合投之。"③ 这种做法一直延续下来。

羹是我国古代主要的菜品之一。先秦时期的"大羹"是不加调料的肉汤。④ 但也有人认为,"羹"从先秦时期起就指调味的浓汤或加米面调和的薄糊状一类的主菜,它始终没有变成菜汤义,到了元代则将浓汤类羹归称"汤"。⑤《礼记·内则》载:"羹食,自诸侯以下至于庶人,无等。"⑥ 可知,羹在先秦两汉时期就是王公贵族及平民百姓家居饮食的必备之物。然而,食"肉羹"与食"菜羹"的区别却反映了社会等级的差异。古人常说"和羹","和羹"体现了为政治国之

---

① [北魏]贾思勰:《齐民要术》,卷8《作酱等法》,团结出版社1996年版,第302—310页。
② [汉]崔寔著,缪启愉辑释,万国鼎审订:《四民月令辑释·正月》,农业出版社1981年版,第3页。
③ [晋]张华撰,范宁校证:《博物志校证》,中华书局1980年版,第126页。
④ 孙机:《中国古代物质文化》,第32页。
⑤ 黄金贵、胡丽珍:《评王力的"羹、汤"说》,《浙江大学学报(人文社会科学版)》2005年第1期。
⑥ 王文锦译解:《礼记译解》,中华书局2001年版,第381页。

要，追求政治和谐、人民和顺与国家祥和。就"和"之对象而言，"调羹"者与"食羹"者皆不可或缺，而食羹者占有主导权。调羹者的任务是将羹调成美味，美味的标准在于食羹者对美味的偏好。食羹者并非"坐等吃羹"，他要选择各具烹调之长的庖厨，统筹安排切割、煎熬、齐和等工序，配合制羹。因而，羹的价值大小与庖厨的能力高低由食羹者抉择，食羹者与调羹者在政治实践中分别扮演君与臣的角色。就"和"之内容来说，羹需要不同材料，如五味（甘、酸、苦、辛、咸），三材（水、木、火），三群之虫（水居腥者、肉玃臊者、草食膻者）等。不同食物属性、不同调味料品、不同烹调原料，经过不同制作程序才能调出一道"和羹"。从"和"之效果来看，羹置久不腐，熟透不烂，咸苦酸辛甘不过，清淡不寡味，肥美不油腻。一道美食的"和"在于味的适中和平衡，若要达此效果，缺少不了"中道"原则，即火候与五味之掌握。火候的强弱、疾徐、久暂掌握要适中，调味亦然，味不及则"济"，即加调料，味过则"泄"，即加水冲和。"和"的微妙之处正是"无过而不及""不偏不倚"。作为高深的哲学之道，在调羹中"和"被展现得淋漓尽致。同时，羹还体现了一定的政治利害性。一方面，羹在政治事件中充当"和事佬"角色，化解双方矛盾，协调人际关系，平衡各自利益；另一方面，利益是导致政治纷争的祸首，羹展现了其消极的"致害"面，因"羹"招致丧命、败军、亡国等祸者频见史载。[①]"和羹"所蕴含的哲学、政治道理，在今天仍具有启发意义。

馒头是现代人常吃的面食，但是古人所吃的馒头指的却是一种以发酵面团为皮儿的包馅蒸食，其形状与包子并不相同，整体浑圆，无

---

① 许至：《以羹探政：论古代食物与政治关系》，《孔子研究》2017年第5期。

口，颇似人头。① 据宋人高承《事物纪原》一书的记载："诸葛武侯之征孟获，人曰蛮地多邪术，须祷于神，假阴兵以助之。然蛮俗必杀人，以其首祭之，神则飨之，为出兵也。武侯不从，因杂用羊豕之肉以包之，以面像人头以祠，神亦飨焉，而为出兵。后人由此为馒头。"② 说的是三国时期诸葛亮南征孟获，改革了当地以人头祭神的恶习，用面包着牛、羊、猪肉来代替，后人便称此物为馒头。明人郎瑛在《七修类稿》中指出，馒头应为"蛮头"的谐音。③ 馒头出现后很快就成为宴会祭享的陈设之用，西晋束皙在《饼赋》中有所记载："三春之初，阴阳交至，于时宴享，则馒头宜设。"意即在春初阴阳交泰之时，举行宴会祭祀，陈设馒头，以此祈求一年吉祥。

二、食器多样化

秦汉魏晋南北朝时期，长江流域所使用的餐具如碗、盘，制作较先秦时期精良。这一时期，餐具材质主要是竹木、陶瓷、铜。

竹木类餐具中较为具有代表性的是漆盘。漆盘是用来装盛小型食器（如碗、耳杯等）的平面器具，大型平面盘也时常用来承置食器，有些漆案亦被称为平盘，但二者之间的界限比较模糊。

这一时期的食器考古发掘的实物比较多。长沙马王堆 3 号墓出土的大漆盘，口径长达 72.5 厘米。④ 江陵凤凰山 168 号墓中出土了一件圆形有盖的漆器，内盛三个小漆盘和一件单环耳小卮。这件漆器高 22 厘米、径 20 厘米，容量接近 3.5 汉斗。发掘简报中称之为"卮"，

---

① 闫艳：《古代"馒头"义辩证——兼释"蒸饼"、"炊饼"、"笼饼"与"包子"》，《南京师范大学文学院学报》2003 年第 1 期。
② ［宋］高承：《事物纪原》，中华书局 1989 年版，第 470 页。
③ 孙机：《中国古代物质文化》，第 26 页。
④ 孙机：《中国古代物质文化》，第 264 页。

但它的体积太大，不宜作饮器。据马王堆1号墓中遣册所载，盘有"平般（盘）"和"食般（盘）"。马王堆1号墓遣册中的"卑匜"，也是指盘。卑匜，在云梦大坟头1号墓的方木中作"卑虒"，在江陵凤凰山10号墓的方木中作"卑卑"。① 湖南长沙马王堆1号墓出土的物疏简中记载有"髹画卑匜径八寸卌其七盛乾□郭首、卅一盛脍载"，墓中出土了20件小漆盘，盘中心黑漆书写"君幸食"三字，盘外近底部朱书"一升半升"四字，出土时有11件还盛有牛排骨、堆骨、面食、鳜鱼骨及牛肩脚骨等食物，与简文记载相合，证明卑匜为盛食器。②

1985年，江苏省扬州市宝女墩西汉广陵国诸侯墓中出土了一件"中官"铭铜扣彩绘熊云纹漆盘。漆盘高6.5厘米、口径27厘米。夹纻胎，敞口，平沿，□□铜扣口，深折腹，平底。内腹上部黑漆，朱漆绘四组勾连云纹；下部髹朱漆已呈褐色；内底髹黑漆，以一圈刻菱形几何纹和褐点漆勾边，中部为云纹分成的三组相同的熊纹。熊作蹲姿，前爪作舞状，大耳，吻尖突有长须。外腹绘四组连续云纹，外底朱漆隶书"中官"铭；外沿针刻隶书铭文："乘舆髹泪画纻黄扣斗饭盘，元延三年，供工工强造，画工政、涂工彭、泪工章、护臣纪、啬夫臣彭，橡臣承主，守右丞臣放，守令臣兴省。"③

2006年3月至10月，长沙市文物考古研究所联合望城县文物管理局对位于湖南望城区星城镇银星村的风篷岭一号墓进行了抢救性考古发掘，出土了大批文物，其中包括西汉"张姃棱槃"夹纻胎漆盘。④

---

① 孙机：《汉代物质文化资料图说》，第310—312页。
② 洪石：《战国秦汉漆器研究》，中国社会科学院博士学位论文，2002年，第23—24页。
③ 中国漆器全集编辑委员会编，傅举有本卷主编：《中国漆器全集3·汉》，福建美术出版社1998年版，第85页。
④ 莫泽：《西汉"张姃棱槃"夹纻胎漆盘的保护修复》，《中国文物报》2018年9月14日。

除了上述地区外，成都作为汉代最负盛名的漆产地，漆工艺等手工业得到了相应的发展，且形成了一定的规模，后世出土的汉代漆器多为蜀郡所制。汉景帝至汉武帝时，在四川的蜀郡、广汉郡等地创设专门的工官来管理漆器生产，蜀郡西工和广汉郡工官是四川生产漆器的主要管理机构。西汉末年，蜀郡西工改为成都郡工官，广汉郡工官改为子同郡工官。除了专门设置官营漆器制造机构进行漆器生产，地方还有小手工作坊生产一些简单朴素的器具。汉代蜀地生产的漆器数量、质量和工艺在全国的漆器生产中都位居前列，蜀地的工匠技艺也被推为全国之最，漆器远销全国各地甚至朝鲜等国。成都漆器的底部大多铸有"成市""成市草""成市素""成市飽""成市造""成市口"等烙印戳记。"成市"是成都市的简称，"草"是造的意思，"素"是做漆胎的意思，"飽"和"包"同"麭"字，涂漆的意思。长沙马王堆1号墓、3号墓和江陵凤凰山8号墓出土的漆器均有烙以"成市飽"戳记的，表明它们是蜀郡成都所制。与之相仿的提法是"蜀汉扣器"，毗邻蜀郡的广汉郡雒县也是汉代漆器的重要产地。[①] 西汉中后期，地方郡县设置工官负责漆器的生产，又由中央统一管理。器身印有"蜀西工""蜀郡西工""成都郡工官""广汉郡工官""子同郡工官"等铭文的多为西汉中后期的漆器。器身铭文为我们判定器物年代、产地提供了依据。湖北江陵凤凰山汉墓曾出土一些烙印了"成市草""成市素""成市飽"等字样的汉代漆器，根据对漆器器身文字以及制造工艺的研究，这些漆器被推定为西汉早期的成都漆器。四川渠县城坝遗址出土的西汉早期的漆器，部分器身印有"成市造""市亭"等字样，表明了这些漆器的制造地也是蜀郡。还有如湖南长沙马王堆汉墓、贵州清镇平坝汉墓出土的漆器也多是依靠其制造工艺和器身铭

---

① 孙机：《中国古代物质文化》，第264—265页。

文"市府""成市""成市饱""市府草""城市口""蜀郡西工""蜀西工""成都郡工官""蜀郡""广汉郡"等，来判明其产地及制造时间。

成都漆器的大量出土，除了与保存度较高有关外，也与秦汉时期的"贵生死"观念及厚葬之风有关。古人认为人死后灵魂会去到另一个世界继续生活，因此以大量漆制生活用器用于陪葬。然而，到了东汉末年，社会秩序混乱，手工业、商业发展受到破坏，加之薄葬诏令的实施，厚葬之风消减，漆器作为陪葬品的数量减少。东汉以后，因漆器制造的成本较高，成都官营漆器生产大不如前，只剩下一些私营的小作坊，漆器生产自此衰落。这一时期部分成都漆器底部仍然印有"作"等字样，如湖北鄂城东吴墓中出土了印有"蜀郡作牢"字样的漆器。[1]

1997年9月，江西省南昌市挖掘出了一座东晋古墓，出土的文物中就包括漆盘。其中，宴乐图漆盘和九天玄女图漆盘是其代表。盘是战国以后通用的漆器品种，而宴乐图是战国中后期人文主义兴起后出现的艺术题材。宴乐图漆盘，卷木胎，口径26.1厘米、底径24.6厘米、高3.6厘米，平沿、浅腹、平底，外部髹黑漆，口沿饰黑地红彩连珠纹一周，内壁髹红漆，以红、黑、灰绿等色彩绘出由人物、车马、瑞兽组成的宴乐图。整幅画面上共有20个身份神态各异的人物和鹿、龟、鸟等瑞兽。[2] 九天玄女故事是西汉时期兴起的艺术题材，在汉画像砖上广为运用。九天玄女漆盘，亦是卷木胎，直径21.4厘米、壁厚0.3厘米。器残，仅存器底，盘内底用红、黑、灰绿、橙等色彩绘出九天玄女神话故事图。[3] 宴乐图、九天玄女图是这一时期社

---

[1] 唐娴：《汉代成都漆器的审美研究》，西南民族大学硕士学位论文，2019年，第12—13页。

[2] 赵德林、李国利：《南昌火车站东晋墓葬群发掘简报》，《文物》2001年第2期。

[3] 赵德林、李国利：《南昌火车站东晋墓葬群发掘简报》，《文物》2001年第2期。

会风气的形象化反映。晋代南方新贵族在经济地位提高的同时,思想观念也随之改变,他们通过描绘衣食住行、吃喝玩乐的生活场面来表现其经济地位,形成了以人为中心、以自我为中心的新的审美意识,车马出行、抚琴歌乐的场面,正是贵族们豪华奢侈生活的缩影。

陶瓷类餐具则以青瓷餐具为主。"瓷"字最早见于西汉邹阳《酒赋》,表明这时已经有了与陶器相区别的瓷器的概念。在新安江水库工程建设期间,曾发现一座建初六年(81年)的东汉早期墓,出土的一批器物无论胎和釉均与六朝青瓷相接近。浙江上虞小仙坛东汉晚期窑址也出土了大量的瓷片。① 从出土的西汉陶瓷食器来看,楚文化特色非常浓郁。如长沙马王堆汉墓出土的陶瓷饮食器具,多以红、黑为主色调,饰以奇鸟异兽及云气纹样,反映出浓厚的神秘色彩。楚人崇尚自由浪漫,表现在器物上,则呈现出轻巧、灵秀以及升腾之感,因此器物足部往往较高。

到了东汉,饮食器皿和容器的造型也有了变化,特别是适宜日常生活需要的器皿逐渐增加,花纹装饰也趋于简单。器物大半部上釉,只是近底处无釉。釉层增厚,胎釉结合紧密,少见脱釉现象。器形规整,制作精细,已十分接近成熟青瓷的形态。东汉时期生产早期青瓷的窑场遗址,在浙江的宁波、上虞和永嘉以及江苏的宜兴等地均有发现,尤以上虞的窑场为最多,仅1997年就发现东汉窑址36处。这些窑场中,有的是印纹硬陶和早期青瓷合窑烧制的窑场,有的是以烧制早期青瓷为主的窑址,也有的结束了印纹硬陶与早期青瓷同窑兼烧的状态,成为单一专烧早期青瓷的窑址。由此,我们也可以了解青瓷烧造的发展历程。东汉后期,青瓷烧造已经不限于个别地区单一瓷窑的生产,至少是在浙东的宁波、绍兴和浙南的永嘉等地分别建立起了瓷

---

① 孙机:《中国古代物质文化》,第283—284页。

窑，制瓷业已具有相当的规模。

另据考古证实，西南地区也出土了大量的陶瓷餐具。西南地区出土的汉代瓷器数量有 300 余件，器类主要有壶、瓮、罐（主要有无耳罐、双耳罐、扁腹罐、卵形罐、双唇罐等）、钵等，集中分布在贵州清镇、平坝、安顺，云南个旧及重庆和湖北的三峡地区，四川成都和云南大理等地也有零星发现。这些瓷器大致分为江东、两湖和岭南三个系统。目前考古发掘的江东系统瓷器数量不多，典型器物为竖双耳罐壶，分布在巴东、宜昌、巫山和秭归，时代通常为东汉早期，偶见西汉早期和东汉晚期器物；两湖系统瓷器较多，典型器物有卵形罐、扁腹罐及钵，其出土地域以三峡为中心，向上游扩散至成都和云南水富、贵州赤水一带，时代主要为东汉晚期；属岭南系统的瓷器主要有壶、瓮、无耳罐和横双耳罐，主要分布在云贵境内。从时段来看，西汉晚期至东汉早期，瓷器主要分布在清镇、平坝和个旧，数量颇为丰富；东汉中晚期数量明显减少，瓷器主要分布在贵州安顺、兴仁一带。可以看出，江东瓷器和两湖瓷器分布区域重叠，但存在前后替代关系，而岭南瓷器则主要存在于云贵。[1] 这种现象也反映了两汉时期我国瓷器的分布格局。

魏晋南北朝时期，由于北方战乱不断，制瓷业中心南移，长江流域青瓷工艺发展迅速，杭州湾以南的宁绍地区成为生产中心。如绍兴出土的东吴永安三年（260 年）青瓷魂瓶，顶部为五联罐，下部为崇楼双阙，周围塑造出奏乐的人物、觅食的鸟雀等，通体施不甚匀净的青釉。这一时期由于佛教的传播，带有佛教艺术色彩的莲花纹常在青瓷上出现。武昌何家大湾南齐墓、南京林山南梁墓出土的仰覆莲花

---

[1] 吴小平：《西南地区出土的汉代瓷器及相关问题初探》，《南方民族考古》2017 年第 2 期。

尊，釉色青绿。① 不仅如此，这一时期，青瓷仿玉的特征也更加突显。古人尚玉，古代诗文中常用玉来比喻和形容一切美好的人或事物，道教则赋予其神秘的色彩，认为玉与灵魂不灭、长生不老等概念具有不可分割的内在联系。然而，受开采与雕琢工艺的限制，玉器消费的受众面具有局限性。青瓷仿玉的特性也使得青瓷作为玉的替代品被广泛应用。魏晋南北朝时期，一些青瓷餐具饰有简洁的弦纹或几何纹，器形则多以短圈足、无圈足的小口圆鼓腹盆为主。

除了漆器、瓷器食具外，还有铜制食具。其中，较为有代表性的是铜耳杯。孙机先生认为耳杯的"杯"字又写作"桮""梧""盃"等形。这个字源于手掬之抔，《礼记·礼运》记载道："汙尊而抔饮。"②后来以"杯"代"抔"，杯的平面接近双手合掬所形成的椭圆形，左右拇指则相当于杯耳。杯也名羽觞，屈原在《楚辞·招魂》中记载道："瑶浆蜜勺，实羽觞些。"③ 杯也称耳杯，由杯耳而得名。西汉时杯耳常微微上翘，东汉时的杯耳则多与杯口取平。东汉后期的杯耳虽然还是平的，但杯口两端上翘。杯耳有铜制的，有鎏金的，也有在杯口镶一圈银扣，并与错金的银杯耳铸成一体的。耳杯的大小不一，小耳杯的长径在 11 厘米左右，中等的为 14 厘米左右，大杯则超过了 15 厘米。④

考古发掘中出土了许多秦汉魏晋时期长江流域的耳杯实物，如 1967 年湖南常德东吴墓出土铜耳杯两件。一件是平口，椭圆形，弧腹，假圈足，口部微残。耳杯高 3.9 厘米、厚 0.15 厘米。另一件则

---

① 孙机：《中国古代物质文化》，第 283—284 页。
② 王文锦译解：《礼记译解》，第 290 页。
③ ［汉］刘向辑，［汉］王逸注，［宋］洪兴祖补注，孙雪霄校点：《楚辞》，卷 9《招魂章句》，第 265 页。
④ 孙机：《汉代物质文化资料图说》，第 306 页。

是椭圆形，两耳微微上翘，弧腹，平底，腹部部分残缺。耳杯高4.3厘米、厚0.2厘米。① 2003年重庆云阳县丝栗包遗址也出土了一批汉代青铜耳杯。② 2004年，重庆巫山土城坡出土了铜耳杯5件，主要分为两类：一类高2.1厘米，杯口椭圆形，长径9.2厘米、短径5.3厘米，敞口，杯壁向内斜收，平底近似假圈足，双耳正面装饰菱形纹图案，杯内底装饰凤鸟展翅图案；另一类高3厘米、长径为12.3厘米、短径为9.5厘米。③

铜耳杯可作饮酒器。许多铜耳杯上有"酒"的漆书文字，长沙马王堆汉墓有"君幸酒"耳杯，宁波西南郊汉墓有"宜酒"耳杯，长沙汤家岭汉墓有"张端君酒杯"。江苏铜山县出土的画像石表现了对饮场景：两人在长榻上隔案对坐，案侧置放了两只耳杯。铜山县汉王乡东沿村出土了一件"西王母图"石，右侧一组四人，一人（应为侍者）一手捧杯、一手持勺，正从三足大樽中舀酒。对坐者则手捧耳杯作等待倒酒状。《乐府诗集·陇西行》曾写道："请客北堂上，坐客毡氍毹。清白各异樽，酒上正华疏。酌酒持与客，客言主人持。却略再拜跪，然后持一杯。"诗中的樽、杯、勺正是这一时代最基本的饮酒器组合。耳杯盛液体，人们饮用的体态，正与以前从地面水坑中取水抔饮的形象相贴合。

铜耳杯也可盛羹汤。《史记·项羽本纪》记载着刘邦的一句名言，"吾翁即若翁，必欲烹而翁，则幸分我一杯羹"④，明示了羹汤的计量单位是杯。耳杯上的自刻铭文也反映了耳杯的实用功能。根据器物称

---

① 周能：《湖南常德东吴墓》，《考古》1992年第7期。
② 凡小盼、赵雄伟、赵卓、温小华：《云阳丝栗包遗址出土汉代青铜耳杯锈蚀的扫描电镜分析》，《电子显微学报》2017年第3期。
③ 武汉市文物考古研究所、巫山县文物管理所：《重庆巫山土城坡墓地2004年发掘简报》，《江汉考古》2009年第2期。
④ [汉]司马迁：《史记》，卷7《项羽本纪》，第328页。

名的一般原则，器名前面的修饰语通常用来说明器物的用途或功能，"羹杯"则表明此杯用于盛羹汤之用。①

还有一种是带炉的铜杯，炉和杯配成一套，称之为染器，烤肉时盛放酱料所用。考古发掘中所获染器皆出自西汉墓，云梦大坟头汉墓的衣物疏中记载耳杯有"酱杯十"，马王堆汉墓衣物疏记载有"漆画小具杯廿枚，其二盛酱盐"，湖北江陵凤凰山 176 号汉墓衣物疏中记载"酱杯卅枚"，长沙十字岭汉墓等也有相关实物出土。②

这一时期，茶在长江流域流行。茶古称荼，也有称槚，长沙马王堆 3 号汉墓出土的竹笥上就写有"槚笥"的字样。古代荼陵（今湖南茶陵县）也因产茶而得名。西汉文学家王褒在《僮约》一文中提到"武阳买茶"，《华阳国志·蜀志》也有"南安、武阳皆出名茶"③的记载，说明了武阳县（今成都以南彭山双江镇）在当时是产茶的重要地区。这一时期，流行粥茶法，煮茶与煮菜汤相似。魏晋南北朝时期，长江流域茶祭风行，不仅民间茶祭的习俗广为流传，宫廷皇室也颇为盛行。《南史·齐本纪上》记载："祭敬之典，本在因心，灵上慎勿以牲为祭。祭惟设饼、茶饮、干饭、酒脯而已。"④ 茶祭风行可见一斑。

第三节　家居之物

秦汉时期，人们席地跪坐或盘膝坐，家居仍沿袭传统，以低矮型家具为主流。张骞通西域后，特别是魏晋南北朝时期，外来家居物品

---

① 吕静：《耳杯及其功用新考》，《湖南省博物馆馆刊》2018 年第 00 期。
② 孙机：《汉代物质文化资料图说》，第 308 页。
③ ［晋］常璩撰，刘琳校注：《华阳国志校注》，卷 3《蜀志》，第 281 页。
④ ［唐］李延寿：《南史》，卷 4《齐本纪上》，中华书局 1975 年版，第 126 页。

的传入,带来了家居陈设的变革。

一、胡床的流行

这一时期长江流域的家居之物,首推胡床。胡床并非我们现代意义上理解的睡卧家具,而是一种坐具,从我国北方和西域少数民族地区流传过来。"胡床"也称"交床""交机",《资治通鉴》第242卷中胡三省的注释有着关于胡床的详细记载:"今之交床,制本自虏来,始名胡床……交床以木交午为足,足前后皆施横木,平其底,使错之地而安。足之上端,其前后亦施横木而平其上,横木列窍以穿绳绦,使之可坐。足交午处复为圆穿,贯之以铁,敛之可挟,放之可坐,以其足交,故曰交床。"① 由此可知,胡床,由八根木条组成,坐面是由棕绳连结而成的坐具,可以折叠,类似于我们所说的"马扎"。胡床的传入与流行,标志着我国传统坐姿方式由以往的跪坐式变成踞坐式。

许多文献都记载了长江流域地区的人们使用胡床的事例。如《南齐书·刘瓛传》记载:"瓛姿状纤小……游诣故人,唯一门生持胡床随后,主人未通,便坐问答。"② 提到刘瓛因身体瘦弱,出行访友时其门生都会携带一个胡床跟随其后,以备其休息和与他人对答时使用。再如《世说新语·任诞》记载:"王子猷出都,尚在渚下。旧闻桓子野善吹笛,而不相识。遇桓于岸上过,王在船中,客有识之者云:'是桓子野。'王便令人与相闻云:'闻君善吹笛,试为我一奏。'

---

① [宋]司马光:《资治通鉴》,卷242《唐纪》,中华书局1956年版,第7822页。
② [南朝梁]萧子显:《南齐书》,卷39《刘瓛传》,中华书局1972年版,第679页。

桓时已显贵，素闻王名，即便回下车，踞胡床，为作三调。"① 东晋书法家王徽之路遇名士桓伊，请其吹笛，桓伊便坐在胡床上，为王徽之吹奏三调。《南齐书·荀伯玉传》记载："世祖拜陵还，景真白服乘画舴艋，坐胡床，观者咸疑是太子。"② 说的是南齐张景真乘舴艋舟、坐胡床，而被人误认为是南齐太子。由此可见，胡床深受当时上层人士喜爱。魏晋名士追求人格独立，崇尚自由洒脱，人坐在胡床上双腿垂下并岔开，很像一种箕踞而坐的坐姿。在当时士人的眼中，这种坐姿体现了一种蔑视权贵、放荡不羁的个性。另外，南朝一些将领也爱胡床。《晋书·苏峻传》记载："惟晃独出，带两步靫箭，却据胡床，弯弓射之，杀伤甚众"③，东晋时期爆发了苏峻叛乱，苏峻部将韩晃踞胡床弯弓引箭，射杀了大批晋军。《南齐书·柳世隆传》记载，"攸之乘轻舸从数百人，先大军下住白螺洲，坐胡床以望其军，有自骄色"④，南朝宋名将沈攸之反叛，曾坐胡床指挥军队，军队颇有威慑能力。《梁书·韦放传》也有相关记载，"（韦放）乃免胄下马，据胡床处分。于是士皆殊死战，莫不一当百"⑤，讲的是南梁将领韦放曾脱下铠甲，坐在胡床上指挥军队，颇有大将风范。

二、席子的使用

秦汉时期，人们习惯席地跪坐，因而席子使用非常普遍。席子在远古时期就已存在。一般来说，席子会铺两层，其中铺在下面的粗竹

---

① ［南朝宋］刘义庆撰，［南朝梁］刘孝标注，朱铸禹汇校集注：《世说新语汇校集注》，卷下之上《任诞》，上海古籍出版社2002年版，第635—636页。
② ［南朝梁］萧子显：《南齐书》，卷31《荀伯玉传》，第573页。
③ ［唐］房玄龄等：《晋书》，卷100《苏峻传》，中华书局1974年版，第2631页。
④ ［南朝梁］萧子显：《南齐书》，卷24《柳世隆传》，第446页。
⑤ ［唐］姚思廉：《梁书》，卷28《韦放传》，中华书局1973年版，第423页。

席称为簟筵，用来当作衬垫，而上面一层则会铺上较为柔软的草席。草席分为蔺席和莞席，莞是一种蒲草，故而莞席又被称为蒲席。因为蒲席要比蔺席做工精致，也更为贵重，所以汉代宫廷和达官显贵的家中都是铺蒲席。《汉书·史丹传》记载史丹入宫探视患病的汉元帝时，"顿首伏青蒲上"[①]。此处的青蒲就是一种带有青缘的蒲席，而长沙马王堆1号汉墓也出土过类似形制的蒲席。[②]

除了草席以外，长江流域的人们较多地使用细竹席。其中质量好的竹席名为簟，长沙马王堆汉墓曾出土过有纵横相间条纹的竹簟，遣册将其称为"滑篾席"。篾就是桃竹。汉晋时期，簟又被称为笙，而用桃竹编织成的席子又被称为桃笙。长沙桂花园东晋潘氏墓出土的衣物券中有记载"故细笙一幡"，此处的细笙即为桃笙。[③]

席子的用途也有多种，除了作为坐具、卧具使用外，贫苦人家也以席为门。席子还可以当作计量单位，用以计算空间大小和时间进度。[④] 古代的草席使用久了以后边角会卷曲，所以人们会在草席的边缘用专门的"席镇"来压席。西汉时期，席镇的制作和使用非常盛行。

使用席子时，坐席位置的不同反映了人们之间的尊卑地位，并因此形成了许多专有名词，如与尊者同坐被称为"同席"，为尊者或长者专设的席位被称为"专席"或"绝席"。如果想表达一种敬重惋惜之情，人们会"避席"拜之；而表达一种谦卑的态度，人们则会"下席"或"降席"稽首；与他人绝交，则称之为"割席"。

---

① ［汉］班固：《汉书》，卷82《史丹传》，第3377页。
② 孙机：《中国古代物质文化》，第159—160页。
③ 孙机：《汉代物质文化资料图说》，第222页。
④ 刘洁：《汉代席考——论汉赋述及的古席原型及其文化》，《黑龙江史志》2008年第14期。

第二章　秦汉魏晋南北朝时期长江流域的物用

除此之外，先秦时期的家居陈设如俎、几、箱等仍在使用，在此不再赘述。

第四节　出行用具

秦汉魏晋南北朝时期，长江流域常用交通工具是船、车，桥梁的修建则进一步为人们出行提供了便利。

一、船

我国古代最早的船舶是独木舟和筏子，靠桨划水前行。秦汉时期是我国造船业发展的第一个高峰期。这一时期，船只规模扩大，类型多样化。

湖北江陵凤凰山汉墓和湖南伍家岭汉墓均出土过木板船，这种木板船的形制是船面较平，两端微微上翘，船首即舻部设棹，船尾即舳部设舵，并且装有支棹的木橛。区别在于，江陵凤凰山木船设4棹1舵，湖南伍家岭木船设16棹1舵，凤凰山木船的船舵与棹的形状相差不大，且未放置在船尾中部，而伍家岭木船的舵则比棹要长得多，舵叶呈刀状，背厚刃薄，放在船尾当中。①

到了汉代，船帆出现。《释名》中提到"随风张幔"的帆和桅杆，东汉马融《广安颂》中有"方艅艎，连艕舟，张云帆，施霓帱，靡飕风，陵迅流"，对风帆作了描述。长沙走马楼出土了三国吴简，上面有着"大樯一枚长七丈"记载，这里的樯指的就是挂帆用的桅杆。

楼船是一种具有多层建筑和攻防设施的大型战船，其出现标志着我国古代造船技术的初步成熟。楼船的形制大致是：高十余丈，甲板

---

①　孙机：《汉代物质文化资料图说》，第120—122页。

上建楼数层。每层都有起防御作用的女墙，女墙上开有用作发射弓弩攻击敌方的窗孔。为了防御敌方火攻，船上蒙上皮革。同时楼船上还遍插旗幡，刀枪林立，以壮声势。① 第二层建筑称为庐，庐内有着手持长矛的士卒。在庐上面有第三层建筑，称为飞庐，飞庐内设有弓弩手。最高一层为爵室，相当于驾驶室和指挥室。楼船是舟师的主力战舰，故而汉代舟师常称为楼船军，简称楼船或船军。士卒称为楼船士，领率官称为楼船将军，督造楼船的称为楼船官。

魏晋南北朝时期长江流域造船业得到了飞速的发展。东吴曾建造上下五层的战船，可载3000名士兵。豫章郡（今江西南昌）西南的"舳洲"因建造过大型船舶"舳大扁"而得名。当时造船的选材多用上好的硬木豫章楠之类，质地非常坚固。到了南朝时，长江流域地区已经能建造出1000吨的大船。

这一时期船舶除了具有出行和作战的功能外，还被广泛地用来当作游船使用。据《水经注》卷35《江水三》引庾仲雍《江水记》记载："昔孙权装大船，名之曰长安，亦曰大舳，载坐直之士三千人，与群臣泛舟江津"②，可知三国时，孙权曾专门制造用以游览的大舳，名之"长安"，能承载3000余人，与群臣泛舟于江津之上。到了南朝时期，梁武帝萧衍诏命"新制艑鱼舟，形阔而短，高祖暇日，常泛此舟"③。梁朝衡州刺史羊侃，还经常在舫上搭建小楼"盛设帷屏，列女乐。乘潮解缆，临波置酒，缘塘傍水，观者填咽。"④ 南朝画家顾恺之的《洛神赋图》中，就细致入微地描画了六朝时乘楼船的盛况，

---

① 王崇焕：《中国古代交通》，天津教育出版社1991年版，第51页。
② ［北魏］郦道元著，陈桥驿校证：《水经注校证》，卷35《江水三》，中华书局2007年版，第807页。
③ ［唐］姚思廉：《梁书》，卷50《陆云公传》，第724—725页。
④ ［唐］李延寿：《南史》，卷63《羊侃传》，第1547页。

船侧宽边有两人撑篙，船后有舵，楼上陈列女乐，惟妙惟肖。《南齐书·张融传》记载南齐大臣张融返乡后回到金陵，皇帝问他住在何处，他说"臣陆处无屋，舟居非水"，皇帝一时理解不了，其兄张绪便称"权牵小船，于岸上住"①，意思就是张融住在船上，以船为屋了。

这一时期还有一种很重要的船舶类型，即车船。车船是一种以人力为动力的木船，但不用帆樯、篙桨之类设备，而是安置轮子，边附短桨，由人踏动前行。车船的构造和设计原理与近代轮船已相差无几。南朝科学家祖冲之造千里船，即车船，对船只进行技术革新，并"于新亭江试之，日行百余里"②。《南史·徐世谱传》记载："时景军甚盛，世谱乃别造楼船、拍舰、火舫、水车以益军势。"③ 此处的"水车"即指"车船"，因车船靠轮子行驶，速度很快，故而又被称为"飞凫"或"水马"④。

二、车

秦汉时期，车辆的形制有了明显的改变，单辕车逐渐减少，双辕车有了大的发展，车辆种类增多，且主要用于载人装货，而不是用于作战。

汉代最常见的车型是轺车，因其呈长方形，车厢中央竖立伞形车盖，故名轺车。轺车属于汉代双辕马车的一种类型，有盖无帷，车型轻便，为一般官吏所使用，是汉画像石中最为普遍的一种车型。除了

---

① ［南朝梁］萧子显：《南齐书》，卷41《张融传》，第728页。
② ［南朝梁］萧子显：《南齐书》，卷52《文学·祖冲之传》，第906页。
③ ［唐］李延寿：《南史》，卷67《徐世谱传》，第1639页。
④ 林声：《中国古代的"车船"——〈中国古代造船史料汇考〉之一》，《郑州大学学报（哲学社会科学版）》1979年第1期。

辎车以外，汉代常见的车型还有軿车、安车、衣车。江陵凤凰山168号西汉墓的遣册上记载着"案（安）车一乘，马四匹"，这说明安车常驾四匹马。衣车代表性的车型是辎车，车厢严密，往往由妇女乘坐。这些车大都以马驾车，也有牛车。

相对于马车而言，牛车行走缓慢而平稳，且车厢宽敞高大可任意坐卧，符合附庸风雅的贵族士大夫们的乘坐需求。因此，从东汉末到魏晋，牛车多了起来。十六国以后的大墓中，表现出行的陶俑或壁画多以牛车为主体。高级牛车通幰长檐，高大严密，车中可设凭几和隐囊，方便车主随意坐卧。[1] 两晋南北朝时期，是牛车得到快速发展的时期，在长江流域牛车被广泛使用。在南京及鄂城的两座东吴晚期墓和南京西晋太康元年（280年）墓中，均发现有牛车形象。从发掘实物来看，牛车由双辕、长方形车厢、拱形车棚组成，车内或置有凭几或端坐有人。其中鄂城地区的东吴晚期墓内车厢前后各有一门，门外有矮杆栅。[2] 在已发现牛车的南朝墓葬中，南京地区居多，如南京砂石山南朝墓、南京雨花台花神庙南朝墓、南京童家山南朝墓等。这些墓葬中出土牛车一般为泥质灰陶，车皆有前细后粗的双辕，辕前有抬肩，套于牛颈上，车厢长方形，车棚较平，前檐伸出，车厢两壁近顶部各有一小圆孔，可能为挂帘用，车厢外底部四角各有一插座，内有圆形插孔，可能用来插旗幡等物[3]。

另外，还有两种较常见的人力车即辇和鹿车。从四川乐山东汉崖墓石刻及江苏昌梨水库1号东汉墓画像中可得知，这一时期的辇较畜

---

[1] 孙机：《中国古代物质文化》，第184页。
[2] 臧卓美：《试论魏晋南北朝隋唐墓葬出土的牛车》，《南京晓庄学院学报》2016年第3期。
[3] 臧卓美：《试论魏晋南北朝隋唐墓葬出土的牛车》，《南京晓庄学院学报》2016年第3期。

力车为小。后一例的挽辇者除了手握辕端外，肩部还曳绳套。图像中所见汉辇，都是人在前面拉，但一些文献中还曾提到过人推之辇。[①]鹿车又名辘轳车，是一种手推的独轮小车。1975年成都市郊东汉墓出土的《容车侍从》、四川彭州市升平乡出土的《羊尊酒肆》、四川新都县出土的《当垆》、四川新都县新龙乡出土的《酿酒》，以及1996年四川广汉新平出土的《市楼沽酒》等汉代壁画中，都有鹿车的图像。[②] 除了鹿车这种独轮车外，三国时期也出了一种名叫"木牛"的独轮车，据史书记载，诸葛亮北伐时，蒲元创造"木牛"为军队运送粮草。许多学者认为当时的"木牛"，就是一种特殊的独轮车。

三、桥

在河网密布的长江流域，桥梁历来是人们出行的重要途径。秦汉魏晋南北朝时期，桥梁的主要形制是木桥和石桥。

木桥多为梁式桥，桥梁的两个边跨倾斜，中间诸跨离水面较高，以便行船。砖石桥的外形与此相近，不过桥墩是砖石砌成的，且将两个边跨填实。[③] 成都老南门河的万里桥在当时比较有名。相传，万里桥大约始建于战国时期秦国蜀郡太守李冰任中，初名长星桥，三国后改名万里桥，也称笃泉桥。常璩《华阳国志·蜀志》中曾记载道："州治太城，郡治少城。西南两江有七桥：直西门郫江中〔曰〕冲治桥；西南石牛门曰市桥，下，石犀所潜渊（中）也；城南曰江桥；南渡流曰万里桥；西上曰夷里桥，（上）〔亦〕曰笮桥；（桥）从冲治桥西（出）〔北〕折曰长升桥；郫江上西有永平桥。长老传言：李冰造

[①] 孙机：《汉代物质文化资料图说》，第116页。
[②] 李立新：《鹿车考析》，《民族艺术》2010年第3期。
[③] 孙机：《汉代物质文化资料图说》，第210页。

七桥，上应七星。"① 所谓"上应七星"，是指江桥、万里桥、市桥、笮桥（夷里桥）略成长方形，像北斗七星之斗杓，冲治桥、长升桥、永平桥大体连成一线，自市桥西北斜出，仿佛北斗七星之斗柄，故云"上应七星"。② 万里桥的得名，与诸葛亮联盟孙权的事迹有关，唐代地理学家李吉甫在《元和郡县图志·剑南道·成都府·成都县》中记载道："万里桥，架大江水，在县（指成都县署）南八里。蜀使费祎聘吴，诸葛亮祖之。祎叹曰'万里之路，始于此桥。'因以为名。"③

此外，汉代还有用砖石砌成的拱桥。建筑上砌弧形拱即起券的方法在我国出现于西汉宣帝前后，至东汉时已将此法用于筑桥。至于浮桥，也是我国极古老的一种桥型。据《后汉书·岑彭传》记载，"遂拔夷道、夷陵，据荆门、虎牙。横江水起浮桥、斗楼，立攒柱绝水道，结营山上，以拒汉兵"④，东汉建武九年（33年），割据巴蜀的公孙述与汉光武帝刘秀争夺天下，在今天的宜昌以下荆门、虎牙间修筑了第一座有史可考的长江浮桥。⑤ 东晋时期于南京秦淮河畔修建的"朱雀浮航"⑥等，亦属此类。272年，东吴建平太守吾彦在西陵夷道、荆门等长江要害处，用铁链连系两岸横断江路，抵御晋师东下，距今已有1700多年，有人说这是"长江第一索桥"⑦。

---

① [晋]常璩撰，刘琳校注：《华阳国志校注》，卷3《蜀志》，第227页。
② 谭良啸：《成都名胜万里桥》，《四川文物》1995年第4期。
③ [唐]李吉甫：《元和郡县图志》，卷31《剑南道·成都府·成都县》，中华书局1983年版，第768页。
④ [南朝宋]范晔：《后汉书》，卷17《岑彭传》，第660页。
⑤ 黄权生、罗美洁：《东汉至隋朝三峡军事浮（索）桥及其攻防战》，《军事历史研究》2013年第2期。
⑥ [唐]许嵩：《建康实录》，上海古籍出版社1987年版，第140页。
⑦ 黄权生、罗美洁：《东汉至隋朝三峡军事浮（索）桥及其攻防战》，《军事历史研究》2013年第2期。

第五节　日常用具

相较于先秦时期，秦汉以后随着经济的发展，长江流域日常用具品种也多了起来，具有代表性的有伞、扇、文房用具及休闲娱乐用具等。

一、引风防雨之物

秦汉魏晋南北朝时期，伞和扇子仍是流行的引风防雨之物。

随着东汉时期蔡伦改进了造纸术，纸得到了广泛使用，纸伞得到进一步发展，这一时期还出现了在纸伞上刷桐油的桐油伞。在纸上涂以油脂，使其经久耐用。南北朝时期，真正具有防雨效果的油纸伞出现。

1956年，云南晋宁石寨山出土了西汉执伞男俑，现藏于云南省博物馆。1992年3月，云南省江川县李家山51号墓出土了一件西汉执伞铜俑，现藏于云南省江川县博物馆。执伞铜俑高66厘米，跪坐于铜鼓形座上，双手在身前作握姿，所执之伞已失。[1] 这种伞应与文献中记载的曲盖即曲柄伞相似，为上层人士出行时使用。出行时，由侍从撑伞，侍从地位低下，不能与其并行，故专门设计了曲柄伞具，供撑伞者跟随其后，而又不影响其使用效果。这一时期，伞也被作为明器随葬。

这一时期扇子主要有竹扇、羽扇、团扇等。两汉时期，使用最多的扇子是一种用细竹篾编织成的竹扇，这种竹扇呈半翅状，被称为便

---

[1] 陶学锋：《中国古代的伞文化》，《东方博物》2012年第2期。

面。① 湖南长沙马王堆1号汉墓出土了便面大扇,原物用细竹篾编成,大小各一件,黄绢缘边,部分加锦。② 长沙马王堆1号汉墓也曾出土过便面小扇,全长52厘米,柄长13厘米,扇长39厘米,窄处29厘米,扇宽22厘米。用精细竹篾编成,扇身和柄部,均用锦缘边,应是死者自用之物。③

魏晋南北朝时期,"麈尾扇""羽扇""比翼扇"等扇子相继出现。"羽扇"前期本由鸟类半翅制成,后来用八羽、十羽并列,且加了长木柄。"麈"是领队的大鹿,魏晋以来尚清谈,手执麈尾有"领袖群伦"的含义。"麈尾扇"相传由梁简文帝萧纲始创,近于麈尾的简化,固定式样似在纨扇上加鹿尾毛两小撮。"比翼扇"又出于麈扇尾,上端改成鸟羽。④ 这一时期,头戴纶巾、手执羽扇成为流行装扮。

在功能方面,除了扇风驱热、遮风挡尘外,古人特别是女性常以扇遮面,来掩饰羞怯。晋代书法家王献之之妾桃叶《答王团扇歌三首》之三云:"团扇复团扇,持许自障面。憔悴无复理,羞与郎相见。"⑤ 南朝梁何逊《与虞记室诸人咏扇诗》也写道:"摇风入素手,占曲掩朱唇。"⑥ 文人墨客在扇子上题诗作画,也使得扇子的文学形象更加丰富起来。

二、文房用具

这一时期,文房用具种类更加齐全,制作更加精良。

---

① 沈从文:《扇子史话》,万卷出版公司2005年版,第8—9页。
② 沈从文:《扇子史话》,第25页。
③ 沈从文:《扇子史话》,第26页。
④ 沈从文:《扇子史话》,第5页。
⑤ 赵光勇主编:《汉魏六朝乐府观止》,陕西人民教育出版社2019年版,第245页。
⑥ [南朝梁]何逊:《何逊集》卷2,中华书局1980年版,第40页。

秦朝蒙恬改进了制笔法，"以柘木为管，鹿毛为柱，羊毫为被，所谓苍毫，非兔毫竹管也"①，选用较为坚硬的毛为笔心，形成笔柱，外围覆盖以软毛为披毛，这种制笔法也被称为披柱法。② 1975 年湖北云梦睡虎地 M11 秦墓出土毛笔 3 支，笔杆上端削尖，下端略粗，镂空成毛腔。其中 60 号毛笔杆长 21.5 厘米，杆径 0.4 厘米，毛腔里的笔毛长约 2.5 厘米；而 68 号毛笔杆长 20.9 厘米，杆径 0.35 厘米，笔毛已朽。均配有笔套。③ 这种秦笔的形制，将包山楚笔的制作方法进一步传承了下来。这一时期，毛笔也称漆笔，即用毛笔点漆写字。

1997 年江苏连云港尹湾 M6 汉墓出土毛笔 2 支，竹杆，粗细各一支，其中细者除局部开裂外，其余保存较完好，笔长 23 厘米，纳毫处 0.7 厘米，笔毫露出部分 1.6 厘米，杆径 0.7 厘米，向后渐细末端杆径 0.3 厘米，并削尖成锥形。④ 毛笔笔锋具有锋短腰粗的特点。连云港市海州网疃汉墓出土之笔，一支的笔头总长 4.1 厘米，栽入杆内 1.5 厘米。这种制笔法被称为深栽法，其好处是使笔头储水量多，外露部分也不致拖沓，书写时运笔流利。⑤ 江陵凤凰山汉墓也出土过笔套，笔套两侧镂出透孔，这种笔套筒即江陵张家山汉墓遣册所称"笔一有管"之管。⑥

秦汉魏晋时期，是我国制墨行业的一个重要转型时期。汉以前主要使用天然墨，如石墨，人工墨极少使用，而汉以后则出现了松烟墨，人工墨的使用较为广泛。1975 年在湖北云梦睡虎地秦代墓中出

---

① ［晋］崔豹撰，牟华林校笺：《〈古今注〉校笺》，卷下《问答释义第8》，线装书局 2015 年版，第 209 页。
② 孙机：《汉代物质文化资料图说》，第 277 页。
③ 朱友舟：《关于汉代以前毛笔的几个问题》，《中国书法》2019 年第 1 期。
④ 朱友舟：《关于汉代以前毛笔的几个问题》，《中国书法》2019 年第 1 期。
⑤ 孙机：《中国古代物质文化》，第 299 页。
⑥ 孙机：《汉代物质文化资料图说》，第 277 页。

土了一块墨锭，呈扁平的圆柱状，圆径2.1厘米，残高1.2厘米，经专家分析很可能是松烟墨。1956年，在南京老虎山晋墓中出土的墨锭，黑色，质软，呈团状，在显微镜下与现代墨比较，粒子很相似，加热后能燃烧，并留下少量的灰，证实了这是松烟制成的墨。①

魏晋时期，由于书法的盛行和发展，对墨的要求更高，墨的使用与制作也取得了飞速的发展。1974年，江西省博物馆整理南昌市区的两座东晋墓，均发现了墨及砚的出土遗物。东湖区墓出土的墨长12.3厘米，一头大，一头小，是受潮变形所致，随葬品清单上明确写着"故书砚一枚，故笔一支，故墨一丸"。西湖区墓中发现的墨呈圆柱形，长9厘米，直径2.5厘米，墨可以用手捏住研磨，故砚台边并无研杵。② 这一时期的墨做工较为精致。从出土的实物看，普遍采用墨模，墨锭加大，墨质坚细，形制规整但不统一，除常见的圆柱形、圆锥形外还出现了一种底略内凹的圆台形，有些墨的表面还模印了各种花纹。浙江新昌东晋墓中出土的古墨形如锄，圆头方口，还有几何形的纹饰。南京江宁殷巷一座南朝中晚期墓中出土的一锭墨丸，模制，呈上宽下窄的圆台形，底略内凹，墨质坚实轻盈，脱水后仅重60.6克，出土时黑漆若新，断面模印莲瓣纹，未见使用痕迹，质料均属松烟，面径6.5厘米，底径4.5厘米，高3.7厘米。③

秦汉魏晋南北朝时期，长江流域地区的人们使用的砚台类型主要有石砚、陶砚、漆砚、瓷砚等。汉代的砚台可分为圆形与长方形两大类，湖北当阳刘家冢子汉墓曾出土过一块陶砚。汉代还有一种装在铜

---

① 王志高、邵磊：《试论我国古代墨的形制及其相关问题》，《东南文化》1993年第2期。
② 李举纲、张蒙滋：《中国古代的制墨业》，《碑林集刊》2001年第7辑。
③ 李举纲、张蒙滋：《中国古代的制墨业》，《碑林集刊》2001年第7辑。

砚盒里的石砚，砚盒常做成兽形，安徽肥东和江苏徐州曾各出土过一例。① 西汉时的墨块因为体积较小，需要用研杵挤压才能出墨，湖北江陵张家山汉墓中的遣册记载"研一，有子"，此处的"子"即研杵。汉代还出现了向砚内注水的砚滴，四川开县和大邑曾出土过龟蛇合体的玄武形砚滴。② 西汉时期，广陵制漆业非常发达，漆匠们以木代石，在木料上斫制出砚台的模型，用大漆与合适的研磨材料糅制出可以替代石砚的砚堂，形成了漆木砚。江苏邗江姚庄101号西汉晚期墓出土过漆木砚，这是目前考古发现的最早的漆木砚。③ 到了晋代，瓷砚渐渐兴起，最初瓷砚为圆形三足，形制大体沿袭汉代的圆砚，但已不再使用研杵。南北朝时的瓷圆砚下部附一圆柱足，又被称作辟雍砚。④

汉代书刀的使用渐多，用以修改简牍上的笔误。湖北江陵凤凰山168号墓出土的竹简中，有与简牍、笔、砚放置在一起的铜制小刀，应是用作书刀。在汉代，修改简牍用的刀也有不少是用铁制的，皇帝也常常把书刀作为赏赐之物赏赠予臣下。四川出土的一种以授经为主题的画像方砖，画中儒生腰间所悬的环柄小刀正是书刀。汉代书刀中最讲究的一种叫"金马书刀"⑤。1925年洛阳出土过这种刀的残件，刀身的错金花纹作马形，"金马"之名由此而来。⑥ 1958年，成都天迥山汉代墓崖中也出土了一柄"金马书刀"。在刀柄的一面有错金的

---

① 孙机：《中国古代物质文化》，第304—305页。
② 孙机：《汉代物质文化资料图说》，第278页。
③ 訾威、方晓阳：《中国古代漆砚探析》，《广西民族大学学报（自然科学版）》2020年第1期。
④ 孙机：《中国古代物质文化》，第305页。
⑤ 曾庸：《汉代的金马书刀》，《考古》1959年第7期。
⑥ 孙机：《中国古代物质文化》，第314页。

鸟形纹，另一面有一行错金铭文。① 除了"金马书刀"外，还有一种常见的书刀——"金错刀"。汉代文学家张衡的《四愁诗》中有一句"美人赠我金错刀"②，金错刀即铜书刀。

三、休闲娱乐之器

除了文具以外，这一时期长江流域休闲娱乐之器种类也逐渐多了起来。香炉、箫、围棋等各类休闲用器应用更加广泛，绘画艺术这一时期也得到了发展。

汉代广泛铸造铜熏炉，俗称"博山炉"。铜熏炉外形近似战国时期的青铜豆，炉体呈半球形，上有镂空的山形盖，圆盘形底座，中间有圆柱与炉体相接。后来又铸造使用过一些鸭形铜熏炉。铜香炉是盛放香料燃烧的熏香器具，主要为了祭祀、提神醒脑、熏香衣物之需，一些文人雅士常以此作文物玩赏之用。熏香香料多用茅草制成，长沙马王堆1号汉墓出土的木楬上写有"茝（蕙）一笥"，即茅香一笥。此墓还出土了一件陶熏炉，里面也装满了茅香。此外，也有将高良姜、辛夷等香料与茅香混合在一起熏烧的，长沙马王堆1号汉墓出土的另一件陶熏炉中就盛有这些植物。茅香不太难得，其中虽含香豆素，但香气不够浓郁，所以早期的熏炉多为陶制的豆形炉，做工也较为粗糙。③

魏晋南北朝时期，由于佛教的盛行，长柄香炉被僧人们普遍使用。长柄香炉一般由炉身、长柄、底座三部分组成，炉身呈高足杯式，长柄末端的样式各有不同。湖北当阳长坂坡1号墓曾出土了迄今

---

① 曾庸：《汉代的金马书刀》，《考古》1959年第7期。
② 季镇淮等选注：《历代诗歌选》第1册，中国青年出版社1980年版，第86页。
③ 孙机：《汉代物质文化资料图说》，第358页。

最早的一件长柄香炉，炉身为敞口、宽沿、深腹、平底，炉柄皆为扁长条状，柄边缘呈凹凸不平的波纹状，末端为鹊尾状，炉柄一端与炉身底部及炉座相连接，弯曲部分与炉身的口沿相接，其连接处饰一对圆形突起。炉座呈花瓣状，高 7.8 厘米，长 40.1 厘米。该香炉的图像也见于江苏丹阳胡桥宝山吴家村南朝墓出土的一方羽人戏龙画像砖中，羽人右手所持即为鹊尾香炉，与当阳长坂坡 1 号墓出土的长柄香炉相似，炉身呈敞口，炉身下为花瓣形炉底，长柄末端为鹊尾形。[1]

箫是我国古代的管弦乐器之一，竹制，顶端开一个吹孔，竖吹。古代还有把若干竹管编排在一起的"排箫"。随州曾侯乙墓曾出土过排箫，经光学仪器检测后，发现管底残留着黄蜡，这说明古代先民已知用黄蜡调节音高。另外，从大量汉画石像的描绘中可以看到，单管竖箫与排箫都是汉代常见的吹管乐器，但排箫的使用要比单管竖箫更为广泛。琴、筝、笙亦是这一时期备受世人喜欢的乐器，相传嵇康留有名曲《广陵散》，曾用琴、筝、笙、筑等乐器演奏。"竹林七贤"之一的阮籍，史书亦载其善箫能琴。

围棋，古称"弈"。据说先秦时期就已经出现了围棋。两汉时期，棋风大盛，出现了许多关于围棋的理论著作。班固的《弈旨》被认为是中国最早的围棋理论文章。[2] 到了三国时期，地处长江流域的东吴地区流行围棋。据史书载，孙策酷爱围棋，且精于棋术。他与大臣吕范对弈的过程，被写入棋谱《吴图》中，并流传了下来。东吴大臣顾雍、陆逊、诸葛融等人，都是围棋高手。民间也有许多围棋高手，西晋葛洪在《抱朴子》中记载道，"故善围棋之无比者，则谓之棋圣，

---

[1] 崔菊姬：《中国古代长柄香炉》，《中原文物》2016 年第 5 期。
[2] 弈闻：《我国古代的围棋》，《文史杂志》1987 年第 4 期。

故严子卿、马绥明于今有棋圣之名焉"①，严子卿与马绥明因棋艺高超而被并称为东吴"棋圣"。同时，据《三国志·吴书·赵达传》引《吴录》记载，严子卿因棋艺出众与皇象、宋寿、曹不兴等八人并称为"八绝"②。东晋时期，丞相王导一家喜欢围棋，据《晋书·王导传》记载，"导尝共悦弈棋，争道"③；王导次子王恬也"善弈棋，为中兴第一"④；王导从弟王廙也是围棋爱好者。与围棋相类的，还有博戏，江苏仪征刘集联营汉墓中曾出土六博盘一件⑤，魏晋南北朝时期流行，也称樗蒲，汉代以前称之为六博，因每人投六箸行六棋。魏晋南北朝时期，南方博戏盛行，由枰、杯、木、矢、马五种器具组成。

从魏晋南北朝时期起，长江流域一直是中国绘画艺术的重要地区。这一时期，著名的帝王画家主要有晋明帝司马绍与梁元帝萧绎。司马绍曾向东晋著名画师王廙学习绘画，尤其善于画佛像。南梁画家谢赫曾称他的佛像画"虽略于形色，颇得神气，笔迹超越"⑥。而梁元帝萧绎则善于画人物，其名作《职贡图》中的人物均为站姿，但服装表情各异，所用铁线描也颇具功力。文人画家则以曹不兴、顾恺之、陆探微和张僧繇等人最为出名。顾恺之以《洛神赋图》《女史箴图》为世人所熟知。东吴人曹不兴，以善画佛像而知名。据说他能在长数十尺的绢上绘制佛像，顷刻即成，并且画工精致，还曾利用屏风

---

① ［晋］葛洪撰，王明校释：《抱朴子内篇校释》，中华书局1985年版，第225页。
② ［晋］陈寿：《三国志》，卷63《吴书·赵达传》，第1426页。
③ ［唐］房玄龄等：《晋书》，卷65《王导传》，第1754页。
④ ［唐］房玄龄等：《晋书》，卷65《王导传》，第1755页。
⑤ 仪征市博物馆：《江苏仪征刘集联营1—4号西汉墓发掘简报》，《东南文化》2017年第4期。
⑥ 徐琛：《中国绘画史》，文化艺术出版社2012年版，第150页。

上误点的墨迹绘出一只苍蝇,让孙权误以为是真的苍蝇并用手去弹,可见其画技高超。西晋画家卫协,师从曹不兴,绘画技法巧密,用线细如蛛网,而笔力仍具力道,内容精思。卫协的绘画在汉画风格基础上实现了新的突破,建立了南朝至唐初人物画的风格模式。葛洪在《抱朴子》一书中将他与他的弟子张墨并称为"画圣"[1]。南朝时期,长江流域还有许多出名的画家。刘宋画家陆探微,师承顾恺之,在顾恺之画风的基础上更是有所发展。他用线"行笔紧细",人物造型给人以"仍觉生动"之感。南梁画家张僧繇,其创造的绘画风貌对南北朝后期和隋唐两代的绘画艺术起着积极深远的影响。他与曹不兴、顾恺之、陆探微并称为"南朝四大家"。[2]

这一时期也是绘画理论发展的重要时期。顾恺之"以形写神",南梁谢赫绘画"六法论",即"气韵生动,骨法用笔,应物象形,随类赋彩,经营位置,传移模写"[3],与顾恺之的"传神论"是一脉相承的,基本奠定了中国传神论、气韵论的美学原则和独特的表现法则。[4] 自此之后,各代画家和理论家继承和发展了他们的理论,并广泛运用于人物、山水、花鸟等绘画领域。

第六节 劳作工具

秦汉魏晋南北朝时期,生活在长江流域的先民们在劳动过程中,发挥了他们的聪明与智慧,创造出丰富的劳作工具。

---

[1] [晋]葛洪撰,王明校释:《抱朴子内篇校释》,第225页。
[2] 傅舟:《中国美术史》,重庆大学出版社2014年版,第71页。
[3] 万建怀:《魏晋南北朝绘画艺术浅析》,《湘潮》2013年第1期。
[4] 傅舟:《中国美术史》,第71页。

一、农具

从两汉到南北朝时期,长江流域农业继续发展,生产技术进一步提高。这一时期,农业方面出现了两个明显变化。

一是农田灌溉陂塘化倾向明显。如东汉明帝时,庐江太守王景修复了"楚相孙叔敖所起芍陂稻田"的"芜废"①;东汉章帝时的马棱在广陵兴建陂湖。魏晋南北朝时期,修建陂池之风更盛,甚至出现了一种专门的徭役"丁功",也称"塘役"。

二是农具的改进。一方面,耕犁继续得到改进,如云南东川牛场曾出土铜犁铧,四川木里发现汉代铁犁冠十余件②,还有江苏、安徽等地都有发现铁犁铧、犁壁的遗址。另一方面,在材料上,铁制农具应用普遍。传统的火耕水耨工具如镢、铲、锸之类仍在使用。

二、织机

从考古发掘的汉代画像砖石来看,汉代已经出现了斜织机,如江苏铜山县洪楼遗址出土的汉画像石上面就有斜织机。斜织机和原始织机相比,用两块踏板控制一片综,机身倾斜,用以织造平纹素织物。斜织机上装有卷经轴,轴上缠有经丝,织造时通过经轴的转动逐渐将经丝退解送出。汉代将此轴命名为滕。其两端有滕耳,用于制动;使退解下的经丝与织造所需的长度相适应,以保持经丝的张力。滕位于机架顶部。汉代的普通织机上只装一片综,只能织平织物;具有复杂花纹的罗、绮、锦、绒等织物须由提花织机织造。③

除了斜织机外,西汉时期还出现了一种多综多蹑织机。据《西京

---

① [南朝宋]范晔:《后汉书》,卷76《循吏列传》,第2466页。
② 黄承宗:《四川木里出土的汉代农具》,《农业考古》1981年第1期。
③ 孙机:《汉代物质文化资料图说》,第54页。

杂记》记载："机用一百二十蹑，六十日成一匹，匹直万钱。"① 今天，四川成都双流地区还保存着多综多蹑提花织机，因其踏板上布满了像过河石墩丁桥一样的竹钉，故被称作"丁桥织机"。

东汉时期，出现了束综提花织机。三国时期，对束综提花织机进行了不同程度的改进。束综提花织机主要部件有机架、经轴、卷轴、综片、足蹑、筘、梭及花楼、花本（由脚子线和耳子线经挑花而成）、衢线、衢盘、衢脚等。束综提花织机适应的花式品种比较广泛，根据经线数的不同，横向花纹一般以多则花为主，纵向花纹可以比较长，因此可以织造图案比较大型的提花织物。

三、算筹

算筹是中国古代生产劳作中重要的计算工具。先秦时期的考古发掘中出土了算筹实物，秦汉以降，算筹形制得到改进，相关出土实物也多了起来。

1973年11月到12月，湖北江陵凤凰山8号汉墓中出土六博具一套，其中有6根筷，外涂黑漆，长23.7厘米、宽0.9厘米。同时出土的遣册中记载"博、算、綦、椐、博席一"等，故此筷应为算筹。同年11月到12月，湖南长沙马王堆3号汉墓出土遣册、博具等文物，其中博具中有筹码盒，盒内有箸状的筹码，有长短两种，长者12枚，长22.7厘米、直径0.4厘米；短者30枚，长16.4厘米、直径0.3厘米，共计42枚。后来研究者发现遣册中有"象箸三十枚"的字句，据此推断这些箸状的筹码应为算筹。1975年3月到6月，湖北江陵凤凰山168号汉墓出土了大量实物，当时的考古简报报道：

---

① ［晋］葛洪撰，周天游校注：《西京杂记》，卷1《霍显为淳于衍起第赠金》，三秦出版社2006年版，第34页。

"木桶、车、船、马、牛、狗、梳、篦、杖和算筹等，盛装在一起。"从报道时间上看，这是最早提及"算筹"二字的出土文物报道。同年12月，湖北云梦县城关西部的睡虎地墓地发掘了一座秦始皇时期的墓，出土文物漆器中有六博棋一套，同时出土了算筹 6 根，断面为弧形，涂黑漆，长 23.5 厘米。1976 年 3 月，江苏省徐州市子房山西麓发现两座西汉早期墓，其中 2 号墓中出土有骨算筹 41 根，多数残断，截面为圆形，长 15 厘米、直径 0.4 厘米。1 号墓中还有六博棋一套，存有棋子和筹码等，皆骨质。[1] 从出土的实物来看，这些算筹分别用于博戏和筹算。

第七节　战争武器

秦汉魏晋南北朝时期，战争是一个重要的时代主题。在这一背景下，长江流域对各种各样的武器装备进行了改进与创造。如矛戟的合流、钩镶的出现，都反映出频繁战争对当时社会的影响。

一、矛、戟合流

东汉以后，骑兵对兵器扎刺性能的要求日益增高，本来就专门用于扎刺的矛开始密集出现在东汉后期至魏晋南北朝时期的骑乘作战中。骑兵持矛与敌人进行战斗时，所采取的战斗姿态是"交槊而斗"，因为鞍桥变高，骑兵就不能像射手那样远距离射杀敌人，需要不断驱马冲入敌阵，反复与敌人进行作战，于是就会出现骑兵"合战"的情况。一般骑兵连续多次冲击敌阵，而每一轮冲击敌阵，与敌人交战，就被称作"一合"，在多次冲击敌阵后，便可以对敌人实施有效的杀

---

[1]　王青建：《试论出土算筹》，《中国科技史料》1993 年第 3 期。

伤。在这种情况下，专用于骑兵作战的矟便出现了。

矟与矛的主要区别在于其体长，《释名》一书记载道："矛长丈八尺曰矟，马上所持，言其矟矟便杀也。又曰激矛。激，截也，可以激截敌陈之矛也。"① 矟就是带两刃的大矛。《通俗文》也记载道："矛长丈八者，谓之矟。"② 汉尺丈八，合4米多。四川金堂焦山东汉墓崖出土的一件长84厘米的铁矛头，可能是矟头。浙江长兴出土的铁矛头长57.5厘米。在南朝梁大同三年（537年），出现了长二丈四尺（合5.988米）的两刃矟，③《梁书》中载梁武帝曾请羊侃试矟表演，传言用的此两刃矟。矟的出现，在骑兵发展史上具有重要的意义。第一，矟成为专用于骑兵作战的冲击刺杀型兵器，标志着骑兵完全成为一种独立的兵种；第二，矟特有的使用方式和战术动作逐渐流传开来，为下一个时代冲击型骑兵的继续发展奠定了基础；第三，随着持矟骑士成为军队中的精锐部分，这一时期人们的军事审美观念也逐渐发生了变化。④ 汉末以来，骑兵成为对决战争的重要力量，矟也应时代之需而出现。然而，矟的造价较昂贵，普通士兵难以拥有，因此，矟的使用主要在骑兵作战方面。

古人对矟的装饰主要包括涂漆，挂缀眊、幡等。缠矟则兼顾实用与美观，具有标明身份的意义。几种装饰都是为了提高矟杆表面的摩擦系数，防止刺杀时打滑，也为帮助骑士刺敌后顺利拔矟。

二、剑

古人佩剑，既是一种礼仪，也表示佩戴者的地位身份，是权力和

---

① 魏宇文：《清代〈释名〉注疏研究》，暨南大学出版社2023年版，第100页。
② 孙机：《汉代物质文化资料图说》，第126页。
③ 孙机：《中国古代物质文化》，第361页。
④ 常彧：《矟之成艺——魏晋南北朝的骑矟战斗及军事文化的形成》，《中华文史论丛》2014年第4期。

身份的象征。先秦时期剑的主要材质为青铜，后来随着造剑工艺的进步，铁剑开始出现。秦汉时期，仍兼用铜、铁剑。铁剑铸造成本低廉，且铸造用时短，剑刃锋利，运用越来越广泛，而铜剑逐渐由用于实战转为用于仪饰。西汉时铁剑的材质均已锻冶成钢。徐州铜山出土的东汉建初二年（77年）"五十湅"铜剑，通长104.8厘米。[①] 西汉末年，炒炼钢技术发明，江苏出土的新莽残剑便是炒钢锻成的。[②] 另外，在同时代的画像砖石中，出现了一类"修剑拄颐"的长剑，[③] 极有可能这一时期出现了锻造此种长剑的技术。

秦汉时期，在酒宴之上舞剑助兴的习俗开始盛行。《史记·项羽本纪》中"项庄舞剑"的故事便能看到舞剑的影子。[④] 三国时期，竞技击剑之风日盛。魏晋时期，剑术的对抗和防卫意义逐渐减弱，舞剑开始寻求飘逸神速的美学意义。

三、防护兵器

铠甲是我国古代将士所着的重要防护装具。最早的护甲是用兽皮所制，随着锻造和冶炼技术的提高，铁甲逐渐登上历史舞台。秦汉时期是我国铁甲使用较为广泛的时期，汉代时铁甲又名玄甲，是军队中最为精良的防护装具。汉代铠甲在形制上开始变得复杂，除了有保护胸和背的身甲外，也出现了保护头部的"胄"，保护颈部的"盆领"和保护臂部的"釬"。[⑤] 汉代的铁甲可分大、中、小三型。大型甲片呈圆角长条形，长约25厘米，有如一枚简札，故称之为甲札。用此

[①] 孙机：《汉代物质文化资料图说》，第134页。
[②] 孙机：《略论百炼钢刀剑及相关问题》，《文物》1990年第1期。
[③] 孙机：《中国古代物质文化》，第366页。
[④] ［汉］司马迁：《史记》，卷7《项羽本纪》，第312—313页。
[⑤] 柳凯：《中国古代铠甲装饰研究》，《家具与室内装饰》2017年第7期。

型甲片编成的甲则称为札甲。小型甲片下缘平直,近匙头形,长度一般不超过3厘米,用它编成的甲,甲片排列紧密,有如鱼鳞,故称鱼鳞甲。中型甲片则介于两者之间。甲片在边缘上钻孔,常以2孔为1组,多的达10组20孔,少的仅3组6孔,常以麻绳或皮条串孔编缀,某些特别讲究美观的甲也用丝带编缀。①

考古发掘中出土了大量的汉代铁甲实物。江苏徐州狮子山楚王墓兵马俑坑出土的铁甲胄,甲片有8465片,总重量达80余千克,甲片形状有长条形、圆角长方形、圆形、梯形、鱼鳞形等。江苏徐州狮子山楚王陵的铁札甲,共由891片甲片编缀而成,由领甲、披膊、肩甲、身甲组成,领甲后部为立领,呈弧状,前身领部呈一凹形,由长条形甲片编缀而成,肩甲呈条带状,由圆形甲片编缀而成,披膊呈长方形,为圆角方形甲片编缀,一侧与肩甲相连,身甲由胸甲、上身和下缘组成,胸部和背部铁甲呈凸字形,胸甲、上身甲片呈长条状,下身甲片呈圆角方形。徐州狮子山楚王陵1号小鱼鳞形铁铠甲,共由2391片甲片编缀而成。方形开口,有披膊和下缘,由肩甲、披膊和身甲组成,披膊呈长方形,一侧与肩甲相连,身甲的上身由鱼鳞甲编缀而成,下身为圆角方形甲片编缀,为活动甲,呈等腰梯形。徐州狮子山楚王陵2号小刀形鱼鳞铁铠甲,共由3107片甲片编缀而成。方形开口,有披膊,整体较长,由肩甲、披膊和身甲组成,披膊呈长方形,一侧与肩甲相连,身甲较长,胸部和背部铁甲呈凸字形,整领铁甲系用鱼鳞甲编缀而成,编缀方法统一,均可收缩活动。四川绵阳永兴双包山1号西汉木椁墓出土有铁甲片,呈长条状,中部内凹呈弧状,上下和中部均有穿孔,残长10厘米。徐州北洞山西汉楚王墓出土铁甲片48片,上端微弧,下端平直,有的甲片上保留有麻绳打结

---

① 孙机:《汉代物质文化资料图说》,第146—148页。

的痕迹，有的长4.1厘米、宽3.5厘米、厚0.2厘米到0.3厘米；有的宽3.4厘米、厚0.3厘米。① 这些铁甲实物的出土，也证实了当时铠甲防护的重要性。从出土地区来看，铁甲多出土于楚地，反映出楚地冶铁业的发达。

三国时期出现了一种形如背心，只护胸背的两当铠。还有一种铠甲叫环锁铠，又称连环锁子甲，传说吕布穿的铠甲"唐猊"就是环锁铠的一种。南北朝时期，对两当铠加以改进，将胸部的小甲片整合成两个大甲片。由于是整片，且闪闪发光，故称之为"明光甲"。②

四、其他兵器

这一时期，箭镞在材料上主要有石质、骨质、铜质、铁质、合金质等；在形制上主要有圆锥形、双翼形、棱形、锤形、方菱形等；在功用上主要有毒箭镞、火箭镞、响箭镞等。

据《史记·匈奴列传》载，西汉时期出现了一种名叫"鸣镝"的响箭，明代宋应星《天工开物》中记载了鸣镝的形制，"响箭则以寸木空中锥眼为窍，矢过招风而飞鸣"③（即利用空气动力原理发声，箭上钻有风孔和风槽，借助强弓射击，具有攻击和报警的用途）。

长江流域出土了大量秦汉时期的铜箭镞和铁箭镞。2006年，考古工作者在江苏徐州后山西汉墓发现西汉时期青铜箭镞4件，分两种类型：A型3件，三棱锥形，较短，下端抹角，有圆形銎孔；B型1件，镞身较长，截面呈菱形，下端有凹槽，内部有朽木痕迹。④ 1994

---

① 赵戈：《时段理论视野下中国古代防护装具研究》，西北大学博士学位论文，2018年，第61页。

② 孙机：《中国古代物质文化》，第386页。

③ [明] 宋应星著，钟广言注释：《天工开物》，下卷《佳兵第十五卷·弧矢》，广东人民出版社1976年版，第384页。

④ 徐州博物馆：《江苏徐州后山西汉墓发掘简报》，《文物》2014年第9期。

年到 1996 年，在江苏仪征刘集联营 1—4 号西汉墓发掘中发现西汉时期青铜箭镞 1 套，共有 8 件，大小、形制相同，镞身呈三棱形，断面为菱形，双翼。① 湖北襄阳卸甲山墓地战国至西汉墓葬中发现西汉时期青铜箭镞 3 件，镞尾残留有木质箭杆腐朽物，形制完整，大小相同，器表有灰绿色锈，三角翼，翼面窄短，前锋尖锐，刃部窄薄，两范合铸，合范处有打磨过的痕迹。② 湖北襄阳邓城韩岗遗址发掘中发现秦汉时期铜镞 3 枚，三棱形，分三种类型。A 型：1 枚有铤，有梁，梁上接椭圆形铤；B 型：1 枚，无铤，梁残，梁截而中空呈圆圈形；C 型：1 枚，无铤，有梁，梁中空，残留朽木，截而内呈圆形，外为八边形。③ 1991 年 12 月至 1992 年 4 月，云南江川县李家山古墓群第二次发掘中发现西汉时期青铜箭镞 136 件。④ 四川汉源县桃坪遗址及墓地 2006 年发掘简报记载，发现汉代青铜箭镞 3 件，均是扁平双翼，后锋尖锐，锥形长铤。⑤

汉代还出现了一种钩盾一体的兵器，是为钩镶。《释名·释兵》记载道："钩镶，两头曰钩，中央曰镶。或推镶，或钩引，用之之宜也。"⑥ 目前所见形制最大，保存最完整的钩镶，是于江苏徐州狮子山西汉楚王陵附近出土的。镶板呈盾形，中间部分横向突起，长 36 厘米，宽 17 厘米，铆接在镶架上。镶架上下各伸出长钩，中间有长方形盾握。盾握上可见丝织物痕迹，当时应有丝麻类织物缠裹。镶架

---

① 仪征市博物馆：《江苏仪征刘集联营 1—4 号西汉墓发掘简报》，《东南文化》2017 年第 4 期。
② 胡刚、陶洋、宋涛：《湖北襄阳卸甲山墓地战国—西汉墓葬发掘简报》，《江汉考古》2017 年第 4 期。
③ 王红等：《湖北襄阳邓城韩岗遗址发掘报告》，《江汉考古》2002 年第 2 期。
④ 张新宁：《云南江川县李家山古墓群第二次发掘》，《考古》2001 年第 2 期。
⑤ 马元琪：《中国古代箭镞材质的演变与发展研究》，西北民族大学硕士学位论文，2019 年，第 40 页。
⑥ ［汉］刘熙：《释名》，卷 7《释兵》，第 101 页。

上还有一根尖利的镶刺，透过镶板向前突出。从钩镶的实物来看，它是一种集防御、钩束、推刺三种功能为一体的铁制兵器，在搏斗中比单纯防御性的盾牌更具主动性。钩镶一般配合刀、剑等兵器使用，在作战时士兵一只手持钩镶，可用镶板及上、下钩阻挡或用钩抵挡敌人的长短兵器。同时，另一只手可使用刀剑砍刺敌方。另外，在贴身搏斗时，持钩镶者可推出钩镶，用镶板上的长锥刺伤敌人。由于使用方便，钩镶成为汉代常备武器。直到晋代，士兵们作战时仍使用钩镶。江苏镇江东晋隆安二年（398年）墓所出土的画像砖上，还有一手执钩镶、一手执刀的兽首人像。[①]

第八节　节仪物用

秦汉魏晋南北朝时期，长江流域的节仪物用有了新的发展，其中玉衣与爆竹，就是两个典型的代表。

一、玉衣

受科学发展水平和认知能力的限制，古人坚信玉能使人永生，认为玉石可以保存尸身，使之不朽。根据出土文物考证，殓葬用玉最早始于商周时期，到了春秋战国时期，演化为缀玉面幕和缀玉衣服。汉代初期使用的敛服玉匣就是源于缀玉面幕和缀玉衣服。

玉衣，文献记载中称为"玉衣""玉匣""玉柙"，是一种用玉片制成的特殊葬服。汉代上层社会丧葬流行用玉衣，是古代丧葬用玉的重要体现。金缕玉衣是汉代规格最高的丧葬殓服，在西汉文景时期已出现。

---

① 孙机：《中国古代物质文化》，第382页。

据《续汉书·礼仪志》记载，根据身份之不同，所用金属丝分为金缕、银缕、铜缕三种。这三种玉衣的实例在西汉和东汉的出土物中均曾发现。现今已知时代最早的是江苏徐州北洞山楚夷王刘郢客墓中所出土的，玉衣片多数呈委角"凸"字形，并伴出零星金缕。[①] 徐州狮子山西汉楚王陵也出土有玉衣，据发掘简报称，清出各式玉衣片4000余片，所用玉料全部是新疆的和田玉。[②] 汉代皇帝和贵族死时穿玉衣入葬。由于金缕玉衣象征着帝王贵族的身份，有非常严格的制作工艺要求，汉代的统治者还设立了专门从事玉衣制作的"东园"。在这里，工匠对大量的玉片进行选料、钻孔、抛光等10多道工序的加工，并把玉片按照人体不同的部位设计成不同的大小和形状。制作一件中等型号的玉衣所需的费用几乎相当于当时100户中等人家的家产总和。然而，用金缕玉衣作葬服不仅没有实现王侯贵族们保持尸骨不坏的心愿，反而招来盗墓毁尸的厄运，许多汉王帝陵往往因此被多次盗掘。到三国时期，魏文帝曹丕下令禁止使用玉衣。

二、爆竹

爆竹至今有2000多年的历史。早在秦汉时期，人们就已经有燃放爆竹的习俗了。那时的人们还没有发明火药和纸张，于是用火烧竹子，使之爆裂发声，以驱逐瘟神，因竹子焚烧发出"噼噼啪啪"的响声，故称爆竹，民俗学认为《周礼·春官》中的"爆祭"即是最初的形态。

关于爆竹所驱逐的瘟神，主要有两种说法。一种说法是用以驱逐"年"这种怪兽。相传古时候每到年末的午夜，年兽就会进攻村子，

[①] 孙机：《汉代物质文化资料图说》，第130页。

[②] 王恺、邱永生：《徐州狮子山西汉楚王陵发掘简报》，《文物》1998年第8期。

凡被年兽占领的村子都会遭受残酷的屠杀。这种怪兽头上长着角，凶猛异常，但又存在三个弱点，即怕红色、怕巨响、怕火光。于是，人们就通过放爆竹、贴春联等方式驱逐年兽。渐渐地，放爆竹、贴春联便成为中国人过年必不可少的习俗。另一种说法认为，古人放爆竹是为了驱逐山鬼。据南朝梁代宗懔所著《荆楚岁时记》记载："正月一日，是三元之日也，谓之端月。鸡鸣而起。先于庭前爆竹，以避山臊恶鬼。"[1] 反映出在南朝时，荆楚地区普遍有燃放爆竹的习俗。唐代刘禹锡继承了这个观点，他在《畬田行》中吟诵道："照潭出老蛟，爆竹惊山鬼。"此外，民国时期的《呼兰县志》《北镇县志》还记载了民众燃放爆竹，用以"迎神"的习俗。

对于燃放爆竹风俗的起源，隋人杜公瞻认为，"俗人以为爆竹燃草起于庭燎"，即认为民众燃放爆竹的习俗来自古代的庭燎礼仪。这个说法有一定的道理，因为庭燎是烧柴，而南方多竹，如果用竹子代替柴，一定会爆响。

燃放爆竹在唐宋时期开始盛行，爆竹名目也逐渐多了起来。关于这一点在后面章节会有详细说明。

---

[1] ［南朝梁］宗懔撰，宋金龙校注：《荆楚岁时记》，山西人民出版社1987年版，第1—3页。

第三章 唐宋时期长江流域的物用

唐宋时期，长江流域得到进一步开发，至南宋，我国经济重心完成南移。社会经济的发展给人们的衣食住行带来了极大改变，呈现出丰富多彩的地域特色。

第一节 衣服装饰

法国美学家罗兰·巴特说过："衣着是规则和符号的系统化状态，它是处于纯粹状态中的语言。"[①] 从这一层面来说，服饰除了具有蔽体御寒的功能外，更是历史、社会、经济、文化等因素融合的产物，可以体现出不同的社会背景及发展状况，正如郭沫若先生所言，服饰的演变，"可以考见民族文化发展的轨迹"[②]。不同时期、不同地域，服饰又不尽相同，唐宋时期，长江流域的服饰因纺织原料的不同显得异彩纷呈。

一、葛、麻仍是主要制衣原料

葛、麻是我国古代最早采用的纺织原料。1958 年，浙江吴兴钱

---

① [法] R·巴特：《符号学美学》，董学文、王葵译，辽宁人民出版社 1987 年版，第 21—22 页。

② 沈从文：《中国古代服饰研究》，商务印书馆香港分馆 1981 年版，第 4 页。

山漾遗址中曾出土过苎麻平纹织物残片；1972年，考古工作者在江苏吴县（今苏州市内）草鞋山新石器时代遗址中发现了三块已经炭化的葛织物，这为考察长江流域葛、麻的使用提供了考古实证。到了汉代，文献典籍中关于长江流域葛、麻的使用记载多了起来。据考证，吴越地区在当时就生产有"葛子升越"[1]，将细葛织物和苎麻织物并称，扬雄《蜀都赋》中亦有"筒中黄润"，即苎麻织物，以苎麻织成，也称纻布。唐宋时期，葛、麻仍然是主要的纺织原料。

在唐宋正史地理志中多有关于长江流域各府州郡县土贡葛布、纻布的记载，如《新唐书·地理志》载，郢州富水郡"土贡：纻布、葛、蕉、春酒曲、枣、节米"[2]，开州盛山郡"土贡：白纻布、柑"[3]，楚州淮阴郡"土贡：赀布、纻布"[4]，和州历阳郡"土贡：纻布"[5]，舒州同安郡"土贡：纻布、酒器、铁器、石斛、蜡"[6]，安州安陆郡"土贡：青纻布、糟笋瓜"[7]，黄州齐安郡"土贡：白纻布、赀布"[8]，常州晋陵郡"土贡：绸、绢、布、纻、红紫绵布、紧纱、免褐、皂布"，苏州吴郡"土贡：丝葛、丝绵、八蚕丝、绯绫、布"[9]，婺州东阳郡"土贡：绵、葛、纻布、藤纸、漆、赤松涧米"[10]，歙州新安郡

---

[1] [汉]王符：《潜夫论》，卷3《浮侈》，第149页。

[2] [宋]欧阳修、宋祁等：《新唐书》，卷40《地理志》，中华书局1975年版，第1033页。

[3] [宋]欧阳修、宋祁等：《新唐书》，卷40《地理志》，第1038页。

[4] [宋]欧阳修、宋祁等：《新唐书》，卷41《地理志》，第1052页。

[5] [宋]欧阳修、宋祁等：《新唐书》，卷41《地理志》，第1053页。

[6] [宋]欧阳修、宋祁等：《新唐书》，卷41《地理志》，第1054页。

[7] [宋]欧阳修、宋祁等：《新唐书》，卷41《地理志》，第1055页。

[8] [宋]欧阳修、宋祁等：《新唐书》，卷41《地理志》，第1055页。

[9] [宋]欧阳修、宋祁等：《新唐书》，卷41《地理志》，第1058页。

[10] [宋]欧阳修、宋祁等：《新唐书》，卷41《地理志》，第1063页。

"土贡：白纻"①，岳州巴陵郡"土贡：纻布、鳖甲"，虔州南康郡"土贡：丝布、纻布、竹䉤"②，吉州庐陵郡"土贡：丝葛、纻布"③，泸州泸川郡"土贡：麸金、利铁、葛布、班布"④，普州安岳郡"土贡：双紃、葛布、柑、天门冬煎"⑤。《宋史·地理志》载，寿春府寿春郡贡"葛布"⑥，重庆府贡"葛布、牡丹皮"⑦，成都府贡"高纻布"⑧，崇庆府汉州贡"纻布"，嘉定府邛州贡"丝布"⑨，京西南路房州贡"纻布"⑩，江南西路吉州、袁州贡"纻布"⑪，等等。典籍中所载布的品名众多，如纻布、白纻布、青纻布、葛布、斑布、赀布、丝布、红紫绵布、皂布、竹布等，其主要原料就是葛、麻。其中，"蜀麻"因质地优良，在唐朝曾被列为"邦国宝货"⑫，唐代诗人杜甫《夔州歌十绝句》中曾感叹"蜀麻吴盐自古通"⑬。

除了上述这些，宋人范成大《桂海虞衡志》中载有"练子"条，解释为"练子，出两江州峒，大略似苎布，有花纹者谓之花练"⑭，也是苎麻织物的一种。

---

① ［宋］欧阳修、宋祁等：《新唐书》，卷41《地理志》，第1067页。
② ［宋］欧阳修、宋祁等：《新唐书》，卷41《地理志》，第1069页。
③ ［宋］欧阳修、宋祁等：《新唐书》，卷41《地理志》，第1070页。
④ ［宋］欧阳修、宋祁等：《新唐书》，卷42《地理志》，第1092页。
⑤ ［宋］欧阳修、宋祁等：《新唐书》，卷42《地理志》，第1090页。
⑥ ［元］脱脱等：《宋史》，卷88《地理志》，中华书局1977年版，第2183页。
⑦ ［元］脱脱等：《宋史》，卷89《地理志》，第2228页。
⑧ ［元］脱脱等：《宋史》，卷89《地理志》，第2211页。
⑨ ［元］脱脱等：《宋史》，卷89《地理志》，第2212页。
⑩ ［元］脱脱等：《宋史》，卷85《地理志》，第2114页。
⑪ ［元］脱脱等：《宋史》，卷88《地理志》，第2190页。
⑫ ［唐］李隆基撰，［唐］李林甫注，［日］广池千九郎校注，［日］内田智雄补订：《大唐六典》，卷20《太府寺·右藏署令》，三秦出版社1991年版，第388页。
⑬ 孙忠纲、孙微：《杜甫集》，凤凰出版社2014年版，第53页。
⑭ ［宋］范成大：《桂海虞衡志》，广西人民出版社1986年版，第41页。

唐初，按照布的粗细来确定章服等级，如"度支、户部、盐铁门官等服细葛布"，"未有官者，服粗葛布"①，"九品服丝布"②。丝布，即高级的细麻布，纺织成布犹如蚕丝。到了唐后期，"四方车服僭奢"③，这种以官职高低来确定官服用布粗细的做法受到冲击，但葛布、麻布仍是平民服饰的主要制作原料。不仅如此，唐宋赋税也都曾征调布帛和丝麻，《宋史》载"宋承前代之制，调绢、绸、布、丝、绵以供军须"④，这里的"布"主要就是由葛、麻织造的。南宋以后，随着棉花种植的普及，葛、麻布渐被棉布替代。

二、丝绸制品种类进一步增多

我国早在新石器时期就已养蚕缫丝，是世界上最早养蚕和生产丝织物的国家。

隋代虽然立国时间短暂，相关文献中对长江流域丝织生产的记载也少，但从《隋书·地理志》所载，江西"豫章之俗，颇同吴中""一年蚕四五熟，勤于纺绩"⑤ 来看，隋代长江流域的丝织业还是很兴盛的。其中，"有夜浣纱而旦成布者"，俗称"鸡鸣布"⑥。

唐代以后，朝廷向各地征取土特产品，各类丝织物如罗、纱、绫、锦、绸等成为各地贡奉给朝廷的主要土特产品之一。据唐代杜佑《通典》记载，丝绸生产遍布唐代十道、一百多个州郡，绢、绸等曾占中央政府财政收入的六分之一左右。唐前期，北方丝织业水平远远高于江南地区。从开元末年始，长江流域出产丝织品上供的情况逐渐

---

① ［宋］欧阳修、宋祁等：《新唐书》，卷24《车服志》，第532页。
② ［宋］欧阳修、宋祁等：《新唐书》，卷24《车服志》，第527页。
③ ［宋］欧阳修、宋祁等：《新唐书》，卷24《车服志》，第531页。
④ ［元］脱脱等：《宋史》，卷175《食货志》，第4231页。
⑤ ［唐］魏徵：《隋书》，卷31《地理志》，中华书局1973年版，第887页。
⑥ ［唐］魏徵：《隋书》，卷31《地理志》，第887页。

增多。如山南道江陵府江陵郡，土贡"方纹绫"等①；澧州澧阳郡，土贡"纹绫"②；忠州南宾郡，土贡"绵、绸"③；壁州始宁郡，土贡"绸、绵"④；巴州清化郡，土贡"绵、绸"；蓬州蓬山郡，土贡"绵、绸"⑤；通州通川郡，土贡"绸、绵"⑥；阆州阆中郡，土贡"莲绫、绵、绢、绸"⑦；淮南道扬州广陵郡，土贡"绵、蕃客袍锦、被锦、半臂锦、独窠绫"⑧；庐州庐江郡，土贡"花纱"⑨；江南道润州丹杨郡，土贡"衫罗，水纹、方纹、鱼口、绣叶、花纹等绫"⑩；常州晋陵郡，土贡"绸、绢、红紫绵巾、紧纱"⑪；苏州吴郡，土贡"丝绵、八蚕丝、绯绫"⑫；湖州吴兴郡，土贡"鸟眼绫、绵绸"⑬；杭州余杭郡，土贡"白编绫、绯绫"⑭；越州会稽郡，土贡"宝花、花纹等罗，白编、交梭、十样花纹等绫，轻容、生縠、花纱、吴绢"⑮；明州余姚郡，土贡"吴绫、交梭绫"⑯；剑南道成都府蜀郡，土贡"锦、单

---

① ［宋］欧阳修、宋祁等：《新唐书》，卷40《地理志》，第1027页。
② ［宋］欧阳修、宋祁等：《新唐书》，卷40《地理志》，第1029页。
③ ［宋］欧阳修、宋祁等：《新唐书》，卷40《地理志》，第1029页。
④ ［宋］欧阳修、宋祁等：《新唐书》，卷40《地理志》，第1036页。
⑤ ［宋］欧阳修、宋祁等：《新唐书》，卷40《地理志》，第1037页。
⑥ ［宋］欧阳修、宋祁等：《新唐书》，卷40《地理志》，第1037页。
⑦ ［宋］欧阳修、宋祁等：《新唐书》，卷40《地理志》，第1038页。
⑧ ［宋］欧阳修、宋祁等：《新唐书》，卷41《地理志》，第1051页。
⑨ ［宋］欧阳修、宋祁等：《新唐书》，卷41《地理志》，第1053页。
⑩ ［宋］欧阳修、宋祁等：《新唐书》，卷41《地理志》，第1056页。
⑪ ［宋］欧阳修、宋祁等：《新唐书》，卷41《地理志》，第1058页。
⑫ ［宋］欧阳修、宋祁等：《新唐书》，卷41《地理志》，第1058页。
⑬ ［宋］欧阳修、宋祁等：《新唐书》，卷41《地理志》，第1058页。
⑭ ［宋］欧阳修、宋祁等：《新唐书》，卷41《地理志》，第1059页。
⑮ ［宋］欧阳修、宋祁等：《新唐书》，卷41《地理志》，第1060页。
⑯ ［宋］欧阳修、宋祁等：《新唐书》，卷41《地理志》，第1061页。

丝罗"①；蜀州唐安郡，土贡"锦、单丝罗、花纱"②；等等。其中，苏州的绯绫、越州（今绍兴）的交梭绫、杭州的锦纹纱、润州（今镇江）的水纹绫、益州的单丝罗和蜀锦等，是唐宋时期非常有名的丝织物。

益州（今成都）是唐代著名的丝绸产地。唐安乐公主出嫁时，"蜀川献单丝碧罗笼裙，缕金为花鸟，细如丝发，鸟子大如黍米，眼鼻嘴甲俱成，明目者方见之"③，描写的就是蜀地单丝罗的精美。唐代中后期，该地丝织业遭到战争重创，唐文宗大和三年（829年），南诏举兵攻入益州，"大掠子女、百工数万人及珍货而去"，"自是南诏工巧埒于蜀中"。④南诏所处的云南地区，原不擅纺织绫罗，自太和三年后，境内"悉解织绫罗"⑤，且制作精美，可与蜀中媲美。

吴越地区是唐代丝织业的中心，特别是苏州、越州、杭州、润州、扬州等地丝织业十分发达。除了前面提到的土贡绯绫、锦纹纱、交梭绫、水纹绫外，杭州还生产柿蒂绫，一种以柿蒂花为图案的绫织物。白居易《杭州春望》诗中有"红袖织绫夸柿蒂"⑥，认为柿蒂绫居白编绫、绯绫之上。至南宋时期，柿蒂绫因"花者为佳"⑦，深受人们喜爱。越州当地还生产有一种缭绫丝织品，十分珍贵。唐代诗人

---

① ［宋］欧阳修、宋祁等：《新唐书》，卷42《地理志》，第1079页。
② ［宋］欧阳修、宋祁等：《新唐书》，卷42《地理志》，第1080页。
③ ［后晋］刘昫等：《旧唐书》，卷37《五行志》，中华书局1975年版，第1377页。
④ ［宋］司马光：《资治通鉴》卷244，第7868页。
⑤ ［唐］樊绰撰，向达原校，木芹补注：《云南志补注》卷7《云南管内物产第七》，云南人民出版社1995年版，第100页。
⑥ 李敖主编：《王维集 李白集 杜甫集 稼轩词》，天津古籍出版社2016年版，第158页。
⑦ ［宋］潜说友：《咸淳临安志》第6册，卷58《丝之品》，浙江古籍出版社2012年版，第3871页。

白居易有诗曰：

> 缭绫缭绫何所似？不似罗绡与纨绮。应似天台山上月明前，四十五尺瀑布泉。中有文章又奇绝，地铺白烟花簇雪。……异彩奇文相隐映，转侧看花花不定。①

该诗赞美缭绫洁白无瑕。当时宰相李德裕就认为缭绫只能供皇帝使用。诗中提到的"纨绮""罗绡"，也是丝绸中的珍品。越州本以葛麻织物闻名，至中唐时丝织业才逐渐兴盛，唐李肇《唐国史补》中载：

> 初，越人不工机杼，薛兼训为江东节制，乃募军中未有室者，厚给货币，密令北地娶织妇以归，岁得数百人，由是越俗大化，竞添花样，绫纱妙称江左矣。②

讲的是薛兼训在任越州刺史时通过鼓励士兵娶北方织妇，将北方的纺织技术引入越州，从而推动越州纺织技艺的大发展。

荆州的丝织业历来比较兴盛，南朝刘宋时就有荆州、扬州"丝绵布帛之饶，覆衣天下"③之说，唐代荆州贡品中就有方纹绫、赀布等织品，这一点在上文中已提到。

到了宋代，长江流域进贡丝织品的州、军主要集中在上游的四川

---

① ［宋］郭茂倩编撰：《乐府诗集》下，上海古籍出版社2016年版，第1172—1173页。

② ［唐］李肇等：《唐国史补·因话录》卷下，上海古籍出版社1979年版，第65页。

③ ［南朝梁］沈约：《宋书》，卷54《孔季恭等传》，中华书局1974年版，第1540页。

地区和下游的两浙与两淮地区。如两浙路临安府，贡"绫"[1]；绍兴府，贡"越绫、轻庸纱"[2]；镇江府，贡"罗、绫"[3]；婺州，贡"绵"[4]；淮南东路亳州，贡"绉纱、绢"[5]；淮南西路庐州，贡"纱、绢"[6]；等等。另外，荆湖南北路江陵府、鼎州、澧州、成都府路、梓州路、利州路、路州路等也有进贡丝织品的情况。进入南宋，淮河以北沦陷，朝廷所需丝织品主要仰赖南方，尤其是成都府路、浙东路、浙西路、江东路、江西路，时有蜀地"罗纨锦绮等物甲天下"[7]之说。据《宋史》记载，绍兴初年，"时江、浙、湖北、夔路岁额绸三十九万匹，江南、川、广、湖南、两浙绢二百七十三万匹，东川、湖南绫罗绉七万匹，西川、广西七十七万匹，成都锦绮千八百余匹"[8]。当时著名的丝织品有蜀地落水流云锦、南京云锦、苏州宋锦、抚州的莲花纱、上饶的醒骨纱、亳州的轻纱等。其中上饶醒骨纱，"用纯丝蕉骨相兼捻织，夏月衣之，轻凉适体"[9]；亳州轻纱，陆游《老学庵笔记》中载"亳州出轻纱，举之若无，裁以为衣，真若烟雾"[10]，以此称赞其纱质极轻。据传当时"一州惟两家能织，相与世世为婚姻"[11]，以防止技术外传。

---

[1] [元] 脱脱等：《宋史》，卷88《地理志》，第2174页。
[2] [元] 脱脱等：《宋史》，卷88《地理志》，第2174页。
[3] [元] 脱脱等：《宋史》，卷88《地理志》，第2175页。
[4] [元] 脱脱等：《宋史》，卷88《地理志》，第2175页。
[5] [元] 脱脱等：《宋史》，卷88《地理志》，第2176页。
[6] [元] 脱脱等：《宋史》，卷88《地理志》，第2183页。
[7] [元] 脱脱等：《宋史》，卷267《樊知古传》，第9396页。
[8] [元] 脱脱等：《宋史》，卷175《食货志》，第4237页。
[9] [宋] 陶穀、吴淑撰，孔一校点：《清异录·江淮异人录》，卷下《衣服门》，上海古籍出版社2012年版，第75页。
[10] [宋] 陆游撰，李剑雄、刘德权点校：《老学庵笔记》卷6，中华书局1979年版，第80页。
[11] [宋] 陆游撰，李剑雄、刘德权点校：《老学庵笔记》卷6，第80页。

第三章　唐宋时期长江流域的物用

不仅如此，宋代除了官方设置的织造机构如江宁织罗务、润州织罗务、梓州绫绮场、成都锦院、苏州锦院、杭州锦院外，在民间，出现了一些生产与销售结合的机坊、染坊，如丝绸生产重地成都"连薨比室，运针弄杼，燃膏继晷，幼艾竭作，以供四方之服玩"[1]，杭州"竹窗轧轧，寒丝手拔，春风一夜，百花尽发"[2]，饶州鄱阳县城染坊"募染工继作，终夜始息"[3]，亦可看出唐宋时期丝织业的繁盛。在宋代诗人笔下也有长江流域丝织繁盛的景况，如范成大《缫丝行》：

　　小麦青青大麦黄，原头日出天色凉。妇姑相呼有忙事，舍后煮茧门前香。缫车嘈嘈似风雨，茧厚丝长无断缕。今年那暇织绢着，明日西门卖丝去。[4]

从目前的考古成果来看，1973 年，在湖南衡阳一座北宋墓中出土了地平纹、花斜纹的金黄色菱形点花绫，金黄色方格小点花交梭绫，斜纹组织的黄褐色回纹绫，棕色"富"字狮子缠绣球缠花绫，黄褐色缠枝花果童子绫，具有绫组织效果的深褐色仙鹤菱花绫，金黄色牡丹莲蓬童子绫；[5] 1975 年，镇江金坛南宋周瑀墓中出土了一件缠枝花绫，纹样以牡丹、山茶花为主体，间饰天竺、桃花等；[6] 1976 年、1978 年，在江苏武进南宋墓中出土了米子纹绫、梅竹纹绫、松纹绫

---

[1] ［明］杨慎编，刘琳、王晓波点校：《全蜀艺文志》下，卷 34《记乙·锦官楼记》，线装书局 2003 年版，第 931 页。
[2] 陈国灿、奚建华：《浙江古代城镇史》，安徽大学出版社 2003 年版，第 132 页。
[3] 朱瑞熙：《宋代社会研究》，中州书画社 1983 年版，第 48 页。
[4] 金性尧选注：《宋诗三百首》，上海古籍出版社 1995 年版，第 312 页。
[5] 陈国安：《浅谈衡阳县何家皂北宋墓纺织品》，《文物》1984 年第 12 期。
[6] 肖梦龙：《江苏金坛南宋周瑀墓发掘简报》，《文物》1977 年第 7 期。

等。① 这些文物的出土，从另一个层面证明了两宋时期丝织业的兴盛。

三、棉花种植开始推广

早在南北朝时期，原产于印度的亚洲棉传入我国，起初是在岭南地区种植，后逐渐扩及长江流域，"木棉，江南多有之"②。亚洲棉，俗称中棉，古称古贝、吉贝、劫贝，③ 如《新唐书·南蛮列传》云："古贝，草也，缉其花为布，粗曰贝，精曰𣰠。"④ 宋人周去非《岭外代答》中记："吉贝木，如低小桑枝，萼类芙蓉花之心，叶皆细茸，絮长半寸许，宛如柳绵，有黑子数十。南人取其茸絮，以铁筋碾去其子，即以手握茸就纺，不烦缉绩，以之为布，最为坚善。"⑤ 棉布质地坚韧且不易破损，逐渐成为人们所喜爱的服饰制作原料。

如今，中国国家博物馆藏有一条南宋时期的棉毯，长2.51米、宽1.16米，于1966年在浙江兰溪高氏墓中出土，证明了在宋代，长江流域就已出现棉纺织业。据《元史·世祖本纪》载，至元二十六年（1289年），元政府"置浙东、江东、江西、湖广、福建木绵提举司，责民岁输木绵十万匹"⑥，产量相当可观。

在纺棉技术方面，作出突出贡献的是宋末元初松江乌泥泾（今上海市徐汇区华泾镇）人黄道婆。陶宗仪《南村辍耕录》载：

---

① 陈晶、陈丽华：《江苏武进村前南宋墓清理纪要》，《考古》1986年第3期。
② ［宋］司马光：《资治通鉴》，卷159《梁武帝大同十一年十二月》，第4934页。
③ 孙机：《中国古代物质文化》，第86页。
④ ［宋］欧阳修、宋祁等：《新唐书》，卷222下《南蛮列传下》，第6299页。
⑤ ［宋］周去非：《岭外代答》，卷6《服用门》，上海远东出版社1996年版，第129—130页。
⑥ ［明］宋濂：《元史》，卷15《世祖本纪》，中华书局1976年版，第322页。

闽广多种木棉，纺织为布，名曰吉贝。松江府东去五十里许，曰乌泥泾，其地土田硗瘠，民食不给，因谋树艺，以资生业，遂觅种于彼。初无踏车椎弓之制，率用手剖去子，线弦竹弧置按间，振掉成剂，厥功甚艰。国初时，有一姥名黄道婆者，自崖州来，乃教以做造捍弹纺织之具，至于错纱配色，综线挈花，各有其法，以故织成被褥带悦，其上折枝团凤棋局字样，粲然若写。人既受教，竞相作为，转货他郡，家既就殷。①

黄道婆将海南的纺织技术带回家乡，并推广轧棉车，改进了纺棉技术。自此之后，人们衣服的原料开始发生重大变化。

第二节　饮食器物

民以食为天。自古以来，中国就遵循传统的"五谷为养，五果为助，五畜为益，五菜为充"的饮食结构，唐宋以后，进一步丰富和完善饮食内容与特色，其品种之丰、做法之精，让人叹为观止。

一、食物

入唐以后，随着社会经济重心日趋南移，小麦开始逐步向南传播。据李伯重考证，长江中下游流域地区在唐代已实行稻麦复种制。② 这一点在唐代典籍中也可见到，如《鉴湖西岛言事》诗中写越

---

① ［元］陶宗仪撰，李梦生校点：《南村辍耕录》，卷 24《黄道婆》，上海古籍出版社 2012 年版，第 270 页。

② 李伯重：《我国稻麦复种制产生于唐代长江流域考》，《农业考古》1982 年第 2 期。

州地区,"偶斟药酒欺梅雨,却著寒衣过麦秋"①;《和袭美腊后送内大德从助游天台》诗描写台州地区,"铜瓶净贮桃花雨,金策闲摇麦穗风"②;赵璘《因话录》中描写宣州地区,"或遇丰岁多麦,傍有滞穗,度知其主必不收者,拾之以归"③。至宋代,长江中下游地区稻麦复种制成为定制,时人谓"隔岁种成麦,起麦秧稻田"④,即是说稻麦复种。南宋北民南迁,为稳定形势,朝廷对扩种小麦给予优惠政策。庄裕《鸡肋编》卷上载:

> 建炎之后,江、浙、湖、湘、闽、广,西北流寓之人偏满。绍兴初,麦一斛至万二千钱,农获其利,倍于种稻。而佃户输租,只有秋课。而种麦之利,独归客户。于是竞种春稼,极目不减淮北。⑤

可以看出当时小麦生产在长江流域普及,以至于南宋末年有"天下百姓皆种麦"⑥之语。

水稻种植进一步扩大。北宋初年,"江南、两浙、荆湖、广南、福建土多粳稻"⑦,北宋中期,已是"江、淮民田,十分之中,八九

---

① 黄勇主编:《唐诗宋词全集》第5册,北京燕山出版社2007年版,第2087页。
② 黄勇主编:《唐诗宋词全集》第5册,第2010页。
③ [唐]赵璘:《因话录》,卷4《角部》,中华书局1985年版,第23页。
④ [宋]曹勋:《松隐文集》,卷21《山居杂诗》,四库全书本第1129版,第450页。
⑤ [宋]庄绰撰,萧鲁阳点校:《鸡肋编》,卷上《各地食物习性》,中华书局1983年版,第36页。
⑥ 吴存浩:《中国农业史》,警官教育出版社1996年版,第823页。
⑦ [元]脱脱等:《宋史》,卷174《食货志》,第4204页。

种稻"①，苏州、湖州、常州、秀州等地成为"国之仓庾"②，正所谓"苏湖熟，天下足"③。

在食用方式上，主要以饭类为主，或蒸煮，或以单一谷物炊制而成，如江西"信州玉山县，塘南七里店民谢七妻，不孝于姑，每饭以麦，又不得饱，而自食白粳饭"④；又或以多种原料搭配合制，类似于今天的杂锦饭。当时粥类食物十分普及，如绿豆粥、粟米粥、五味粥等。面食糕饼类，既可作正餐也可作小食，品种繁多，食物种类逐渐细分，如饺子与馄饨，在汉代统称"馄饨"，重庆市忠县涂井崖墓出土的陶庖厨俑手中的陶案上，有形似饺子的食物。隋初颜之推《颜氏家训》中说，"今之馄饨，形如偃月，天下通食也"，可见饺子已开始流行。进入南宋，食品分类更细，馒头、包子此时已区分开来，耐得翁《都城纪胜》中说临安（今浙江省杭州市）有专卖鹅、鸭肉馅包子的酒店；在湖北襄阳檀溪南宋墓出土的壁画中清晰刻画了包包子的情形。与此同时，食物的地域差异不再明显，"饮食混淆，无南北之分"⑤。

古人制甜食，尝以麦芽糖、蜜糖、原始蔗糖调味。唐段成式《酉阳杂俎》中载："蜀中有竹蜜蜂，好于野竹上结窠。窠大如鸡子，有

---

① 刘琳等校点：《宋会要辑稿》10，《食货·水利》，上海古籍出版社2014年版，第6121页。
② ［宋］范仲淹：《范文正公文集》，卷4《上吕相公并呈中丞咨目》，中华书局1985年版，第40页。
③ ［明］郎瑛：《七修类稿》，卷22《辩证类·苏杭湖》，上海书店出版社2009年版，第230页。
④ 陈伟明：《唐宋饮食文化初探》，中国商业出版社1993年版，第7页。
⑤ ［宋］吴自牧：《梦粱录》，卷16《面食店》，浙江人民出版社1980年版，第145—146页。

蒂，长尺许。窠与蜜并绀色可爱，甘倍于常蜜。"① 野生蜂蜜多产于山谷中，"川蜀、江南、岭南皆有之"②。另有人工养蜂取蜜，如宋代"宣州有黄连蜜，色黄味小苦"，安徽"亳州太清宫有桧花蜜，色小赤"，江苏"南京柘城县有何首乌蜜，色更赤"，都是"以蜂采其花作之，各随其花式，而性之温凉亦相近也"③。唐贞观二十一年（647年），唐太宗遣使到印度学习制糖法，学成后，先"诏扬州上诸蔗，拃沈如其剂，色味愈西域远甚"④，之后普及全国，"石蜜、沙糖、糖霜皆自此出"⑤。沙糖，"蜀地、西戎、江东并有"⑥；石蜜，"出益州及西戎"⑦，"今东吴亦有，并不如波斯"⑧；糖霜，一名糖冰，苏轼在《过润州金山寺送遂宁僧》诗中吟咏道："涪江与中泠，共此一味水。冰盘荐琥珀，何似糖霜美。"⑨ 时以四川遂宁所产糖霜质优，南宋洪迈撰有《糖霜谱》一书专论，其中谈到"盖宋时产糖霜者，凡福唐、四明、番禺、广汉、遂宁五地，而遂宁为最"⑩，可见宋代糖霜生产有一定的规模。同时，还提到了造糖之器：

---

① ［唐］段成式：《酉阳杂俎》，前集卷17《广动植之二》，团结出版社2018年版，第353页。

② ［宋］唐慎微等撰，陆拯、郑苏、傅睿等校注：《重修政和经史证类备用本草》下，卷20《上品》，中国中医药出版社2013年版，第1127页。

③ ［宋］唐慎微等撰，陆拯、郑苏、傅睿等校注：《重修政和经史证类备用本草》下，卷20《上品》，第1127页。

④ ［宋］欧阳修、宋祁等：《新唐书》，卷221上《西域列传》，第6239页。

⑤ ［宋］寇宗奭：《本草衍义》，卷18《甘蔗》，中国医药科技出版社2012年版，第89页。

⑥ 陈勇：《唐代长江下游经济发展研究》，上海人民出版社2006年版，第243页。

⑦ 陈勇：《唐代长江下游经济发展研究》，第243页。

⑧ ［宋］洪迈等：《糖霜谱（外九种）》，上海书店出版社2018年版，第3页。

⑨ ［宋］洪迈等：《糖霜谱（外九种）》，第3页。

⑩ ［宋］洪迈等：《糖霜谱（外九种）》，第7页。

糖霜户器用：曰蔗削，如破竹刀而稍轻；曰蔗镰，以削蔗，阔四寸，长尺许，势微弯；曰蔗凳，如小杌子，一角凿孔立木叉，束蔗三五挺阁叉上，斜跨凳剉之；曰蔗碾，驾车以碾所剉之蔗，大硬石为之，高六七尺，重千余斤，下以硬石作槽底，循环丈余；曰榨斗，又名竹袋，以压蔗，高四尺，编当年慈竹为之；曰枣杵，以筑蔗入榨斗；曰榨盘，以安斗，类今酒槽底；曰榨床，以安盘，上架巨木，下转轴，引索压之；曰漆瓮，表里漆，以收糖水，防津漏。①

食盐是另一种常用的调味品。我国自古有"宿沙作煮盐"② 的传说，考古证明，早在仰韶文化时期人们已懂得用海水煮盐，所产即海盐，长江流域内的江苏、浙江自古生产海盐，其中江淮地区将晒制的散末海盐称为吴盐，唐诗宋词中常有提及，唐代李白《梁园吟》有"吴盐如花皎白雪"③，宋代周邦彦《少年游》词中有"吴盐胜雪"④，赞美吴盐色白如雪。唐肃宗时，"第五琦请于江淮置租庸使，吴盐、蜀麻、铜冶皆有税"⑤。除了海盐外，长江流域的四川盛产井盐，唐代四川"邛、眉、嘉有井十三"，"梓、遂、绵、合、昌、渝、泸、资、荣、陵、简有井四百六十"⑥。北宋末年，"鬻井为盐，曰益、

---

① ［宋］洪迈等：《糖霜谱（外九种）》，第4页。
② ［清］茆泮林辑，宋衷注：《世本》，《作篇》，中华书局1985年版，第120页。
③ ［唐］李白著，郁贤皓注评：《李白全集注评》上，凤凰出版社2018年版，第420页。
④ 肖瑞峰、沈松勤：《中国古典文学名著精品　宋词精品附历代词精品》，时代文艺出版社2018年版，第153页。
⑤ ［宋］王应麟：《玉海》，卷181《食货类·盐铁》，广陵书社2007年版，第3327页。
⑥ ［宋］欧阳修、宋祁等：《新唐书》，卷54《食货志》，第1377页。

梓、夔、利，凡四路。益州路一监九十八井，岁鬻八万四千五百二十二石；梓州路二监三百八十五井，十四万一千七百八十石；夔州路三监二十井，八万四千八百八十石；利州路一百二十九井，一万二千二百石"①。

除了上述常见的食物外，在四川等地还有一种比较独特的食物——蒟酱。明代冯梦龙《喻世明言》中"杨谦之客舫遇侠僧"的故事写道：

> 又有一只船上叫卖蒟酱，这蒟酱滋味如何？有诗为证："白玉盘中簇绛茵，光明金鼎露丰神。椹精八月枝头熟，酿就人间琥珀新。"杨公说道："我只闻得说，蒟酱是滇蜀美味，也不曾得吃。何不买些与奶奶吃？"……揭开罐子看时，这酱端的香气就喷出来，颜色就如红玛瑙一般可爱；吃些在口里，且是甜美得好。②

文中提到"蒟酱"，是一种用蒟树果实制作的酱制品，《唐本草》将其作为药物收录，《史记·西南夷列传》中曾有记载，为蜀地所独有，在唐代仍是贡品之一。

二、食器

谈饮食，不可不提饮食器具。唐宋时期，随着食物品种的增加与改变，饮食器具也发生了一些变化，从其材料来说，主要有金银器、陶瓷、漆器等。

---

① ［元］脱脱等：《宋史》，卷183《食货志》，第4471页。
② ［明］冯梦龙：《喻世明言》，卷19《杨谦之客舫遇侠僧》，岳麓书社2019年版，第182—183页。

唐宋以前，金银器具多为观赏或收藏之用，以彰显使用者的高贵。唐代以来，开始出现具有实用性的金银器，然从目前的考古发掘来看，主要集中在西安附近。宋代，银质器具在民间普及。如南宋临安，"且杭都如康、沈、施厨等酒楼店，及荐桥丰禾坊王家酒店，闾门外郑厨分茶酒肆，俱用全桌银器皿沽卖，更有碗头店一二处，亦有银台碗沽卖，于他郡却无之。"① 1959年前后，在上海宝山发掘的南宋赵淑真墓中就有银罐；1972年，上海宝山发掘的南宋谭思通家族墓中发掘出银器多件，其中有银匙、银筷1双、银执壶1件。这些都说明了当时富贵人家使用银质器具并不罕见。

唐代以来，随着社会经济的发展，饮酒、饮茶风气盛行，茶的种类之多，不可胜数，如"剑南有蒙顶石花，或小方，或散牙，号为第一。湖州有顾渚之紫笋，东川有神泉、小团、昌明、兽目，峡州有碧涧、明月、芳蕊、茱萸簝，福州有方山之露牙，夔州有香山，江陵有南木，湖南有衡山，岳州有㴩湖之含膏，常州有义兴之紫笋，婺州有东白，睦州有鸠坑，洪州有西山之白露，寿州有霍山之黄牙，蕲州有蕲门团黄"②，其中除福州露牙，其余均产自长江流域。受饮茶风气影响，陶瓷器具受到广泛欢迎，正如史书所载："凡货贿之物，侈于用者，不可胜纪。丝布为衣，麻布为囊，毡帽为盖，革皮为带，内邱白瓷瓯，端溪紫石砚，天下无贵贱通用之。"③ 五代时期临安吴越国王陵（钱宽、水邱氏夫妇墓）曾出土过唐代定窑白瓷。浙东越窑青瓷则被陆羽《茶经》推为瓷器之魁，陶瓷业"南青北白"格局形成。

宋代，制瓷业进一步发展，出现五大名窑——官窑、哥窑、汝窑、定窑、钧窑，其中哥窑位于长江流域，产青瓷。"耀川出青瓷器，

---

① [宋] 吴自牧：《梦粱录》，卷16《酒肆》，第142页。
② [唐] 李肇等：《唐国史补·因话录》卷下，第60页。
③ [唐] 李肇等：《唐国史补·因话录》卷下，第60页。

谓之越器。似以其类余姚县秘色也。然极其粗朴不佳,惟其食肆以其耐久,多用之。"① "中兴渡江"以后,龙泉哥窑及弟窑所在之处是中国最大的青瓷产区,开片技法就产生在这里。长江流域的江西景德镇窑、浙江越窑、婺州窑等也都发展迅速,其中景德镇窑成为宋窑代表。目前,从已出土的唐宋陶瓷饮食器具来看,长江流域的窑口,唐代有浙江上林湖越窑、湖南湘阴岳州窑、湖南长沙铜官窑、安徽淮南寿州窑、江西丰城洪州窑、四川邛崃邛窑等,宋代有浙江龙泉窑、江西景德镇窑、江西吉安州窑等,种类多为碗、壶、盘、杯、盏等。②江西吉州窑生产的黑瓷可与建窑黑瓷相媲美,逐渐突破单色釉的技术限制,主要用于茶具。

漆器也是饮食器具的重要种类。早在新石器时代,长江流域的先民就使用漆器,浙江萧山跨湖桥新石器时代遗址曾出土过漆弓,浙江余姚河姆渡遗址曾出土厚木胎的漆碗,都可作为例证。汉代更是出现了大量漆器,仅长沙马王堆汉墓就发现漆器700多件。随着瓷器的使用,东汉后期漆器数量逐渐减少,但在唐宋时期,漆器仍在饮食器具中占有一席之地。

唐代以来,漆器制作工艺提升,平脱漆器和螺钿漆器让人耳目一新。平脱和螺钿工艺要求高,使用这两种工艺的漆器十分精美,大多为上层社会所用,如在五代前蜀王建墓中曾出土银铅胎漆碟。③ 下层民众多使用一色或光素无纹的漆器,江苏扬州、湖北监利都曾出土唐代木胎漆盘、漆碗。

宋代以来,这种光素无纹的漆器盛行,从出土物来看,以黑色、

---

① [宋]陆游撰,李剑雄、刘德权点校:《老学庵笔记》卷2,第23页。
② 陈伟明:《唐宋饮食文化初探》,中国商业出版社1993年版,第59页。
③ 冯汉骥:《前蜀王建墓出土的平脱漆器及银铅胎漆器》,《文物》1961年第11期。

紫褐色的日常用具居多。如1959年，江苏淮安五座宋代墓葬中出土了较完整的75件漆器，其中有漆盘27件，包括平底22件（大盘2件、中盘7件、小盘13件）、凹底2件、圈底3件；漆碗15件，包括圈底10件，平底5件；漆茶托2件。[①] 还有江苏常州、宜兴、吴县、武进，浙江杭州、温州以及湖北武汉等地，都有此类漆器出土。这些出土物不同以往，大多带有款识，如"临安府符家""杭州油局桥金家""襄州邢家"等，如浙江省博物馆内即藏有一件铭有"壬午临安府符家真实上牢"的黑漆钵。这些漆器专供官府使用。宋代还出现了比较兴盛的漆器贸易。如《梦粱录·铺席》中描述："杭州大街……自融和坊北，至市南坊，谓之'珠子市'，如遇买卖，动以万数……太平坊大街东南角虾蟆眼酒店，漆器墙下李官人双行解毒丸……清湖河下戚家犀皮铺，里仁坊口游家漆铺，李博士桥邓家金银铺、汪家金纸铺，炭桥河下青篾扇子铺，水巷桥河下针铺、彭家温州漆器铺，沿桥下生帛铺，郭医产药铺……黄草铺温州漆器、青白瓷器……"其中，"漆器墙下""里仁坊口游家漆铺""彭家温州漆器铺""黄草铺温州漆器"等，也体现出温州漆器产业的繁荣。

另外，宋代用堆漆和雕漆技术生产的器物更为精美，多为上层享用，不用于日常饮食。浙江瑞安仙岩寺慧光塔中曾发现北宋庆历年间的堆漆经函和舍利函，江苏武进村前乡南宋墓出土了园林仕女图戗铢漆奁。雕漆器有剔红、剔黑、剔犀多种，如江苏沙洲宋墓之木胎银里剔犀碗、武进南宋墓剔犀镜盒、金坛南宋周瑀墓之脱胎剔犀扇柄等，工艺十分精美。

总而言之，唐宋时期，无论民间还是宫廷，不同材质的饮食器具层出不穷，成为这一时期饮食文化的一大特色。在形制上，今天常见

[①] 罗宗真：《淮安宋墓出土的漆器》，《文物》1963年第5期。

的碗、杯、碟、盘、匙、盒、勺等在当时都已出现。除此之外，还有一种与饮食相关的器具——酒器。

中国酿酒历史悠久，酒作为餐桌上的重要饮品，种类繁多，如"郢州之富水，乌程之若下，荥阳之土窟春……剑南之烧春……宜城之九酝"①，不同的酒需要不同酒器。魏晋以来，名士们常服用五石散，故改饮温酒。如唐代诗人李白《襄阳歌》中有"舒州勺，力士铛，李白与尔同死生"之句，"铛"是用来温酒的。白居易也有"林间暖酒烧红叶"之语，说明饮温酒之风日渐盛行。所以唐以前的酒具形制如盆、尊等散热快，且当时不再使用漆器酒具，故而出现了其他材质的酒注、酒盏、酒杯、酒碗、酒台子等器具，浙江杭州曾出土莲花式银酒台，被誉为精品。至宋代，漆、铜饮酒器为陶瓷碗（盏）所取代。另有贮酒器，唐宋以降用长瓶，又称梅瓶、经瓶，今天上海博物馆内藏有"醉乡酒海"和"清沽美酒"题字的两件长瓶，安徽六安出土长瓶上有"内酒"二字，其特征大体为小口、鼓腹、窄圈足，通体较高。

比较有意思的是，还有一种食器是餐桌上必不可少的，那就是筷子。筷子的定名受地域文化影响明显。

筷子，古称箸，一般认为筷子一词始于明代，陆容《菽园杂记》卷1载："民间俗讳，各处有之，而吴中为甚。如舟行讳住，讳翻，以箸为快儿，幡布为抹布。"指的是江南地区船家行船途中忌讳"住""翻"等不祥之语，故将"箸"称为"快儿"，"快"谐音"筷"，"箸"就成了"筷子"。早期，筷子材质单一，有骨箸、青铜箸、象牙箸，作为随葬品出现。隋唐、五代时期，出现了金箸、银箸、玉箸、犀箸、木香箸等，如在浙江长兴下莘桥发现的唐代银器中有银箸30支，

---

① ［唐］李肇等：《唐国史补·因话录》卷下，第60页。

长 33.1 厘米；于江苏丹徒丁卯桥出土的唐代银器中有箸 36 支，有的长 32 厘米，直径 0.4—0.6 厘米，首粗足细；有的长 22 厘米，直径 0.2—0.5 厘米，首部鎏金，呈葫芦形，刻有"力士"二字。隋唐时期的箸大都为首粗足细的圆棒形，亦有首足较细、中部略粗者，长度一般为 28—33 厘米，最短的为 15—16 厘米左右，直径一般为 0.3—0.5 厘米。出土文物中宋代的箸亦不少，如江西鄱阳湖北宋墓出土了银箸 2 双，长 23 厘米，直径 0.3—0.4 厘米，首为六棱柱形，足为圆柱形；四川阆中曾意外发现一座南宋铜器窖藏，一次出土铜箸多达 244 支，铜匙 111 件，铜箸长 24.8 厘米，直径 0.2—0.6 厘米，首部亦为六棱形，足为圆柱形；成都南郊的一座宋代铜器窖藏中发现铜箸 32 支，长 20.6 厘米，直径 0.4—0.6 厘米，为首粗足细的圆柱形。相比于唐代箸来看，宋代箸的工艺更加精进。

新中国成立后，考古工作者在湖北武汉发现隋代泥质灰陶灶和厨俑，① 表明当时长江流域也使用火灶。除此之外，长沙赤峰山二号唐墓②、长沙烈士公园发现五代灰坑③、长沙近郊隋唐墓④发现陶质和瓷质菹罂，用来泡制腌菜之类。

第三节 家居之物

这一时期，茅居竹篱仍是长江流域主要的住宅样式，不同的是，居家陈设之物种类增多。

---

① 徐海荣主编：《中国饮食史》，华夏出版社 1999 年版，第 409 页。
② 周世荣：《长沙赤峰山二号唐墓简介》，《文物》1960 年第 3 期。
③ 周世荣：《长沙烈士公园发现五代灰坑》，《考古》1965 年第 9 期。
④ 张欣如：《湖南长沙近郊隋唐墓清理》，《考古》1966 年第 4 期。

一、房屋建筑

考古发现证明，长江流域的云南元谋人遗址，贵州黔西沙井观音洞遗址，湖北郧县（今十堰市郧阳区）梅铺龙骨洞、郧西县神雾岭白龙洞、大冶县（今大冶市）章山石龙头洞，江西万年大源仙人洞等遗址都曾发现有人类生活的痕迹。然而这些地方气候潮湿，穴居并没有像北方那样普遍。随着社会的进步，人们慢慢走出洞穴，开始半地穴生活，在湖北宜都的红花套、枝江的关庙山遗址都曾发现有房屋基址。《诗经·大雅·绵》曰"其绳则直，缩版以载，作庙翼翼。捄之陾陾，度之薨薨，筑之登登。削屡冯冯，百堵皆兴，鼛鼓弗胜"，描写了上古时期古公亶父版筑都邑的情形。由此可知，夯土版筑施工由来已久。除了夯土版筑外，还有构木为巢，建筑逐渐演化为木构梁架式。唐宋时期，长江流域住宅样式与过去变化不大，茅居竹篱是其主要特色。

茅草是长江流域房屋建筑最普遍的材料。唐代诗人杜甫寄居成都时，曾作《茅屋为秋风所破歌》一诗，茅屋指的就是用茅草搭盖的房屋。宋人范成大《吴船录》所载，长江上游沿岸的乡村几乎都以茅荻结庐，陆游《入蜀记》写江陵一带"道旁民屋，苫茅皆厚尺许，整洁无一枝乱"[1]，公安县"民居多茅竹。然茅屋尤精致可爱"[2]，可见其普遍。

竹子也是比较常见的建筑材料。南方气候湿润，蛇虫较多，为便于居住，长江上游和中游一些地方流行干阑式建筑，这些干阑式建筑也多以竹木为原料。唐代樊绰《蛮书》中谈到，云南地区"凡人家所

---

[1] ［宋］陆游：《入蜀记·老学庵笔记》卷5，上海远东出版社1996年版，第76页。

[2] ［宋］陆游：《入蜀记·老学庵笔记》卷5，第77页。

居,皆依旁四山,上栋下宇,悉与汉同。惟东西南北不取周正耳。别置仓舍,有栏槛脚高数丈,云避田鼠也,上阁如车盖状",即以木材搭成楼阁,楼上住人,楼下无遮拦。唐刘禹锡在描述武陵(今湖南常德)采菱风俗时提到,"家家竹楼临广陌,下有连樯多估客"。下游地区也有竹楼,唐代张籍《江南行》诗中就有"青莎覆城竹为屋,无井家家饮潮水",描写的就是江南水乡的风俗。到了宋代,一些文人雅士也非常喜欢在屋前庭后种植竹子,甚至构建竹楼,如宋代王禹偁被贬黄州(今湖北省黄冈市),就曾在当地建造竹楼,并作《黄冈竹楼记》,其中在谈竹子做建造材料的优势时说:"黄冈之地多竹,大者如椽。竹工破之,刳去其节,用代陶瓦。比屋皆然,以其价廉而工省也。"①虽然竹子取材方便且坚固耐用,可代陶瓦,但宋代文人士大夫阶层建造竹楼的目的与平民筑竹屋不同,他们看中的是竹子象征的高洁品质。

唐宋以来,砖瓦的使用逐渐多了起来。自汉代出现包砖的城墙,至宋代,砖城渐多,如扬州、楚州、成都等地都修有砖城,城内道路也用砖砌面,如江西筠州(今江西省高安市)以砖石砌成大道;苏州"近郊隘巷,悉甃以甓";南宋孝宗淳熙四年(1177年),范成大任四川制置使时,曾仿江浙砖砌道路做法,将成都城内十四条街铺砖,"以丈计者三千三百有六十,用甓二百余万,为钱二千万赢"②。这些都得益于唐宋时期砖瓦制造业的进步。北宋李诫《营造法式》一书中,砖的名目就有方砖、条砖、压阑砖、砖碇、牛头砖、走趄砖、趄条砖、镇子砖等多种,瓦亦有筒瓦、板瓦等多种。琉璃砖瓦得到应用,一些高档房屋开始用琉璃砖瓦,稍次的用青瓦、素瓦,贫民仍用

---

① [清]吴楚材、吴调侯编:《古文观止》(下),江苏人民出版社2019年版,第839页。

② [宋]扈仲荣、[宋]程遇孙:《成都文类》,卷46《砖街记》,四库全书本。

茅草来搭建房屋。北宋刘挚有诗云，"苟能适意茅檐足，何必鸳鸯碧瓦筒"①，反映的是用茅草和青瓦搭盖的两种住宅。宋王得臣《麈史》中载："郑屯田建中，其先本雍人，五季时徙家安陆，赀镪巨万。城中居人多舍客也，每大雨过则载瓦以行，问有屋漏则补之；若舍客自为之屋，亦为缮补。"② 当时出现了专门用瓦修补房屋的行业，也反映出瓦料在城中使用广泛。普通民众也有使用瓦料的情况，如《宋史》中载南宋辛弃疾任职湖南时，居民每家献出沟瓦两块，修建营栅。③

这一时期，一些地方官为推动砖瓦业发展，也为防范火灾，曾勒令改茅屋为瓦屋，如景祐年间（1034—1038年），夷陵县（今湖北宜昌）民屋"覆皆用茅竹，故岁常火灾"，当地官员"教民为瓦屋，别灶廪，异人畜"④；叶康直任湖北光化县知县时，"县多竹，民皆编为屋，康直教用陶瓦，以宁火患"⑤；郑兴裔任扬州知州时，"民旧皆茅舍，易焚，兴裔贷之钱，命易瓦，自是火患乃息"⑥。

二、室内陈设

早在原始社会，人们已学会在室内打白灰面，于其上铺席。席子质地有粗细之分，如籧篨指的是粗席，用作衬垫，其上铺蘭席和莞席，人们席地而坐。随着服饰、房屋结构的变化，人们不再喜欢跪

---

① [宋]刘挚：《忠肃集》，卷18《七言律诗·又次韵景修题萃景亭四首》，中华书局2002年版，第266页。
② [宋]王得臣、赵令畤撰，俞宗宪、傅成校点：《麈史 侯鲭录》，上海古籍出版社2012年版，第50页。
③ [元]脱脱等：《宋史》，卷401《辛弃疾列传》，第12163—12164页。
④ 袁诗琅主编：《中国古典文学名著百部》，《欧阳修集》，中国戏剧出版社2002年版，第222页。
⑤ [元]脱脱等：《宋史》，卷426《叶康直传》，第12706页。
⑥ [元]脱脱等：《宋史》，卷465《郑兴裔传》，第13595页。

坐，开始出现了便于坐靠的家具。唐宋时期，除了之前已有的床凳、几案、橱柜等之外，高座家具发展势头日盛，逐渐改变了人们的生活习惯。陆游曾说道："往时士大夫家，妇女坐椅子、兀子，则人皆讥笑其无法度。梳洗床、火炉床家家有之，今犹有高镜台，盖施床则与人面适平也。或云禁中尚用之，特外间不复用耳。"① 写的就是高座家具的流行。

典籍中关于唐宋日用家具名目繁多，如隋末虞世南《北堂书钞》"服饰部"中有屏风、榻、床、几、案等；唐徐坚《初学记》"器物部"有屏风、床；北宋李昉《太平御览》"服用部"中有屏风、床、榻、胡床、几、案、厨、匮；南宋吴自牧《梦粱录》中所记录的临安市集上家具名称更多，"家生动事如桌、凳、凉床、交椅、兀子、长桃、绳床、竹椅、栿笄、裙厨、衣架、棋盘、面桶、项桶、脚桶、浴桶、大小提桶、马子、桶架"② 等，可见其丰富。

宋代桌椅的流行，改变了古人席地而坐的习俗。其中比较有名的是杭州、温州、台州、庐陵等地的螺钿椅桌。《宋会要辑稿》"刑法"条载："镇江府军资库杭州、温州寄留上供物，有螺钿椅桌并脚踏子三十六件。"宋高宗绍兴年间，徐康国为两浙漕运使，"进台州螺钿椅桌"③。民间颇流行竹椅，宋高宗南逃至台州临海时，曾在一寺院的竹椅上休息，史籍记载："御坐一竹椅，寺僧今别造以黄蒙之。"④ 在考古发掘方面，1978 年，江苏武进（今江苏省常州市武进区）南宋 6 号墓出土木靠背椅和木桌，与白沙宋墓壁画中的桌椅、河北巨鹿出土

---

① ［宋］陆游撰，李剑雄、刘德权点校：《老学庵笔记》卷 4，第 42 页。
② ［宋］吴自牧：《梦粱录》，卷 13《诸色杂货》，第 121 页。
③ ［宋］李心传：《建炎以来系年要录》，卷 171《绍兴二十六年正月丁未》，上海古籍出版社 1987 年版，第 396 页。
④ ［宋］赵彦卫：《云麓漫钞》卷 7，古典文学出版社 1957 年版，第 104 页。

的北宋桌椅形制接近；① 1978年，江苏溧阳竹箦乡李彬夫妇墓出土的一件琉璃楼内有一桌一椅；② 1980年，江苏江阴宋代孙四娘子墓中出土了杉木靠背椅和杉木供桌；③ 1993年，浙江宁波东钱湖南宋史诏墓中出土了石靠背椅。④ 这些出土文物印证了宋代椅子的普及。

室内陈设方面，屏风在这一时期仍使用比较广泛，唐代诗人白居易《庐山草堂记》中描述草堂摆设："堂中设木榻四，素屏二，漆琴一张，儒道佛书各三两卷。"⑤ 五代后蜀孟知祥曾"以画屏七十张关百钮而斗之，用为寝所"，号曰"嬶宫"。⑥ 不仅如此，屏风还一度成为贡品，如《宋史》中记载："（乾德元年四月）庚子，荆南节度使高继冲进助宴金银、罗纨、柱衣、屏风等物。"⑦ 高继冲是五代十国末期南平国君，亡国后，被宋廷任命为荆南节度使，引文中的这次进贡即是为表示对宋太祖的忠诚。宋代湖南永州祁阳县产石屏，"新出一种板，襞叠数重，每重青白异色，因加人工，为山水云气之屏，市贾甚多"⑧。

除此之外，1953年，汉阳枕木防腐厂曾出土一件宋代瓷质生活用品——影青立虎枕；⑨ 1956年，江苏苏州虎丘塔维修时发现一只宋

---

① 陈晶、陈丽华：《江苏武进村前南宋墓清理纪要》，《考古》1986年第3期。
② 刘兴、肖梦龙：《江苏溧阳竹箦北宋李彬夫妇墓》，《文物》1980年第5期。
③ 苏州博物馆、江阴县文化馆：《江阴北宋"瑞昌县君"孙四娘子墓》，《文物》1982年第12期。
④ 杨古城、曹厚德：《南宋东钱湖仿木结构石椅》，《浙江工艺美术》1994年第4期。
⑤ 侯毓信：《唐宋散文》，上海人民出版社2017年版，第88页。
⑥ [宋]陶穀：《清异录》，卷下《居室门》，第70页。
⑦ [元]脱脱等：《宋史》，卷1《太祖本纪》，第14页。
⑧ [宋]范成大：《骖鸾录》；载（清）鲍廷博辑：《知不足斋丛书》十，株式会社中文出版社1980年版，第6130页。
⑨ 罗时汉：《古城汉阳》，武汉出版社2017年版，第178页。

代楠木箱，据推测应为贮藏书籍之用；① 1975年，江苏邗江蔡庄五代墓中出土四张长188厘米、宽94厘米、高57厘米的木榻。② 这些都属于家居用品。

第四节 出行用具

自古以来，长江流域因水网密布，舟船是主要的交通工具，陆上交通仍依靠各式之车，轿在宋代后期也渐渐普及。

一、舟楫为马

古往今来，"南船北马"似乎已成共识。长江流域江河湖泊众多，水路发达，人们出行更主要依赖舟船，"若士庶欲往苏、湖、常、秀、江、淮等州，多雇舸船、舫船、航船、飞蓬船等"③。宋人洪迈《容斋随笔》中载："顷在豫章，遇一辽州僧于上蓝，与之闲谈。曰：南人不信北方有千人之帐，北人不信南人有万斛之舟，盖土俗然也。"④ 亦讲到了舟船出行在南方的普遍性。

唐宋诗词中常见描写长江流域船舶运输的繁荣景象，上文提到杜甫的"蜀麻吴盐自古通，万斛之舟行若风"⑤，还有王建《水运行》

---

① 钱镛、范放、黄正祥：《苏州虎丘云岩寺塔发现文物内容简报》，《文物》1957年第11期。
② 张亚生、徐良玉、古建：《江苏邗江蔡庄五代墓清理简报》，《文物》1980年第8期。
③ [宋]吴自牧：《梦粱录》，卷12《河舟》，第113页。
④ [宋]洪迈著，穆公校点：《容斋随笔》，上海古籍出版社2014年版，第406页。
⑤ 孙忠纲、孙微：《杜甫集》，凤凰出版社2014年版，第253页。

中"万樟千帆绕江水"①，卢纶《泊扬子江岸》中"千帆入古津"②，李白在江夏目睹"万舸此中来，连帆过扬州"③，范成大《夔州竹枝歌九首》有"大昌盐船出巫峡""万里桥边有船到"④，等等。张籍的《相和歌辞·贾客乐》则将长江航船繁忙的景象通过贾客的忙碌衬托出来：

> 金陵向西贾客多，船中生长乐风波。欲发移船近江口，船头祭神各浇酒。停杯共说远行期，入蜀经蛮谁别离。金多众中为上客，夜夜算缗眠独迟。秋江初月猩猩语，孤帆夜发潇湘渚。水工持楫防暗滩，直过山边及前侣。年年逐利西复东，姓名不在县籍中。农夫税多长辛苦，弃业长为贩宝翁。⑤

唐宋以来，长江流域造船业相当发达，成为重要的官方造船基地，各类官船、漕船、战船、海船大都产自这里，造船量非常大。如唐贞观十八年（644年），太宗命"将作大监阎立德等诣洪、饶、江三州，造船四百艘以载军粮"⑥；贞观二十一年（647年），又"敕宋州刺史王波利等发江南十二州工人造大船数百艘，欲以征高丽"⑦，据胡三省注，十二州为宣、润、常、苏、湖、杭、越、台、婺、括、

---

① 黄勇主编：《唐诗宋词全集》第2册，第947页。
② 陈元生、高金波主编：《历代长江诗选》，长江文艺出版社1993年版，第641页。
③ [唐]李白著，郁贤皓注评：《李白全集注评》中，第691页。
④ [宋]范成大著，富寿荪标校：《范石湖集》，卷16《夔州竹枝歌九首》，上海古籍出版社2006年版，第221页。
⑤ 黄勇主编：《唐诗宋词全集》第3册，第1213页。
⑥ [宋]司马光：《资治通鉴》，卷197《唐纪十三》，第6209页。
⑦ [宋]司马光：《资治通鉴》，卷198《唐纪十四》，第6249页。

江、洪；贞观二十二年（648年），又"敕越州都督府及婺、洪等州造海船及双舫千一百艘"①；也有四川制造的船，如贞观二十二年（648年），"于剑南道伐木造舟舰，大者或长百尺，其广半之"②。唐代宗时，曾"置十场于扬子县，专知官十人，竞自营办"③，扬子县，今江苏仪征，刘宴为诸道盐铁转运使时曾在此专门建造漕船，共造"歇艎支江船二千艘"④。至北宋前期，每年3000余艘漕船，除陕西凤翔斜谷外，其余大都是由位于长江流域的处州（今浙江丽水）、吉州（今江西吉安）、明州（今浙江宁波）、婺州（今浙江金华）、温州、台州、楚州（今江苏淮安）、潭州（今湖南长沙）、鼎州（今湖南常德）、嘉州的造船场制造的。⑤ 另据《文献通考》等典籍记载，长江流域的镇江、建康（今南京）、苏州、杭州、秀州（今浙江嘉兴）、越州、严州（治所今浙江建德）、洪州、虔州（今江西赣州）、抚州、池州、岳州、衡州、鄂州（今湖北武汉）、复州（今湖北天门）、叙州（今四川宜宾）、眉州（今四川眉山）、泸州（今四川泸州）、嘉州、合州（今重庆合川）、夔州（今重庆奉节）等，也是当时主要的造船地点。这主要与当地充足的造船材料有极大关系。古代造船，多用坚硬的楠木，其次是樟木，"江东舸船，多用樟木。县名豫章，因木得名"。这些木材主要来源于长江流域。

另外，唐宋时期各类民船、商船、渔船、货船等的制造同样发达。当时长江流域货船相当多，食盐、丝织、茶叶、木材及其他货物的运输多依赖长江航运，唐中叶时三峡航道已有载重万石以上的货船

---

① ［宋］司马光：《资治通鉴》，卷199《唐纪十五》，第6255页。
② ［宋］司马光：《资治通鉴》，卷199《唐纪十五》，第6256页。
③ ［宋］王谠：《唐语林》，卷1《政事上》，上海古籍出版社1978年版，第23页。
④ ［宋］欧阳修、宋祁等：《新唐书》，卷53《食货志》，第1368页。
⑤ 刘琳等校点：《宋会要辑稿》12，《食货·水运》，第7029页。

行驶。在江西有"编蒲为帆,大者或数十幅"①的巨舫,其中以"俞大娘航船"最为著名。据《唐国史补》记载,唐大历、贞元年间,江西有"俞大娘航船最大,居者养生、送死、嫁娶悉在其间,开巷为圃,操驾之工数百,南至江西,北至淮南,岁一往来,其利甚博"②。宋代荆湖地区有万石船,"船形制圆短,如三间大屋,户出其背。中甚华饰,登降以梯级,非甚大风不行,钱载二千万贯,米载一万二千石"③。南宋浙江地区有海船,"大小不等,大者五千料,可载五六百人;中等二千料至一千料,亦可载二三百人;余者谓之钻风,大小八橹或六橹,每船可载百余人"④,可见船体之大,也反映出长江流域造船技术高超。仅以杭州西湖为例,当时湖面上常见百余艘船,"有一千料者,约长二十余丈,可容百人;五百料者,约长十余丈,亦可容三五十人;亦有二三百料者,亦长数丈,可容三二十人;皆精巧创造",这些船都有名字,"曰百花、十样锦、七宝、戗金、金狮子、何船、劣马儿、罗船、金胜、黄船、董船、刘船,其名甚多"⑤。

长江流域江河、湖泊中的小船更是数不胜数。如捕鱼用的"舴艋舟",张志和《渔父歌五首》中有"钓台渔父褐为裘,两两三三舴艋舟","雪溪湾里钓鱼翁,舴艋为家西复东"⑥;夜航用的"秋夜船",高适《秦中送李九赴越》诗云"吴会独行客,山阴秋夜船"⑦;专门用于水上游宴的舟船"雀舫",白居易《会昌春连宴即事》诗有"雀

---

① [唐]李肇等:《唐国史补·因话录》卷下,第62页。
② [唐]李肇等:《唐国史补·因话录》卷下,第62页。
③ [宋]张舜民:《画墁集》卷8,商务印书馆1935年版,第65页。
④ [宋]吴自牧:《梦粱录》,卷12《江海船舰》,第111页。
⑤ [宋]吴自牧:《梦粱录》,卷12《湖船》,第110页。
⑥ [宋]郭茂倩编撰:《乐府诗集》下,第1006页。
⑦ 黄勇主编:《唐诗宋词全集》第2册,第634页。

舫宜闲泛，螺杯任漫传"①；吴中地区甚至还有专供女子设机织绫绸的舟船，张籍《江南行》中有："江南人家多橘树，吴姬舟上织白纻"②。

车船是唐代的发明，以蹼轮驱动，变用桨作间歇性的划动为用轮作连续性的旋转运动。唐德宗时，江西节度使李皋"教为战舰，挟二轮蹈之，鼓水疾进，驶于阵马"③。宋代也有此船，建炎四年（1130年），钟相、杨么在洞庭湖一带起义，与宋军作战时俘获一名叫高宣之人，之后采用此人的方法制造车船，"以轮激水，其行如飞"④，"皆两重或三重，载千余人。又设拍竿，其制如大桅，长十余丈，上置巨石，下作辘轳贯其巅，遇官军船近，即倒拍竿击碎之"⑤。南宋绍兴三十一年（1161年），宋将虞允文指挥车船，在长江上战胜了四十万金军。车船因"运动轻快，施于大江重湖，以破长风巨浪，乃其所宜"⑥，故而在充当战船之余，也被达官贵僚用作游船，如南宋《梦粱录》记载了权臣贾似道的西湖车船，"船棚上无人撑驾，但用车轮脚踏而行，其速如飞"⑦。

唐宋时期的船舶文物不多，扬州施桥镇⑧、江苏如皋蒲西乡⑨出土过两艘唐代船只，规模不大，长度约18米、24米。从出土实物来

---

① 黄勇主编：《唐诗宋词全集》第6册，第2479页。
② 黄勇主编：《唐诗宋词全集》第3册，第1213页。
③ [宋]欧阳修、宋祁等：《新唐书》，卷80《曹王皋传》，第3582页。
④ [元]脱脱等：《宋史》，卷365《岳飞传》，第11384页。
⑤ [宋]李心传：《建炎以来系年要录》，卷59《绍兴二年十月乙酉》，第1026页。
⑥ [宋]李纲撰，王瑞明点校：《李纲全集》，卷121《与吕安老龙图书》，岳麓书社2004年版，第1165页。
⑦ [宋]吴自牧：《梦粱录》，卷12《湖船》，第110—111页。
⑧ 江苏省文物工作队：《扬州施桥发现了古代木船》，《文物》1961年第6期。
⑨ 南京博物院：《如皋发现的唐代木船》，《文物》1974年第5期。

看，两艘船都有水密舱壁，船板用铁钉钉合，板缝用石灰掺桐油捻封，这在当时是很先进的造船技术。1978年，在上海嘉定县（今嘉定区）封浜河工程施工时发现一只南宋木船，平底、小方头，与《宋史·兵志》说的"防沙、平底"战舰接近。① 1979年，在浙江宁波东门口交电大楼出土一艘宋代浙船，其第七、八列外壳板的接缝处，有断面14.9米、长7.5米的半圆木材，用参钉钉在外壳板上，即现代海船上的舭龙骨，是我国海船考古的首次发现。②

二、桥梁建设

"跨川为梁，泽国居多"③。长江流域为多水地区，桥梁建设状况可反映当地交通发展情况。从考古和文献记载来看，唐初长江流域也建造了一些桥梁，如尉迟敬德主持建造的万岁桥（在今浙江省嘉兴市桐乡市），在浙江宁波、建造于贞观三年（629年）的德星桥和建造于开元二十六年（738年）的骢马桥。唐中期以降，桥梁普遍增多，如诗人白居易《正月三日闲行》诗，言及苏州有"红栏三百九十桥"④。其他比较著名的还有如天宝年间建造的湖州德清天宝桥，唐德宗时杭州刺史李泌主持建造的石函桥，长庆三年（823年）明州刺史应彪主持建造的灵桥，元和元年（806年）苏州刺史王仲舒主持建造的苏州宝带桥、苏州枫桥、明州东津浮桥等。⑤

两宋以来，桥梁更是急剧增多，尤以南宋最为突出，这与经济重

---

① 倪文俊：《嘉定封浜宋船发掘简报》，《文物》1979年第12期。
② 乔志霞：《中国古代航海》，中国商业出版社2015年版，第77页。
③ ［宋］杨潜修，朱端常、林至、胡林卿纂：《云间志》1，卷上《桥梁》，方志出版社2008年版，第39页。
④ 黄勇主编：《唐诗宋词全集》第3册，第1422页。
⑤ 曹家启：《唐宋时期南方地区交通研究》，浙江大学博士学位论文，2001年，第85页。

心南移的趋势相一致。这一时期比较有名的有石梁桥，如两浙绍兴的八字桥；木梁桥，如浙江鄞县（今浙江省宁波市鄞州区）的洞桥、百梁桥、浙江奉化的广济桥等；石拱桥，如浙江绍兴的广宁桥、义乌的古月桥、余姚的通济桥，及湖南邵阳的石羊桥等；浮桥，如浙江明州的灵桥、处州（今浙江丽水）的平政桥、台州的中津桥和利涉桥等。

总而言之，长江流域的桥梁自唐后期开始增多，以两浙地区最为集中，其次是江西和两湖地区，桥梁的建设方便了人们出行。

三、陆路交通工具

唐宋时期，为适应社会经济的发展，陆路交通线大增，长江流域内一些城市成为重要交通枢纽，如"襄阳荆鄂十道之要路，公私往来，充给实繁"[①]；建康"西引蜀汉，南下交广，东会沧海，北达淮泗"[②]。其中，马、驴、牛、骡、车、轿是主要的陆路交通工具。

马匹主要用于官方驿传，供传递紧急文书和官员执行公务使用。唐制，"凡三十里一驿"，"驿之闲要以定马数。都亭七十五匹；诸道之第一等，减都亭之十五；第二、第三皆以十五为差；第四减十二；第五减六；第六减四。其马官给。有山陂险峻之处及江南、岭南暑湿不宜大马处，兼置蜀马。"[③] 规定了驿马的数量，其中提到"蜀马"，据东晋常璩《华阳国志》记载，蜀马为汶山郡、巴西郡、巴郡垫江所产，体格小而紧凑，腿粗短，性温顺，适于山地乘驮、引重。至两宋时，因朝廷一直与契丹、西夏、金等政权对立，马匹使用频率不及唐

---

① 周绍良主编：《全唐文新编》第3部第4册，卷724《李邕·徐襄州碑》，吉林文史出版社2000年版，第8307页。
② ［宋］王象之：《舆地纪胜》4，卷17《江南东路·建康府》，清咸丰刻粤雅堂本。
③ ［唐］李隆基撰，［唐］李林甫注，［日］广池千九郎校注，内田智雄补订：《大唐六典》，卷5《尚书兵部·驾部郎中员外郎》，第127页。

朝。南宋时曾先后在饶州、临安府、汉阳军、和州等置牧马监。民间也有蓄马者，如北宋熙宁五年（1072 年），日本僧人成寻入宋，在杭州街上曾见到"兔马二匹，一匹负物，一匹人乘，马大如日本二岁小马，高仅三尺许，长四尺许，耳长八寸计，似兔耳形"①。

在马匹不足的情况下，有时也会用驴替代，如唐代会昌五年（845 年）日本僧人圆仁入唐求法时，"从盱眙县至扬州九驿，无水路。文书笼驮，每驿赁驴之"②。牛、骡偶尔也有使用。如北宋熙宁九年（1076 年）四月丙戌，宋神宗命郭逵等由湖南往广西运粮，着"买水牛驮米"，其余用"小车、骡子往来驮载"③。

车是陆路交通的主要工具。隋代规定车为四等，前两等马驾之，后两等牛驾之。至唐代，"三公已下车辂，皆太仆官造贮掌。若受制行册命及二时巡陵、婚葬则给之。自此之后，皆骑马而已"④，且"贵贱所行，通鞍马而已"⑤，乘车被骑马取代，车转而用来运输货物。宋代沿袭唐朝之风，初以骑马为主，之后乘轿之风渐兴，乘车较少。

从现存典籍记载来看，长江流域人们出行有乘车者，如陆游《老学庵笔记》中载，杭州"京师承平时，宗室戚里岁时入禁中，妇女上

---

① ［日］释成寻：《参天台五台山记》，转引自曹家启：《唐宋时期南方地区交通研究》，浙江大学博士学位论文，2001 年，第 118 页。

② ［日］圆仁撰，顾承甫、何泉达点校：《入唐求法巡礼行记》卷 4，上海古籍出版社 1986 年版，第 189 页。

③ ［宋］李焘，［清］黄以周等辑补：《宋史要籍汇编·续资治通鉴长编 附拾补》，卷 274《神宗熙宁九年夏四月丙戌朔》，上海古籍出版社 1986 年版，第 2580 页。

④ ［后晋］刘昫等：《旧唐书》，卷 45《舆服志》，中华书局 1975 年版，第 1935 页。

⑤ ［后晋］刘昫等：《旧唐书》，卷 45《舆服志》，第 1950 页。

犊车"①，四川"成都诸名族妇女，出入皆乘犊车"，其中"城北郭氏车最鲜华，为一城之冠，谓之郭家车子"②。在他的《水龙吟·春日游摩诃池》词中有"看金鞍争道，香车飞盖，争先占、新亭馆"，描写了成都居民外出春游，车马纷纷的景况。

也有用车运货者，如"邛州出铁，烹炼利于竹炭，皆用牛车载以入城"③。四川地区有一种人力推车，宋人高承《事物纪原》里云此为诸葛亮所制"流马"，"民间谓之江州车子"④。曾敏行《独醒杂志》中载"江乡有一等车，只轮两臂，以一人推之，随所欲运。别以竹为箅，载两旁，束之以绳，几能胜三人之力。登高度险，亦觉稳捷，虽羊肠之路可行"⑤，说的也是这种车子。北宋熙宁九年（1076年），皇帝曾降旨向"京西南路借江州车一二千两，以备运粮"⑥。江苏镇江地区有"羊头车"，据文献载："镇江以东，有独轮小车，凡百乘载皆用之。一人挽于前，一人推于后，谓之羊头车。书籍未见载此名者，独张文潜《输麦行》云'羊头车子毛布囊'。"⑦苏轼有《画车二首》即是描写用此车运水入城。1976年，在湖南长沙咸嘉湖小学院内发掘的唐墓中出土了一件青瓷牛拉车模型，⑧亦可反映长江流域用车的情况。

另一种交通工具轿子，古已有之。然在唐代，乘轿限制严格，只

---

① ［宋］陆游撰，李剑雄、刘德权点校：《老学庵笔记》卷1，第4页。
② ［宋］陆游撰，李剑雄、刘德权点校：《老学庵笔记》卷2，第24页。
③ ［宋］陆游撰，李剑雄、刘德权点校：《老学庵笔记》卷1，第12页。
④ ［宋］高承：《事物纪原》，中华书局1989年版，第284页。
⑤ ［宋］曾敏行：《独醒杂志》卷9，知不足斋丛书刊本。
⑥ ［宋］李焘，［清］黄以周等辑补：《宋史要籍汇编·续资治通鉴长编 附拾补》，卷274《神宗熙宁九年夏四月己丑》，第2581页。
⑦ ［宋］苏轼：《苏东坡全集》3，北京燕山出版社2009年版，第1117页。
⑧ 熊传新、陈慰民：《湖南长沙咸嘉湖唐墓发掘简报》，《考古》1980年第6期。

限于皇家及一些朝廷命官等乘坐，直到北宋，乘轿之风在民间逐步蔓延，士庶阶层也开始乘轿，北宋末东京城甚至出现了"肩舆赁轿之家"①，江浙地区乘轿出行则更普遍。南宋初年，宋室南渡，马匹不多，道路泥滑，"始听百官乘轿"②，至南宋中期，"则无人不乘轿矣"③。如当时杭州城清明时节"女乘花轿"④，城中居民嫁娶时则"引迎花担子或棕担子藤轿，前往女家"⑤。轿子种类甚多，除了刚提到的花轿、藤轿，还有竹轿，"正方，饰有黄黑二等，凸盖无梁，以簟席为障，左右设牖，前施帘，舁以长竿二，名曰竹轿子，亦曰竹舆"⑥。

第五节　日常用具

相较之前，这一时期长江流域日常生活用具种类增多，制作更加精良，一定程度上反映出唐宋时期长江流域经济的发展，也体现了人们对美好生活的追求。

一、扇子的使用

长江流域人们使用扇子的历史悠久。随着社会生活发展的需要，扇子的材质、形状不断丰富变化。从现存的唐宋文献典籍以及考古实

---

① 瞿宣颖纂辑，戴维校点：《中国社会史料丛钞甲编397》，湖南教育出版社2009年版，第638页。
② ［宋］李心传：《建炎以来系年要录》，卷10《建炎元年十一月丁亥朔》，第187页。
③ ［宋］朱熹：《朱子语类》，卷128《法制》，四库全书本。
④ ［宋］吴自牧：《梦粱录》，卷2《清明节》，第12页。
⑤ ［宋］吴自牧：《梦粱录》，卷20《嫁娶》，第188页。
⑥ ［元］脱脱等：《宋史》，卷150《舆服志》，第3510页。

物来看，唐宋时期长江流域的扇子主要有以下几种。

羽扇，魏晋南北朝时期最为流行。唐宋时，长江流域一些地方仍有用羽扇者，如《宋史》记载宋恭宗德祐元年（1275年）元兵围潭州（今湖南长沙），因箭矢用完，守将李芾"命括民间羽扇，羽立具"①。浙江湖州自古以来就是羽扇的产地，唐代颜真卿任湖州刺史时作《湖州石柱记》一文，提到吴兴事兼及姚苌雉尾扇，"羽扇之擅，名于吴兴久矣"②，说明浙江湖州羽扇至迟在唐代已闻名于世。

竹扇，南方民间常见，比较著名的就是黄州竹扇，因宋人沈作喆《哀扇工歌》而为后世所熟知：

> 黄州竹扇名字著，织扇供官困追捕。使君开府未浃旬，欲戴纶巾挥白羽。新模巧制旋剪裁，百中无一中程度。犀革镶柄出虫鱼，麝煤熏纸生烟雾。戴山老姥羞翰墨，汉宫佳人掩纨素。衙内白取知何名，帐下雄拿不知数。供输不办棰楚频，一朝赴水将谁诉。使君崇重了不闻，呜呼何以慰黎庶。闻道园家卖菜翁，又说江南打鱼户。号令亟下须所无，官不与钱期限遽。归来痛哭辞妻儿，宿昔投缳挂枯树。一双婉婉良家子，吏兵夺取名为顾。弟兄号叫邻里惊，两家吞声丧其姁。死者已矣可奈何，冤魂成群空号呼。杀人纵欲势位尊，贪残无道天所怒。邦人蓄愤不敢言，君其拊马章台路。③

沈作喆以诗来揭露南宋高宗时期江西南路漕运使魏良臣的贪残罪行。诗中提到了"黄州竹扇"，当时的黄州治所在今湖北黄冈，《宋史·五

---

① ［元］脱脱等：《宋史》，卷450《李芾列传》，第13255页。
② ［清］张燕昌：《羽扇谱》，上海古籍出版社2002年版，第675页。
③ ［清］陆绍曾辑：《古今名扇录》，上海古籍出版社2002年版，第511页。

行志》载宋大中祥符元年（1008年）黄州曾献异竹，可知其地产竹。

纨扇，也称团扇、宫扇。唐宋时期因长江流域丝织业发展，许多丝织物成为制扇的好材料，这一时期，四川及江苏苏州、浙江杭州纨扇制作技术发展很快，产品精美。南宋临安店铺中出售的团扇种类有细花绢扇、细色纸扇、异色影花扇、细扇、张人画山水扇等。① 在扇上题诗作画也成为趋势，如苏轼暂居钱塘时曾在白团夹绢扇上题画，也提到钱塘"某家以制扇为业"②。1975年，在江苏金坛南宋周瑀墓中出土了两把团扇，其中一把木柄杆、竹丝骨，扇面裱纸施柿汁，黑漆边；另一把为雕漆镂空转柄扇。③

折扇，也称折叠扇、撒扇、聚头扇，以竹、檀香木、象牙、棕竹等为扇骨。虽然关于折叠扇的出现众说纷纭，但可以肯定的是宋代已有折叠扇，宋郭若虚《图画见闻志》中载："（宋熙宁丙辰冬，高丽）彼使人每至中国，或用折叠扇为私觌物。其扇用鸦青纸为之，上画本国豪贵，杂以妇人、鞍马。或临水为金砂滩暨莲荷、花木、水禽之类，点缀精巧。又以银泥为云气月色之状，极可爱，谓之倭扇，本出于倭国也。"④ 至南宋时，杭州已有专门售卖折扇的店铺，《西湖老人繁胜录》中记载，临安"诸行市"中就有"纸扇行"⑤；另外，杭州还有街巷因集中了众多制扇作坊和扇子店铺而得名，如《咸淳临安志》"坊巷"中载："钦善坊。井亭桥南，俗呼闻扇子巷。"⑥ 宋金诗词中写折扇者颇多，如金章宗《蝶恋花·聚骨扇》曰："几股湘江龙

---

① [宋] 吴自牧：《梦粱录》，卷13《夜市》，第119页。
② [清] 陆绍曾辑：《古今名扇录》，第548页。
③ 肖梦龙：《江苏金坛南宋周瑀墓发掘简报》，《文物》1977年第7期。
④ [宋] 郭若虚：《图画见闻志》，卷6《近事·高丽国》，辽宁教育出版社2001年版，第66页。
⑤ 王仲尧：《南宋临安文化市场初探》，《商业经济与管理》2002年第12期。
⑥ [宋] 潜说友：《咸淳临安志》第3册，卷19《坊巷》，第772页。

骨瘦，巧样翻腾，叠作湘波皱"①，"湘江龙骨"是指以湘妃竹作扇骨。1978年，江苏武进南宋墓中出土的黑漆奁上画有一手持折扇的仕女，②折扇有五根扇骨，扇面绘有花鸟。

二、灯具

唐宋时期民间主要照明用具是蜡烛，时有许多以蜡烛炫富的故事，如五代吴国国君杨渥居丧期间，"燃十围之烛以击球，一烛费钱数万"③。

除了蜡烛，灯也渐渐普及，在材质方面，铜、铁、锡、银、石等用于油灯的制作，最常见的是青瓷灯。燃料方面，这一时期出现了以植物油、鱼油为燃料的灯。此前的灯具多用动物油脂，灯油昂贵，故而南朝梁简文帝有《看灯赋》诗云："南油俱满，西漆争然。"④南宋时还流行一种省油灯，又称夹瓷盏。陆游《老学庵笔记》中记载：

> 《宋文安公集》中有"省油灯盏"诗。今汉嘉有之，盖夹灯盏也。一端作小窍，注清冷水于其中，每夕一易之。寻常盏为火所灼而燥，故速干。此独不然，其省油几半。邵公济牧汉嘉时，数以遗中朝士大夫。⑤

---

① 辜正坤、胡双宝主编：《中国古代名诗三百首》，北京出版社2000年版，第379页。
② 左烨、黄懿君：《话说折扇——锡博藏箑拾珍》，《书画艺术》2004年第2期。
③ [宋]孔平仲：《续世说》，卷9《汰侈》，山东人民出版社2018年版，第194页。
④ 王余、李北星：《灯景·灯品·灯情——历代诗词曲中的灯彩世界》，西南交通大学出版社2013年版，第3页。
⑤ [宋]陆游撰，李剑雄、刘德权点校：《老学庵笔记》卷10，第130页。

此灯主要流行于"青衣江以东，沱江以西，岷江以北，大巴山以南，即今之四川盆地范围之内"①。近年来考古发现，重庆涪陵石沱墓区出土的一盏宋代省油灯，②与陆游所描述的形制一样。

不仅如此，这一时期，兼有实用和装饰性的灯彩开始大量用于宫廷和灯节之中。唐代以来元宵赏灯更盛，如《雍洛灵异小录》载："唐朝正月十五夜，许三夜夜行，其寺观街巷灯明若昼，山棚高百余尺，神龙以后复加严饰。"③宋代沿袭这一风俗，从正月十五开始，元宵赏灯京城持续五天、各地府州县三天，如程汉《金陵元夕》云："三山火照琼花发，人在南天白玉京。"④田况《成都遨乐诗二十一首·上元灯夕》描述了宋代成都元宵灯会的情景：

予赏观四方，无不乐嬉游。唯兹全蜀区，民物繁他州。春宵宝灯然，锦里香烟浮。连城悉奔骛，千里穷边陬。袆袆合绣袂，轹辘驰香辀。人声震雷远，火树华星稠。鼓吹匝地喧，月光斜汉流。欢多无永漏，坐久凭高楼。民心感上恩，释呗歌神猷。齐音祝东北，帝寿长嵩邱。⑤

庄季裕《鸡肋编》中载，"成都元夕，每夜用油五千斤"⑥，可见当时元宵节庆之盛大。

灯彩的类别，《醉翁谈录》中道："有灯球、灯槊、绢灯笼、日月

---

① 姚军：《关于邛窑省油灯问题的探讨》，《四川文物》2001年第3期。
② 袁进京：《重庆市涪陵区石沱遗址1998年度发掘报告》，《北京文物与考古》2002年第6期。
③ 瞿宣颖纂辑，戴维校点：《中国社会史料丛钞甲编397》，第601页。
④ 尚秉和：《历代社会风俗事物考》，岳麓书社1991年版，第368页。
⑤ 朱晓剑：《闲雅成都》，东南大学出版社2017年版，第136页。
⑥ ［宋］庄绰撰，萧鲁阳点校：《鸡肋编》，卷上《各地岁时习俗》，第21页。

灯、诗牌绢灯、镜灯、字灯、马骑灯、凤灯、水灯、琉璃灯、影灯。诸灯之最繁者,棘盆灯为上。"①《西湖老人繁胜录》中有"诸般琉珊子灯、诸般巧作灯、福州灯、平江玉棚灯、珠子灯、罗帛万眼灯",另有纸灯若干,"沙戏灯、马骑灯、火铁灯、进槌架灯、像生鱼灯、一把蓬灯、海鲜灯、人物满堂红灯"② 等。南宋时,灯彩样式翻新、品种增多,其中长江流域的苏州、新安是有名的制灯产地。《武林旧事》中载:

> 灯品至多,苏、福为冠,新安晚出,精妙绝伦。所谓"无骨灯"者,其法用绢囊贮粟为胎,因之烧缀,及成去粟,则混然玻璃球也。景物奇巧,前无其比。又为大屏,灌水转机,百物活动。……鱿灯,则刻镂金珀玳瑁以饰之。珠子灯则以五色珠为网,下垂流苏,或为龙船、凤辇、楼台故事。羊皮灯则镞镂精巧,五色妆染,如影戏之法。罗帛灯之类尤多,或为百花,或细眼,间以红白,号"万眼罗"者,此种最奇。外此有五色蜡纸,菩提叶,若沙戏影灯,马骑人物,旋转如飞。又有深闺巧娃,剪纸而成,尤为精妙。又有以绢灯剪写诗词。③

以上介绍了苏州、福州、新安等地的各类灯品,皆制作精妙。

三、雨具

雨具是人们出行常备用品。早在先秦时期,雨衣就已发明,有蓑

---

① [宋]金盈之撰,周晓薇校点:《新编醉翁谈录》,卷3《京城风俗记》,辽宁教育出版社1998年版,第10—11页。
② 李苍彦编:《中华灯彩》,北京工艺美术出版社2013年版,第27页。
③ [宋]四水潜夫辑:《武林旧事》,卷2《灯品》,浙江人民出版社1984年版,第34页。

衣、油衣。蓑衣、蓑帽，多用茅草结衣，农夫和渔人用之。长江流域盛产箬竹，人们常用竹子编制蓑帽，唐代张志和《渔父歌五首》中有"青箬笠，绿蓑衣，斜风细雨不须归"①。古时植物油未发明时，油衣、油帽因价格昂贵，多权贵使用。唐宋以来，油衣、油帽多用油绢制成，变得普遍，"取好紧薄绢，捣练如法后制造。以生丝线夹缝缝。上油，每度干后，以皂角水净洗，又再上。如此水试不漏，即止。即油衣常软，兼明白，且薄而光透"②。唐钱起有《咏白油帽送客》诗云："薄质惭加首，愁阴幸庇身。卷舒无定日，行止必依人。"③

除此之外，伞，古已有之，或防雨，或防晒，出行常备。《夷坚乙志》中载："政和末，张魏公自汉州与乡人吴鼎同入京省试。徒步出大散关，遇暴雨，而伞为仆先持去，无以障，共趋入粉壁屋内避之。"④ 五代南唐人周则，"少贱，以造雨伞为业"，平常"日造二伞货之"⑤。

四、文房用具

在长江流域，笔的历史十分悠久，湖南、湖北楚墓中都曾出土过毛笔实物。唐宋以来，笔的种类增多，工艺精进。

竹丝笔，出现于晋代，为当时文人所爱，相传王羲之《行书帖》真迹就是用此种笔写成。宋代，竹丝笔制作有了较大发展，并出现技艺高超的制笔工。《负暄野录》中载："吴俗近日却有用竹丝者，往往

---

① [宋]郭茂倩编撰：《乐府诗集》下，第1006页。
② [唐]韩鄂原编，缪启愉校释：《四时纂要校释》，卷3《夏令·六月·制油衣》，农业出版社1981年版，第162页。
③ 黄勇主编：《唐诗宋词全集》第2册，第745页。
④ 白化文总主编，王娟分典主编：《中华大典·民俗典·口头民俗分典》2，同心出版社2011年版，第1260页。
⑤ [宋]陶穀：《清异录》，卷下《器具门》，第88页。

以法揉制，使就挥染"，且"江西亦有缉竹为轻绨者"①。宋岳珂《玉楮集》有《试庐陵贺发竹丝笔诗》，赞庐陵笔工贺发所制竹丝笔，曰："此君素以直节名，延风揖月标韵清。何人心匠出天巧，缕析毫分匀且轻。居然束缚复其始，即墨纡朱封管城。世间官爵岂必计，且幸一家同汗青。"②

宣笔，以产地宣城（今安徽宣城）而得名，有紫毫笔、鼠须笔、鸡距笔等众多种类。唐代，宣城紫毫笔成为贡品，白居易《紫毫笔》诗中有："紫毫笔，尖如锥兮利如刀。江南石上有老兔，吃竹饮泉生紫毫。宣城之人采为笔，千万毛中拣一毫。毫虽轻，功甚重。……每岁宣城进笔时，紫毫之价如金贵。"③ 从诗中可知每年宣城要向朝廷进贡紫毫笔，主要采野兔之毫为原料。鸡距笔也很流行，白居易有《鸡距笔赋》题曰"以中山兔毫作之尤妙为韵"，其赋赞曰：

> 足之健兮有鸡足，毛之劲兮有兔毛。就足之中，奋发者利距；在毛之内，秀出者长毫。合为乎笔，正得其要。象彼足距，曲尽其妙。圆而直，始造意于蒙恬；利而锋，终骋能于逸少。始则创因智士，制在良工。拔毫为锋，截竹为筒。视其端，若武安君之头锐；窥其管，如元元氏之心空，岂不以中山之明视劲而迅，汝阴之翰音勇而雄。一毛不成，采众毫于三穴之内，四者可弃，取锐武于五德之中。双美是合，两揆相同，故不得兔毫，无以成起草之用；不名鸡距，无以表入木之功。……是以搦之而变成金距，书之而化作银钩。夫然，则董狐操可以修为良史，宣尼

---

① ［宋］陈槱：《负暄野录》，卷下《论笔料》，中华书局1985年版，第13页。
② ［宋］岳珂：《玉楮集》，卷8《试庐陵贺发竹丝笔诗》，四库全书本。
③ ［宋］郭茂倩编撰：《乐府诗集》下，第1177页。

握可以删定春秋。其不象鸡之羽者，鄙其轻薄；不取鸡之冠者，恶其软弱。斯距也，如剑如戟，可系可缚，将壮我之毫芒，必假尔之锋锷。遂使见之者书狂发，秉之者笔力作。挫万物而人文成，草八行而鸟迹落。①

言辞虽有夸张，但从中不难看出宣笔从选料到制作都十分考究，因此深得当时人们的喜爱。

唐代比较有名的制笔名家如宣城黄晖，以制鸡距笔著称，僧齐已《寄黄晖处士诗》云："蒙氏艺传黄氏子，独闻相继得名高。锋芒妙夺金鸡距，纤利精分玉兔毫。"② 制笔世家宣城陈氏，宋邵博《闻见后录》载："宣城陈氏家传右军求笔帖，后世益以作笔名家"③。

到了宋代，宣笔的制作取得了进一步发展，出现了众多制笔名家，地域也不仅限于宣城，而扩及江苏、浙江等地。其中，最有名的是制笔世家宣城诸葛氏，在唐代已有盛名，北宋苏洵曾赞："诸葛氏笔，譬如内法酒、北苑茶，他处纵有佳者，尚难得其仿佛。"④ 据传当时一支"酬十金"，号为"翘轩宝帚"⑤。其名声最大的是诸葛高，典籍中也多有记载，《宣城事函》中道"诸葛高世工制笔，最称颂于荐绅间"⑥，梅尧臣《次韵永叔试诸葛高笔戏书》中称"笔工诸葛高，

---

① 周绍良主编：《全唐文新编》第3部第3册，卷656《白居易》，第7423—7424页。
② [清]梁同书：《笔史》，《笔之匠》，中华书局1985年版，第9页。
③ [宋]邵博：《邵氏闻见后录》卷28，上海书店出版社1990年版。
④ [宋]梅尧臣著，朱东润编年校注：《梅尧臣集编年校注》下，卷29《嘉祐四年（1059年）》，上海古籍出版社1980年版，第1094页。
⑤ 邓之诚：《骨董琐记全编》下，《骨董续记》卷1《诸葛笔》，生活·读书·新知三联书店1955年版，第312页。
⑥ [宋]梅尧臣著，朱东润编年校注：《梅尧臣集编年校注》下，卷29《嘉祐四年（1059年）》，第1094页。

海内称第一"①，此人擅制三副笔，欧阳修《圣俞惠宣州笔戏书》诗云："宣人诸葛高，世业守不失。紧心缚长毫，三副颇精密。硬软适人手，百管不差一。"②说的便是诸葛高所制三副笔。散卓笔，其"大概笔长寸半，藏一寸于管中"③，苏轼称其"惟诸葛能之。他人学者，皆得其形似而无其法，反不如常笔"④。其他见诸史书的还有李晟、许颂，欧阳修《笔说》中称："余书惟用李晟笔，虽诸葛高、许颂，皆不如意。"⑤吴政、吴说父子，苏轼赞其"笔工而独耐久，吾甚嘉之"⑥；吴无至，"作无心散卓，大小皆可人意。然学书人喜用宣城诸葛笔，著臂就案，倚笔成字，故吴君笔亦少喜之者"⑦；李展，擅制鸡距笔，"弋阳李展鸡距，书蝇头万字而不顿，如庖丁发硎之刃"⑧；许頔，江苏常州人，擅制鼠须笔、长心笔，宋蔡襄称"宣州诸葛高，造鼠须及长心笔绝佳，常州许頔所造二品，亦不减之"⑨；等等。可见当时宣笔的影响之大。

毛笔要蘸墨写字，早在殷墟甲骨之上就有墨迹出现。湖北江陵凤

---

① ［宋］梅尧臣著，朱东润编年校注：《梅尧臣集编年校注》下，卷29《嘉祐四年（1059年）》，第1093—1094页。

② ［宋］欧阳修著，李之亮笺注：《欧阳修集编年笺注》3，卷54《圣俞惠宣州笔戏书》，巴蜀书社2007年版，第480页。

③ 茹桂主编：《美术辞林·书法艺术卷》，陕西人民美术出版社1992年版，第539页。

④ ［宋］苏轼著，屠友祥校注：《东坡题跋》，卷5《书诸葛散卓笔》，上海远东出版社1996年版，第310页。

⑤ ［清］梁同书：《笔史》，《笔之匠》，第10页。

⑥ ［宋］苏轼：《苏轼集》，卷4《书王定国赠吴说帖》，黑龙江人民出版社2005年版，第1798页。

⑦ ［宋］黄庭坚著，屠友祥校注：《山谷题跋》，卷1《书吴无至笔》，上海远东出版社1999年版，第23页。

⑧ ［宋］黄庭坚著，屠友祥校注：《山谷题跋》，卷1《书侍其瑛笔》，第26页。

⑨ ［清］梁同书：《笔史》，《笔之匠》，第12页。

凰山楚墓中发现西汉早期的墨粒,表明长江流域用墨历史悠久。古时,制墨原料主要是松烟、石墨,宋人《墨经》中载,"石墨自魏晋以后无闻,松烟之制尚矣"①,唐初,易、潞二州(今河北、山西一带)用松烟所制之墨闻名于世。安史之乱后,北方一些墨工如易水制墨名家奚超,世代制墨,其父奚鼐是唐代制墨高手,因战乱移居歙州(今安徽歙县),"宣歙之松,类易水"②,故仍以制墨为业,所造墨"坚如玉,具纹如犀,写逾数十幅,不耗一二分"③。其子奚廷珪因制墨受南唐李后主赏识,赐姓"李",其所制墨称为"李墨",将其与澄心堂纸、龙尾石砚(即歙砚)并列为"天下之冠",宋书法家蔡襄则称之"能削木,坠沟中,经月不坏"④。南唐时,除了李墨,还出现了歙州耿氏、宣州盛氏、歙州朱逢等制墨名家,其中朱逢深得南唐宰相韩熙载意,曾命其"于书馆旁烧墨供用",所制墨"曰玄中子,又自名麝香月"⑤。北宋宣和三年(1121年),改歙州为徽州,领黟、歙、休宁、祁门、绩溪、婺源六县,自此徽墨盛行于世,经久不衰。

宋代以来,擅制徽墨的名家辈出,有名可考的如潘谷、沈珪、张遇、吴滋、张处厚、高景修、汪通等。其中潘谷制墨,"次廷珪,亦贵重"⑥,《墨经》中认为"潘谷之煤,人多有之,而人制墨,莫有及谷者,正在煎胶之妙"⑦,且"注油取烟、和胶制料,悉以己意为之,

---

① [宋]晁说之:《晁氏墨经》,《松》,中华书局1985年版,第1页。
② [宋]晁说之:《晁氏墨经》,《松》,第2页。
③ [宋]苏易简等撰:《文房四谱(外十二种)》,卷5《墨谱·二之造》,上海古籍出版社1991年版,第53页。
④ [宋]王辟之:《渑水燕谈录》,卷8《事志》,中华书局1981年版,第97页。
⑤ [宋]陶穀:《清异录》,卷下《文用门》,第92页。
⑥ 张小庄:《清代笔记、日记中的书法史料整理与研究》上,中国美术学院出版社2012年版,第215页。
⑦ [宋]晁说之:《晁氏墨经》,《胶》,第7页。

不同作墨家常制"①,所制松丸、狻猊等墨,极精妙。苏轼有诗赞曰:

> 徂徕无老松,易水无良工。珍材取乐浪,妙手惟潘翁。鱼胞熟万杵,犀角盘双龙。墨成不敢用,进入蓬莱宫。蓬莱春昼永,玉殿明房栊。金笺洒飞白,瑞雾萦长虹。遥怜醉常侍,一笑开天容。②

此人还擅于辨别墨品,世称"墨仙"。沈珪取古松煤杂松脂漆滓烧烟,名"漆烟",人称其墨"十年如石,一点如漆"③;张遇因创制油烟墨"龙香剂"著称;吴滋制墨,"滓不留砚",得宋孝宗赞赏。④

宋代黟、歙还有造白墨者,据传,其墨"色如银,迨研讫,即与常墨无异"⑤。潭州胡景纯擅制"桐花烟"墨,画工喜用,"大者不过数寸,小者圆如钱大。每磨研间,其光可鉴"⑥。金代江左人杨文秀擅制墨,"不用松烟而用灯煤",《赋南中杨生玉泉墨》诗赞曰:"万灶玄珠一唾轻,客卿新以玉泉名。御团更觉香为累,冷剂休夸漆点成。"⑦

---

① 张小庄:《清代笔记、日记中的书法史料整理与研究》上,第215页。
② [宋]苏轼:《苏东坡全集》2,卷25《孙莘老寄墨四首》,第627页。
③ [宋]何薳:《墨记》,载顾宏义主编,[宋]苏易简等著:《宋元谱录丛编:文房四谱(外十七种)》,上海书店出版社2015年版,第135页。
④ 张秉伦等:《安徽科学技术史稿》,安徽科学技术出版社1990年版,第116页。
⑤ [宋]苏易简等撰:《文房四谱(外十二种)》,卷5《墨谱·二之造》,第54页。
⑥ [宋]何薳:《墨记》,载顾宏义主编,[宋]苏易简等著:《宋元谱录丛编:文房四谱(外十七种)》,第138页。
⑦ [金]元好问:《传世藏书·集成·别集7元好问集》,卷9《赋南中杨生玉泉墨》,海南国际新闻出版中心1996年版,第49页。

墨需搭配砚使用。目前已知最早的砚出土于湖北云梦睡虎地秦墓。从唐代起，出现了"四大名砚"，其中就有长江流域的歙砚。歙砚取材自龙尾石，故又有"龙尾砚"之称，"以金星为贵。其石理微粗，以手摩之，索索有锋芒者尤佳"①。据《歙州砚谱》载：

> 婺源砚。在唐开元中，猎人叶氏逐兽至长城里，见叠石如城垒状，莹洁可爱，因携以归，刊粗成砚，温润大过端溪。后数世，叶氏诸孙持以与令。令爱之，访得匠手研为砚，由是山下始传。②

从上文可知，最晚在唐开元年间，人们已开始制作歙砚。1976年，考古工作者在安徽合肥唐墓发掘出一枚箕形歙石砚，长20厘米，上宽11厘米，下宽15厘米，高3.5厘米，青碧色，圆首方形双足，据鉴定该墓年代为唐开成五年（840年）。③南唐李后主在歙州设置砚务官，专司制砚事宜，歙砚进入辉煌时期。南唐灭亡后，歙砚停产，直至北宋景祐年间钱仙芝任歙州知州时，疏浚溪流，清理歙石坑，歙砚生产才又得到发展，涌现出一批制砚高手，如刘福诚、周全、周进诚、朱明等。④同时，论述歙砚的专著先后问世，其中包括湖北襄阳人米芾撰写的《砚史》。

宋代，欧阳修任夷陵县令时曾寻得一枚归州大沱石砚，"其色青

---

① ［宋］欧阳修：《砚谱》，载顾宏义主编，［宋］苏易简等著：《宋元谱录丛编：文房四谱（外十七种）》，第171页。
② ［宋］唐积：《歙州砚谱·采发第一》，载顾宏义主编，［宋］苏易简等著：《宋元谱录丛编：文房四谱（外十七种）》，第175页。
③ 张秉伦等：《安徽科学技术史稿》，第118页。
④ ［宋］唐积：《歙州砚谱·匠手第九》，载顾宏义主编，［宋］苏易简等著：《宋元谱录丛编：文房四谱（外十七种）》，第180页。

黑斑斑，其文理微粗，亦颇发墨"①，据说只在川峡地区流行。

其他配套文房用品，用来搁笔的工具——笔架，亦称笔搁、笔格。唐代流传下来的笔架极为罕见，但从文献记载来看，当时笔架已成为常用之物，如杜甫《题柏大兄弟山居屋壁二首》诗中有"笔架沾窗雨"②，陆龟蒙《和袭美江南道中怀茅山广文南阳博士三首次韵》诗中有"自拂烟霞安笔格"③。宋代笔架传世品和出土物较多，材质多样，多成山形，故又被称为"笔山"，其中以米芾所藏最为有名，后被宋徽宗"索入九禁"，据称该物原为李后主所用，《避暑漫抄》中载：

> 李后主尝买一砚山，径长才逾尺，前耸三十六峰，皆大犹手指，左右则引两阜坡陀而中凿为砚。及江南国破，砚山因流转数十人家，为米老元章得。④

米芾留有名迹《研山铭》，曰："五色水，浮昆仑，潭在顶，出黑云，挂龙怪，烁云痕，下震霆，泽厚坤，极变化，阖道门。"⑤ 1981年，浙江诸暨南宋董康嗣墓夫妇墓出土了圆形蕉叶白端砚、石雕犀牛镇纸、石雕龟钮水盂以及一件石雕笔架，通体雕琢错落重叠的山峰20座；⑥ 1985年，江西临川县南宋邵武知军朱济南墓中发现一件圆

---

① ［宋］欧阳修：《砚谱》，载顾宏义主编，［宋］苏易简等著：《宋元谱录丛编：文房四谱（外十七种）》，第172页。
② 黄勇主编：《唐诗宋词全集》第2册，第720页。
③ 周振甫主编：《唐诗宋词元曲全集·全唐诗》第12册，黄山书社1999年版，第4656页。
④ ［宋］陆游：《避暑漫抄》，中华书局1985年版，第5页。
⑤ 程明铭：《歙砚与名人》，地质出版社1994年版，第25页。
⑥ 方志良：《浙江诸暨南宋董康嗣夫妇墓》，《文物》1988年第11期。

台形石砚和一件铜笔架，形若群山连绵，形成十一缺搁笔的槽。①

水注，也称砚滴，供研磨装水的文具。宋元时期水注较为盛行，其中以浙江龙泉窑和江西景德镇青白釉制品为代表，器型有方、圆、双桃、莲房、蟾蜍等样式，迄今为止所见最早的瓷质笔架是江苏无锡北宋中期墓出土的影青瓷兽形笔架水注。②

纸作为唐宋时期主要的书写材料，品种众多，这一时期长江流域造纸业取得较大发展，李肇《唐国史补》中载：

> 纸则有越之剡藤苔笺，蜀之麻面、屑末、滑石、金花、长麻、鱼子、十色笺，扬之六合笺，……临川之滑薄。③

文中提到了浙江、四川、江苏、江西等所产纸的名称。五代至宋代，这些地区的造纸技术仍在继续发展。需要注意的是，宋之前藤纸产地以浙江越州为主，到了宋代转向江西抚州，这一点在陈槱《负暄野录》中有明确记载："古称剡藤，本以越溪为胜，今越之竹纸甲于他处，而藤乃独推抚之清江。清江佳处，在于坚滑而不留墨。"④ 越州则以竹纸著称。

四川是主要的造纸产地，初"多以麻为纸"⑤，前面提到的麻面、屑末、滑石、金花等都是麻纸中品质上好的产品。唐代将益州麻纸确定为朝廷专用贡纸，据《新唐书·艺文志》记载，唐玄宗时缮写典

---

① 陈定荣、徐建昌：《江西临川县宋墓》，《考古》1988年第4期。
② 蔡国声：《文房四宝：中国文房古珍鉴藏》，上海三联书店2012年版，第21页。
③ ［唐］李肇等：《唐国史补·因话录》卷下，第60页。
④ ［宋］陈槱：《负暄野录》，卷下《论纸品》，第11页。
⑤ ［宋］苏易简等撰：《文房四谱（外十二种）》，卷4《纸谱·二之造》，第42页。

籍，每月需蜀地麻纸五千番，其用量可见一斑。除了麻纸外，还有皮纸，即以树皮为原料制纸，其中代表为薛涛笺。薛涛笺，明代宋应星《天工开物》中载："亦芙蓉皮为料煮糜，入芙蓉花末汁。或当时薛涛所指，遂留名至今。其美在色，不在质料也。"① 色彩鲜艳成为薛涛笺的特色，深受当时文人雅士喜爱，唐代诗人元稹曾写《寄赠薛涛》诗赞："锦江滑腻蛾眉秀，幻出文君与薛涛。"② 因薛涛晚年居于成都浣花溪畔，薛涛笺又被称"浣花笺"，李商隐《送崔珏往西川》诗中云："浣花笺纸桃花色，好好题诗咏玉钩。"③ 五代前蜀宰相韦庄《乞彩笺歌》则称其"也知价重连城璧，一纸万金犹不惜"④，可见对薛涛笺的钟爱。至宋代，在薛涛笺基础上，谢景初制十种颜色的笺，称十色笺，宋代诗人韩溥《寄弟洎蜀笺诗》有"十样蛮笺出益州，寄来新自浣溪头"，说的即是谢公十色笺。据《笺纸谱》载，其十色分别为"深红、粉红、杏红、明黄、深青、浅青、深绿、浅绿、铜绿、浅云"⑤。另外，蜀地还有一种鱼子笺，即"以细布先以面浆胶令劲挺，隐出其文者，谓之鱼子笺，又谓之罗笺"⑥。唐宋诗人尝有唱和鱼子笺诗，赞扬鱼子笺的外观与质量，如陆龟蒙《袭美以鱼笺见寄，因谢成篇》：

  捣成霜粒细鳞鳞，知作愁吟喜见分。向日乍惊新茧色，临风

---

① [明]宋应星著，钟广言注释：《天工开物》，《杀青》第13卷《造皮纸》，广东人民出版社1976年版，第332页。
② 黄勇主编：《唐诗宋词全集》第3册，第1317页。
③ 黄勇主编：《唐诗宋词全集》第4册，第1730页。
④ 黄勇主编：《唐诗宋词全集》第5册，第2239页。
⑤ [元]费著：《笺纸谱》，载顾宏义主编，[宋]苏易简等著：《宋元谱录丛编：文房四谱（外十七种）》，第274页。
⑥ [宋]苏易简等撰：《文房四谱（外十二种）》，卷4《纸谱·二之造》，第42页。

时辨白萍文。好将花下承金粉,堪送天边咏碧云。见倚小窗亲襞染,尽图春色寄夫君。①

因小巧精美,鱼子笺受到当时文人所推崇。

李肇在《唐国史补》中提到,安徽也是唐宋时期的主要造纸产地。据相关典籍记载,唐代贡纸地区共十一州,其中就有安徽宣、歙、池三州。唐人张彦远《历代名画记》中也说:"好事家宜置宣纸百幅,用法蜡之,以备摹写。古时好拓画,十得七八,不失神采笔踪。"② 可见在唐代,号称"纸寿千年"的宣纸已负有盛名。五代南唐李后主曾将安徽澄心堂纸视为"天下之冠",宋代梅尧臣也赞其"滑如春冰,密如茧"③。宋代安徽地区已能生产巨幅匹纸,苏易简《文房四谱》中明确记载:

> 黟、歙间多良纸,有凝霜、于心之号,复有长者,可五十尺为一幅。盖歙民数日理其楮,然后于长船中以浸之,数十夫举帘以抄之,傍一夫以鼓而节之,于是以大熏笼周而焙之,不上于墙壁也。由是自首至尾,匀薄如一。④

足见其造纸技术高超。不仅如此,这一时期宣纸影响力扩大,远销四

---

① 黄勇主编:《唐诗宋词全集》第5册,北京燕山出版社2007年版,第2005页。

② [唐]张彦远:《历代名画记》,卷2《论画体工用拓写》,辽宁教育出版社2001年版,第20页。

③ [宋]梅尧臣:《宛陵先生文集 宛陵集》,卷7《永叔寄澄心室纸二幅》,上海中华书局1936年版。

④ [宋]苏易简等撰:《文房四谱(外十二种)》,卷4《纸谱·二之造》,第42页。

川等地，费著在《笺纸谱》中说：

> 四方例贵川笺，盖以其远，号难致。然徽纸、池纸、竹纸在蜀，蜀人爱其轻细，客贩至成都，每番视川笺价几三倍。①

长江三峡下游宜昌出产夷陵纸，北宋欧阳修《笔说》云：

> 夷陵纸不甚精，然最耐久。余为县令时，有孙文德者，本三司人吏也。尝劝余多藏峡纸，云其在省中，见天下帐籍，惟峡州不朽损，信为然也。今河中府纸，惟供公家及馆阁写官书尔。②

得益于造纸技术的发展，书籍通过缮写保存流传。随着南宋毕昇发明泥活字印刷术，书籍才开始大量出现，文化得以广泛传播。

五、娱乐休闲用器

唐宋时期，人们的娱乐休闲活动更加丰富多彩，"讲古说今，吟诗和曲，围棋抚琴，投壶打马，撇竹写兰"③ 等，娱乐活动的用具与种类不断增多。

弹琴成为这一时期文人雅士娱乐休闲的重要方式。相传为南朝梁代隐士丘明所作的《碣石调幽兰》琴谱流传很广。琴的材质有多种，其中蜀地所产桐木和楚地丝弦所制的琴深受人们喜爱，白居易作《夜

---

① ［元］费著：《笺纸谱》，载顾宏义主编，［宋］苏易简等著：《宋元谱录丛编：文房四谱（外十七种）》，第 274 页。
② ［宋］欧阳修：《欧阳修全集》第 5 册，卷 14《笔说·峡州河中纸说》，上海中央书店 1936 年版，第 105 页。
③ ［宋］吴自牧：《梦粱录》，卷 19《闲人》，第 182 页。

琴》诗吟咏："蜀桐木性实，楚丝音韵清。调慢弹且缓，夜深十数声。入耳淡无味，惬心潜有情。自弄还自罢，亦不要人听。"①为我们描绘了当时弹琴者与听琴者悠然自得的状态。

轧筝，最早的拉弦类乐器，唐代中期，随南诏国进贡传入，《新唐书·南蛮传》载南诏奉圣乐："乐用古黄钟方响一、大琵琶、五弦琵琶、大箜篌、倍黄钟竿栗、小竿栗、筝、笙、埙、挡筝、轧筝、黄钟箫、笛。"②之后长期流行于民间。

早在魏晋南北朝时期，长江流域的浙江衢州信安郡就有"王质观棋烂柯"③的传说。古人对弈，所用棋盘材质多样，最流行的属木制棋盘，但从出土物来看，也有瓷质棋盘。1971年，在湖南湘阴唐墓中曾出土15道线瓷棋盘；④1978年，在四川万县（今重庆市万州区）驸马公社驸马大队的一座唐墓中出土了一件青瓷围棋盘。⑤宋代还有一种织锦棋盘，产于成都，诗人楼钥曾作《织锦棋盘诗》：

> 锦城巧女费心机，织就一枰如许齐。仿佛回文仍具体，纵横方罫若分畦。烂柯未易供仙弈，画纸何须倩老妻。如欲拈棋轻且称，富求白象与乌犀。⑥

织锦棋盘质地柔软，精美绝伦，且轻便、易于携带。唐代以前，棋子多以天然玉、石制成，宋代杜绾《云林石谱》中专门介绍石棋子：

---

① 鲁文忠选注：《中国古代音乐诗200首》，上海音乐出版社1993年版，第169页。
② [宋]欧阳修、宋祁等：《新唐书》，卷222下《南蛮传》，第6312页。
③ [南朝梁]任昉：《述异记》卷下。
④ 湖南省博物馆：《湖南湘阴唐墓清理简报》，《文物》1972年第11期。
⑤ 四川省博物馆：《四川万县唐墓》，《考古学报》1980年第4期。
⑥ 何云波：《中国围棋文化史》，武汉大学出版社2015年版，第164期。

第三章　唐宋时期长江流域的物用

> 鄂州沿江而下，隔罗濮之西，土名石匮头。水中产石，如自然棋子，圆熟扁薄，不假人力。黑者宜试金，白者如玉温润。山下有老姥，鬻此石为生。相传神怜媪，故以此给之。①

随着冶炼技术的进步，晚唐云南产的棋子十分流行，傅梦求《围棋赋》中云："枰设文楸之木，子出滇南之炉。"②

隋唐五代时期，风筝成为游戏娱乐的工具，中唐诗人元稹曾写道，"有鸟有鸟群纸鸢，因风假势童子牵"，描写了儿童放风筝的画面。五代时出现"风筝"一词，据明代人撰的《询刍录》中"风筝"条载："风筝，即纸鸢，又名风鸢。初，五代汉李业于宫中作纸鸢，引线乘风为戏。后于鸢首以竹为笛，使风入作声如筝，名俗呼风筝。"③到了宋代，风筝更加普及，周密《武林旧事》中记载南宋杭州城"桥上少年郎，竞纵纸鸢"④，甚至出现专门放风筝的"伎艺人"，如周三、吕偏头。⑤

其他玩具方面，随着唐代陶瓷制作技艺的提高，出现了陶瓷玩具，四川邛窑、湖南的铜官窑都烧制了大量动物形状的瓷质玩具，江苏镇江曾出土一件三彩玩具虎，惟妙惟肖。⑥宋代玩具种类更多，毽子、陀螺、不倒翁、玩具糖果等非常流行。其中比较有特色的是泥孩儿，产地为长江流域的杭州、苏州、常熟等。1976年和1996年，江

---

① [宋]杜绾、[清]诸九鼎、[清]高兆：《云林石谱·石谱·观石录》，商务印书馆1936年版，第31页。
② 陈侃：《围棋文化史料大全》，书海出版社2015年版，第331页。
③ [明]陈沂：《询刍录》，中华书局1985年版，第3页。
④ [宋]四水潜夫辑：《武林旧事》，卷3《西湖游幸　都人游赏》，第39页。
⑤ [宋]四水潜夫辑：《武林旧事》，卷6《诸色伎艺人》，第114页。
⑥ 蒋风主编：《玩具论》，希望出版社1996年版，第3页。

苏镇江五条街小学宋代遗址中先后出土了50多个泥塑像,其中有一组泥孩儿,身上印有戳记,分别为"吴郡包成祖""平江包成祖""平江孙荣"字样,① 应是指其为苏州泥塑艺人包成祖、孙荣所制。竹木玩具在长江流域多有流行,如空竹、竹龙、小鼓等。

第六节　劳作工具

古时人们创造了各种生产、生活工具,它们也反映了当时社会经济发展水平。

一、农具

唐朝出现了用于水田耕作的曲辕犁,因最初在苏州等地推广,故又名江东犁。关于其形制,唐陆龟蒙《耒耜经》中有详细记载。曲辕犁共由11个部件组成,"冶金而为之者曰犁镵,曰犁壁。斫木而为之者曰犁底,曰压镵,曰策额,曰犁箭,曰犁辕,曰犁梢,曰犁评,曰犁建,曰犁盘。木与金凡十有一事"②。相比过去的犁,曲辕犁更加灵活,便于操作,适于深耕细作,"江东之田器尽于是"③,唐后期长江中下游地区广泛使用。

北宋时,长江中下游地区出现了一种用于插秧和拔秧的工具——秧马,据已知史料记载,北宋中期最先出现于荆湖北路鄂州。④ 苏轼曾作《秧马歌》,"并引"中说道:"予昔游武昌,见农夫皆骑秧马。

---

① 刘丽文:《镇江出土宋代泥孩儿》,《收藏》2015年第3期。
② [唐]陆龟蒙:《耒耜经》,中华书局1985年版,第1页。
③ [唐]陆龟蒙:《耒耜经》,第2页。
④ 王瑞明、雷家宏:《湖北通史:宋元卷》,华中师范大学出版社1999年版,第98—99页。

以榆枣为腹,欲其滑,以楸桐为背,欲其轻,腹如小舟,昂其首尾,背如覆瓦,以便两髀,雀跃于泥中,系束藁其首以缚秧。日行千畦,较之伛偻而作者,劳佚相绝矣。"①可知秧马以木制成,形似小船,首尾上翘,能在田间迅速移动,提高了劳作效率。因此,苏轼在广东惠州地区大力推广秧马,并且还借助友人将秧马知识传入江南,《题秧马歌后四首》中写道:"念浙中稻米几半天下,独未知为此,而仆又有薄田在阳羡,意欲以教之。适会衢州进士梁君琯过我而西,乃得指示,口授其详,归见张秉道,可备言范式尺寸及乘驭之状,仍制一枚,传之吴人。"②从而使得秧马在江浙地区推广,如南宋陆游就曾有《孟夏方渴雨忽暴热雨遂大作》诗,描写了绍兴地区"处处跃秧马,家家闲水车"③的景象。

在农田灌溉方面,除了传统的戽斗、桔槔、辘轳等继续使用外,龙骨水车在唐宋时期水田地区得到广泛应用。龙骨水车由东汉末翻车发展而来,一些地区也统称翻车,如《元和郡县图志》中记载江南道蕲春县有"翻车水""翻车城"。据史书记载,唐文宗大和二年(828年),郑国渠、白渠水位降低,需水车提灌,故"命江南征造水车匠"④,反映出江南地区已普遍使用龙骨水车。宋代诗词中常见江浙、江西、淮南等地使用龙骨水车的描述,如苏轼《无锡道中赋水车》诗云:

---

① [宋]苏轼著,邓立勋编校:《苏东坡全集》上,卷4《秧马歌》,黄山书社1997年版,第430页。
② [宋]苏轼著,邓立勋编校:《苏东坡全集》上,卷16《题秧马歌后四首》,第460页。
③ 张春林编:《陆游全集》上,诗集卷46《孟夏方渴雨忽暴热雨遂大作》,中国文史出版社1999年版,第687页。
④ [宋]王钦若等编纂:《册府元龟》第6册,卷497《邦计部·河渠二》,中华书局1960年版,第5955页。

> 翻翻联联衔尾鸦，荦荦确确蜕骨蛇。分畦翠浪走云阵，刺水绿针抽稻芽。洞庭五月欲飞沙，鼍鸣窟中如打衙。天公不见老农泣，唤取阿香推雷车。①

诗中描写的是江苏无锡农民使用水车的情形。再如，南宋释居简《北涧集》中"水利"篇中介绍了蜀地和吴地水车的不同。同时，唐朝还出现了筒车，以木筒或竹筒相连，架设于溪流涧谷，利用水流冲击轮子转动取水，宋代时在民间得到广泛应用，江苏吴县（今苏州市内）虎丘寺剑池曾安装高转筒车，据称，"其高以十丈为准。上下架木，各竖一轮，下轮半在水内。各轮径可四尺。轮之一周，两旁高起，其中若槽，以受筒索。其索用竹，均排三股，通穿为一；随车长短，如环无端。索上相离五寸，俱置竹筒。筒长一尺。……或人踏，或牛曳转上轮，则筒索自下，兜水循槽至上轮；轮首覆水，空筒复下。如此循环不已"②。

唐代盛行水磨，以水流为动力，王祯《农书》称其"以水激之，磨随轮转"③。北宋时梓州永泰（今四川盐亭东）人文同曾写《水碾》诗曰："激水为硙嘉陵民，构高穴深良苦辛。十里之间凡共此，麦入面出无虚人。"④ 描写的是嘉陵江边农户建水碾加工面粉的情形。还

---

① ［元］王祯撰，缪启愉、缪桂龙译注：《农书译注》下，《农器图谱集13 灌溉门》，齐鲁书社2009年版，第631页。
② ［元］王祯撰，缪启愉、缪桂龙译注：《农书译注》下，《农器图谱集13 灌溉门》，第640页。
③ ［元］王祯撰，缪启愉、缪桂龙译注：《农书译注》下，《农器图谱集14 利用门》，第670页。
④ 宁业高、桑传贤编：《中国历代农业诗歌选》，中国农业出版社1988年版，第248页。

有一种水转连磨，是江西等地用于制茶的"茶磨"①。

二、其他生产生活用具

算筹，古代人们计数和演算常用的一种工具。湖南、江苏、湖北等地早期墓葬中都曾发现算筹实物。算筹多用竹制成，也有骨、石、玉、铁等材质的，随着社会经济的发展，其制作工艺越来越复杂。唐人段成式《酉阳杂俎》中称"昔秦皇东游，弃算袋于海，化为鱼形，形如算袋，两带极长"②，可知唐代将算筹装于像墨鱼状的袋子中，这印证了"一品已下带手巾、算袋"③之说。北宋时期，现代意义上的算盘出现，成为商业领域重要的计算工具，这从张择端的《清明上河图》中可看出。南宋杭州人杨辉撰有早期的珠算专著——《乘除通变算宝》，可见算盘在南宋时已得到普遍使用。

随着磁性指南技术的应用，唐代出现了磁罗盘。五代十国时期，罗盘开始用于堪舆。到了北宋，因长江流域的民间信俗、风水文化的流行，堪舆罗盘得到广泛应用，如江西临川南宋朱济南墓出土了手持罗盘陶塑人物，底座书有"张仙人"字样。④ 同时，随着社会的发展，到了宋代，出现了指向更加精准的指南针，沈括《梦溪笔谈》载："方家以磁石磨针锋则能指南。"⑤ 南宋时，指南针被广泛用于航海，吴自牧《梦粱录》中道："风雨晦冥时，惟凭针盘而行，及火长

---

① ［元］王祯撰，缪启愉、缪桂龙译注：《农书译注》下，《农器图谱集 14 利用门》，第 677 页。
② ［唐］段成式：《酉阳杂俎》，前集卷 17《广动植物之二·鳞篇》，第 355 页。
③ ［后晋］刘昫等：《旧唐书》，卷 45《舆服志》，第 1952 页。
④ 陈定荣、徐建昌：《江西临川县宋墓》，《考古》1988 年第 4 期。
⑤ ［宋］沈括：《梦溪笔谈》，卷 24《杂志一·指南针》，上海古籍出版社 2015 年版，第 163 页。

掌之，毫厘不敢差误，盖一舟人命所系也。"①

第七节　节仪物用

唐宋时期，长江流域岁时节庆活动丰富多彩，除了沿用传统的一些器具外，还出现了新的器具。

春节贴对联是一项重要的民俗，有着悠久的历史。相传，五代后蜀后主孟昶曾在桃符板上题联曰："新年纳余庆，佳节号长春。"② 这被认为是最早的对联。至宋代，民间春节开始广泛张贴对联，王安石《元日》诗"爆竹声中一岁除，春风送暖入屠苏。千门万户曈曈日，总把新桃换旧符"③，就是这种风俗的反映。诗中提到的燃放爆竹是春节的另一项传统。

爆竹，前文提到，秦汉时已有。唐时爆竹也称"爆竿"，清人翟灏《通俗编》中说："古时爆竹，皆以真竹着火爆之，故唐人诗亦称'爆竿'。"④ 唐代诗人来鹄《早春诗》中有"新历才将半纸开，小庭犹聚爆竿灰"⑤，指的就是以火烧竹。放爆竹最初用来驱邪，《荆楚岁时记》中称："正月一日，是三元之日也，谓之端月。鸡鸣而起，先于庭前爆竹，以辟山臊恶鬼。"⑥ 随着火药的发明，人们开始将硝石装入竹筒中燃放，便出现了早期的装硝爆竹。相传，唐代吴楚瘟疫流行，醴陵麻石人李畋（也有说湖南浏阳人、江西萍乡人，关于其出生

---

① [宋]吴自牧：《梦粱录》，卷12《江海船舰》，第112页。
② [元]脱脱等：《宋史》，卷479《西蜀孟氏世家》，第13881页。
③ 周啸天主编：《古诗词鉴赏》，四川辞书出版社2018年版，第530页。
④ [清]翟灏：《通俗编》，卷31《俳优》，清乾隆十六年（1751）无不宜斋刻本。
⑤ 黄勇主编：《唐诗宋词全集》第5册，第2055页。
⑥ [南朝梁]宗懔撰，宋金龙校注：《荆楚岁时记》，第1—3页。

地，众说纷纭）用火药填充竹筒燃放以祛除瘴气，被后人尊为花炮始祖。宋代时，人们用纸筒和麻茎裹火药编成串做成"编炮"，现代意义上的鞭炮出现，周密《武林旧事》中载："至于爆仗，……内藏药线，一爇连百余不绝"①。这一时期还出现了烟火，南宋杭州元夕节物中有"以枣肉炭屑为丸，系以铁丝燃之，名'火杨梅'"②，城内有制作烟火的"伎艺人"陈太保、夏岛子。③ 宋代诗词中常见放爆竹的诗句，如范成大《爆竹行》诗云："岁朝爆竹传自昔，吴侬政用前五日。食残豆粥扫罢尘，截筒五尺煨以薪。节间汗流火力透，健仆取将仍疾走。儿童却立避其锋，当阶击地雷霆吼。一声两声百鬼惊，三声四声鬼巢倾。十声百声神道宁，八方上下皆和平。"④ 可知燃放爆竹不再限于春节，其他传统节日或庆典等都可燃放，此习俗相沿至今。

---

① [宋] 四水潜夫辑：《武林旧事》，卷3《岁除》，第46—47页。
② [宋] 四水潜夫辑：《武林旧事》，卷2《元夕》，第32页。
③ [宋] 四水潜夫辑：《武林旧事》，卷6《诸色伎艺人》，第114页。
④ [宋] 范成大著，富寿荪标校：《范石湖集》，卷30《爆竹行》，上海古籍出版社2006年版，第411页。

第四章　元明清时期长江流域的物用

由于地理环境以及生产力水平等方面的差异，元明清时期长江流域的经济变迁呈现出明显的地域性特点，衣食住行也因地域经济、文化的发展而呈现出不同的特征。

第一节　衣服装饰

这一时期，服饰方面最大的变化就是棉花种植的扩大，使其成为主要的制衣原料；另一方面，丝织技术不断提高，装饰品类也不断丰富。

一、棉纺织业的发展与棉布的普及

如前所述，宋元之际，棉花种植向长江中下游一带拓展，继而向西、向北推广。明洪武元年（1368年），明太祖朱元璋下旨："凡农民田五亩至十亩者，栽桑、麻、木棉各半亩，十亩以上者倍之，其田多者，率以是为差。"① 以法令推广木棉的种植。明中期以降，棉花

---

① 《明太祖实录》，卷17 "乙巳六月乙卯"，台湾"中央研究院"历史语言研究所校印本，1962年，第213页。

"其种乃遍布于天下。地无南北皆宜之,人无贫富皆赖之"①,逐渐成为人们主要的制衣原料。

元代以来,黄道婆的家乡松江一带,制棉技术发展迅速,逐渐超越闽、粤等地成为棉纺织的中心。明代以来,松江地区"绫、布二物,衣被天下"②,徐光启《农政全书》称其"家纺户织,远近通流"③,农村织棉农闲时期"所出布匹,日以万计"④,嘉定、太仓等地织作之声日夜不停。明清以来,长江流域形成了两个主要棉产区,分别是下游的浙东沿海和中游的江汉平原,其所产棉花称"浙花""江花"。⑤ 江花,"棉不甚重,二十而得五,性强紧";浙花,"中纺织,棉稍重,二十而得七"。⑥ 这些产棉地区,棉田种植规模甚至超过稻田,如松江"官民军灶,垦田几二百万亩;大半种棉,当不止百万亩"⑦,而据乾隆时期两江总督高晋统计,松江、太仓、海门、通州等地种稻者不过十分之二三,种棉者可达十分之七八。⑧ 再如,长江中游湖北随州"户种木棉,人习为布。秋熟后贾贩鳞集,随民多恃

---

① [明]邱濬著,林冠群、周济夫校点:《大学衍义补》,卷22《制国用贡赋之常》,京华出版社1999年版,第213页。
② [明]徐光启撰,石声汉校注:《农政全书校注》中,卷35《蚕桑广类·木棉》,上海古籍出版社1979年版,第969页。
③ [明]徐光启撰,石声汉校注:《农政全书校注》中,卷35《蚕桑广类·木棉》,第969页。
④ 嘉庆《松江府志》,卷5《疆域志·风俗》,清嘉庆二十三年(1818年)刻本。
⑤ 李根蟠:《中国农业史》,文津出版社1997年版,第295页。
⑥ [明]徐光启撰,石声汉校注:《农政全书校注》中,卷35《蚕桑广类·木棉》,第961页。
⑦ [明]徐光启撰,石声汉校注:《农政全书校注》中,卷35《蚕桑广类·木棉》,第964—965页。
⑧ 宋传银:《国之命脉:长江流域的财源与税赋》,长江出版社2014年版,第228页。

此为生计"①；天门"广种棉花，农隙率妇子昼夜纺织，十室而九"②；等等。

这一时期，长江流域棉布种类繁多，其中仅松江地区就有三梭布、漆布、剪绒毯、标布、扣布、番布、荣斑布、中机布、尤墩布、飞花布等，其中三梭布在明代成为贡品，陆容《菽园杂记》中载："上近体衣俱松江三梭布所制。"③飞花布，"细软如绵"④。尤墩布制造的暑袜，备受欢迎，《云间据目抄》中载："松江旧无暑袜店，……万历以来，用尤墩布为单暑袜，极轻美，远方争来购之。"在此基础上，还出现了制袜作坊，"故郡治西郊，广开暑袜店百余家。合郡男妇，皆以做袜为生，从店中给筹取值，亦便民新务"⑤。嘉善棉纱尤其有名，当时有"买不尽松江布，收不尽魏塘纱"⑥的民谣。清代湖北汉阳生产一种扣布，乡村妇女老幼"人日可得一匹，长一丈五六尺"，再运"至汉口，加染造"，远销"秦、晋、滇、黔"等地。⑦汉口在当时是棉布的重要销场，"其名有扣布、线布、椿布、边布、大布、小布、梭布、条布诸种。其售货有山庄、水庄、京庄、门庄之异。其精者皆远行滇、黔、秦、蜀、晋、豫诸省。府布佳者，东南吴皖之民亦珍焉"⑧。江陵县，"乡民农隙以织为业者，十居八九。其布有京庄、门庄之别"，四川等地商贩"群相踵接"⑨。孝感县，"棉布

---

① 嘉庆《随州志》，卷3《物产》，清嘉庆间刻本。
② 宋传银：《国之命脉：长江流域的财源与税赋》，第228页。
③ ［明］陆容：《菽园杂记》卷1，中华书局1985年版，第1页。
④ 乾隆《苏州府志》，卷12《物产》，乾隆十三年（1748年）刻本。
⑤ ［明］范濂：《云间据目抄》，卷2《纪风俗》，江苏广陵古籍刻印社1984年版，第111页。
⑥ 宋传银：《国之命脉：长江流域的财源与税赋》，第228页。
⑦ 嘉庆《汉阳县志》，卷14《物产》，清嘉庆二十三年（1818年）刻本。
⑧ 民国《湖北通志》，卷24《舆地志·物产三》，1921年刻本。
⑨ 乾隆《江陵县志》，卷22《物产》，清乾隆五十九年（1794年）刻本。

有长三十三尺，宽一尺五寸者，为大布；细薄如绸，三十尺以下皆曰椿布"，山西商人专收此类棉布，统称"孝感布"，其余当地人使用的布称"边布"，大多"长二十尺以内，宽一尺"①。由此可见，棉布在当时十分受欢迎，成为贫富皆宜的衣服原料。

在此基础上，棉纺织业分工不断细化，分化出专门从事轧花、弹花、机织的工匠，并且还有踹布、浆染等棉布加工作坊。

二、丝绸生产的商业化与专业化

元代以来，受棉花种植的影响，蚕桑生产地域范围缩减。然而，长江流域特别是江南地区的蚕桑生产和丝织业仍呈现继续发展的趋势。有学者研究统计，鸦片战争前全国生丝产量每年约7.7万担，其中商品丝约为7.1万担，价值白银1200万两；丝织品产量为4.9万担，价值1455万两；两项合计12万担，价值2650余万两。②其中江南地区所产的丝和丝织品在总额中至少占80%以上。③

这里所说的江南地区，据唐甄所言，其地"北不逾淞，南不逾浙，西不逾湖，东不至海，不过方千里"④。其中，以湖州地区最为发达。据《湖州府志》载：

> 宋元之间其种始至，关、陕、闽、广，曾得共利。洪、永之际，遂遍天下，其利殆百倍于丝枲。自此而天下务蚕者日渐以

---

① 光绪《孝感县志》，卷5《风土志·土物》，清光绪九年（1883年）刻本。
② 许涤新、吴承明主编：《中国资本主义发展史第1卷：中国资本主义的萌芽》，人民出版社2003年版，第333—334页。
③ 许檀：《明清时期区域经济的发展——江南、华北等若干区域的比较》，《中国经济史研究》1999年第2期。
④ ［清］唐甄著，吴泽民编校：《潜书》，下篇下《教蚕》，中华书局1955年版，第158页。

少，独湖地卑湿，不宜于木棉，又田瘠税重，不得不资以营生，故仍其业不变耳。①

《农政全书》中亦载：

> 今天下蚕事疏阔矣。东南之机，三吴越闽最夥，取给于湖茧；西北之机，潞最工，取给于阆茧。予道湖阆，女桑、椹桑，参差墙下，未尝不羡二郡女红之廑，而病四远之惰也。……国家蚕桑，载在令甲。②

两篇引文探讨了湖州地区蚕桑兴盛的原因。另一方面，相关赋税数据显示，洪武二十四年（1391年），湖州府共税丝绵661072两，其中乌程227214两，占丝绵总额34.3%；归安税至213616两，占总额的32.3%；两县合计占66.6%。③ 税丝数量的多少，也反映出湖州地区蚕桑业的兴盛。因此，明代宋雷在《西吴里语》卷3中有"湖丝遍天下"④ 之语。

除了湖州，明清之际江南蚕桑种植区域不断扩大，如嘉兴府嘉兴县，"土高水狭而浅，颇不利于田，因多改之为地，种桑植烟"⑤；海盐地区，原不习养蚕，后从乌程等地学习养蚕技术，至清初，朱彝尊称其"五月新丝满市廛，缫车响彻斗门边"⑥；据许敦俅《敬所笔记》

---

① 乾隆《湖州府志》，卷41《物产》，清乾隆二十三年（1758年）刻本。
② [明]徐光启撰，石声汉校注：《农政全书校注》中，卷31《蚕桑·总论》，第836页。
③ 阙碧芬、范金民：《明代宫廷织绣史》，故宫出版社2015年版，第15页。
④ [明]宋雷：《西吴里语》，明嘉靖二十六年（1547年）宋氏家刻本。
⑤ 光绪《嘉兴府志》，卷88《旧志序录》，清光绪五年（1879年）刻本。
⑥ 光绪《嘉兴府志》，卷32《农桑》。

载,杭州府海宁县,明初桑树种植"间有十中一二,亦不过一二亩",至万历时已"遍地皆桑"。①

受种桑养蚕逐渐增多的影响,江南官营织造业十分兴盛,这也是元明清时期长江流域丝绸生产发展的重要依据。元至元十六年(1279年),"授正议大夫浙西道宣慰使兼行工部事,籍人匠四十二万,立局院七十余所"②,之后平江、松江、建康织染局相继建立。明代以来,在浙江、福建、南直隶、江西、四川、河南、山东等地设置织染局,以承担地方所需的岁织缎匹。根据《明会典》的记载,明代前期各地承担缎匹岁造额数原来约为35400匹,闰年增为约38000匹,嘉靖七年(1528年)部分省域折征银两后降为29000匹左右,闰年加至31000匹左右。其中江南地区以苏州、松江、镇江、杭州、嘉兴、湖州织染局为代表,仅六府岁造缎匹就占了全国的三分之一以上。③清承明制,在江宁、苏州、杭州设织造处,档案记载:

> 康熙四年十一月呈准:大红蟒缎、大红缎、片金、拆缨等项,派江宁织造处承办;纺丝绫杭细等项,派杭州织造处承办;毛青布等项,派苏州织造处承办。其三处织造每年织造缎纱绸绫纺丝布匹绒线等项,由缎库茶库官员拟定花样颜色数目,分派该织造处照式承办解送。④

---

① 转引自陈学文:《中国封建晚期的商品经济》,湖南人民出版1989年版,第320页。
② [元]王恽:《秋涧集》,卷58《碑·大元故正议大夫浙西道宣慰使行工部尚书孙公神道碑铭》,摘澡堂《四库全书荟要·集部·别集类》。
③ 范金民、金文:《江南丝绸史研究》,农业出版社1993年版,第116页。
④ 《总管内府现行则例:广储司四卷》,卷2《织造承办事宜》,故宫博物院校印,1937年,第30—33页。

另一方面,民间丝绸生产变得普遍起来。如,元代湖州双林镇普光桥东就有绢庄10座①,明成化时,"溪左右延袤数十里,俗皆织绢"②,清嘉庆、道光年间增至近万户;苏州府吴江县,"绫绸之业,宋元以前,惟郡人为之,至明熙宣间,邑民始渐事机丝,犹往往雇郡人织挽。成、弘以后,土人亦有精其业者。相沿成俗,于是盛泽、黄溪四五十里间,居民乃尽逐绫绸之利"③;盛泽镇,至清初"丝绸之利日扩,南北商贾咸萃焉,遂成巨镇"④;濮院镇,明万历时"肆廛栉比,华夏鳞次,机杼声轧轧相闻,日出锦帛千计"⑤;王江泾镇,清初"其民多织缯为业,日出千匹,衣被数州郡",至嘉道年间,已"日出万绸"⑥。明清之际在民间地方甚至开始流行祭祀机神的风俗,如《履园丛话》中载:"机杼之盛莫过苏杭,皆有机神庙。苏州之机神奉张平子,不知其由,庙在祥符寺巷。杭州之机神奉褚河南,庙在张御史巷。相传河南子某者,迁居钱塘,始教民织染,至今父子并祀,奉为机神,并有褚姓者为奉祀生,即居庙右。"⑦

相较唐宋时期,元明清时期又产生了不少新品种。其中,以苏州为例,顾绣,因明代"松江府顾氏女善绣"⑧得名;锦,"海马、云鹤、宝相花、方胜之类,五色炫耀,工巧殊过,尤胜于古",明代宣德年间织昼锦堂记,"如画轴,或织词曲,联为帷障。又有紫白、落

---

① 民国《双林镇志》,卷16《物产》,商务印书馆1917年版。
② 民国《双林镇志》,卷12《碑碣·重建化成桥碑铭》。
③ 民国《吴江县志》,卷38《风俗一·生业》,民国年间石印本。
④ 民国《盛湖志》,卷首《陶序》,1925年刻本。
⑤ [清]金淮:《濮川所闻记》,卷4《文》,清嘉庆二十五年(1820年)刻本。
⑥ 宣统《闻川志稿》,卷2《农桑》,《中国地方志集成》乡镇志专辑。
⑦ [清]钱泳撰,孟裴校点:《履园丛话》下,卷23《杂记上·机神庙》,上海古籍出版社2012年版,第422页。
⑧ [清]顾张思撰,曾昭聪、刘玉红校点:《土风录》,卷6《顾绣》,上海古籍出版社2016年版,第87页。

第四章　元明清时期长江流域的物用

花、流水，充装潢卷册之用"①。纻丝，"有素，有花纹，有金缕彩妆，其制不一，皆极精巧"，又按其精致程度分类，"上者曰清水，次曰兼生，以生丝杂织之。次帽料，又次丈八头，皆以粉浆涂饰，品最下"②；罗，有"刀罗、河西罗"③之分；纱，"素者名银条，即汉所谓方空也。花纹者名夹织，亦有金缕彩妆诸制"，有"轻狭而縠纹者曰绉纱"，还有本色花素生纱，夏季可代絺绤；绢，"多织生绢，其熟者名熟地，四方皆尚之"④。再如，桐乡的"濮绸"，其质"白净细滑""柔韧耐洗"，明万历年间，"改土机为纱绸，制造绝工。濮绸之名，驰于海内"⑤，当时"两京、山东、山西、湖广、陕西、江南、福建等省，各以时至，至于琉球、日本，濮绸之名几遍天下"⑥。清嘉庆以来，机户沈周望后裔创出品牌——沈绸。还有如皋纱，据记载，明末由杭州人蒋昆丑所创，起初因质色厚重并不受欢迎，后"易以团花、疏朵，轻薄如纸，携售五都，市廛一哄，甚至名重京师"⑦。紫薇绸，又称天水碧，明后期海宁"硤石人积梅雨水，以二蚕茧，缫丝织绸，有自然碧色，名曰'松阴色'，享上价"⑧。

除了江南丝绸业的发展，上文中提到了"阆茧"，四川阆丝在这一时期也负有盛名。阆丝产自四川保宁，除部分用作蜀锦原料外，大部分经长江运至江浙，经陆路运至山西。嘉靖《保宁府志》载：有一

---

① 乾隆《苏州府志》，卷12《物产》，清乾隆十三年（1748年）刻本。
② 乾隆《苏州府志》，卷12《物产》。
③ 乾隆《苏州府志》，卷12《物产》。
④ 乾隆《苏州府志》，卷12《物产》。
⑤ 马新正主编，桐乡市《桐乡县志》编纂委员会编：《桐乡县志》，上海书店出版社1996年版，第456页。
⑥ 民国《濮镇纪闻》，卷首《总叙·风俗》，北平北海图书馆藏钞本。
⑦ 黄士珣：《北隅掌录》，清道光二十五年（1845年），钱塘汪氏振绮堂刻本。
⑧ [明]李日华：《紫桃轩杂缀》卷3，中央书店1935年版，第80页。

种阆丝称"水丝",质地"精细光润,不减湖丝。……吴越人鬻之以作改机绫绢。岁夏,巴、剑、阆、通、南之人,聚之于苍溪,商贾贸之,连舟载之南去。土人以是为生,牙行以此射利"①。也可见当时丝织贸易的兴盛。同时,成都生产的锦、缎、绸、绢有20多个品种;嘉定府"嘉定大绸"在乾隆时期已有生产。

受棉花种植以及棉纺织技术的影响,从明代开始,葛、麻生产明显缩减,清末吴其濬《植物名实图考》中载,大麻"昔与丝伍,今乃芥视。有苘麻利重,竞植于田,而斯麻播植益稀"②,且也不再是制衣的主要原料,故不再赘述。

三、装饰用品的发展

宋元以来,以玉为主体的首饰与佩饰变得流行起来。如无锡元代钱裕墓中曾出土玉带钩和绦环,③苏州张士诚母曹氏墓中出土元代玉带,④南京溧水柳家村元墓出土螭龙灵芝环玉绦带,⑤等等。元明以后,配饰雕琢更加复杂,其实用性降低,而以观赏性为主。如上海青浦任氏墓出土了一件透雕鹭鸶荷叶白玉炉顶,据推测制造年代应不迟于元代。⑥玉炉顶类实物,在江西南昌明墓中也多有发现,只是制作较粗糙。

---

① 李锦全:《李锦全文集》第9卷,中山大学出版社2018年版,第86页。
② [清]吴其濬:《植物名实图考》,卷1《谷类·大麻》,商务印书馆1957年版,第3页。
③ 徐琳:《钱裕墓出土元代玉器综述》,《台北故宫文物月刊》1999年第193期。
④ 苏州市文物保管委员会、苏州博物馆:《苏州吴张士诚母曹氏墓清理简报》,《考古》1965年第6期。
⑤ 古方主编:《中国出土玉器全集7:江苏 上海》,科学出版社2005年版,第186页。
⑥ 上海博物馆、沈令昕、许勇翔:《上海市青浦县元代任氏墓葬记述》,《文物》1982年第7期。

妆奁是古代女子梳妆用的镜匣，后泛指嫁妆。据考古发现，妆奁至迟在战国时期就已产生，一直延续到明清。1964年，苏州张士诚母曹氏墓中就出土了一件银奁，"通体葵状六瓣形，上下分三层，有子口相合，器高24.3厘米"，里面盛有各种梳妆用具，如银剪刀、银刷、银薄片刮器、眼镜、银圆盒、小银罐、大小银碟、银梳、银箆、银针、银脚刀、银水盂等，另有粉盒、脂盒等，① 这些都是古代妇女常用的化妆用具，只是材质各异。以胭脂为例，唐诗中有不少提及胭脂，如李白有"玉面耶溪女，青娥红粉妆"②，王建有"射生宫女宿红妆"③，等等。宇文士及《妆台记》中记载了当时胭脂种类有石榴娇、大红春、小红春、嫩吴香、半边娇、万金红、圣檀心、露珠儿等多种。④ 宋元以后，胭脂成为妇女常用的红色化妆品，明清时期更加普及。明朝嘉靖年间，售卖美容日用品的花汉冲香粉店开始出现，香粉、香件、胭脂、胰子成为当时京城女子争相购买的"爆款"。及至清朝，古代化妆品制作工艺达到鼎盛，小说《红楼梦》中就多次提到贾宝玉爱吃胭脂。

在日常沐浴用品方面，传统的洗涤用品有澡豆、皂角等。澡豆，魏晋时期出现，多在上层社会中使用，皂角则应用较广。皂角，又称皂荚，段成式《酉阳杂俎》中载："鬼皂荚，生江南地，泽如皂荚，高一二尺，沐之长发，叶亦去衣垢。"⑤ 宋代典籍中出现"肥珠子"记载："浙中少皂荚，澡面、浣衣，皆用肥珠子。木亦高大，叶如槐

---

① 苏州市文物保管委员会、苏州博物馆：《苏州吴张士诚母曹氏墓清理简报》，《考古》1965年第6期。

② 黄勇主编：《唐诗宋词全集》第2册，第538页。

③ 马茂元、赵昌平选注：《唐诗三百首新编》，岳麓书社1992年版，第299页。

④ 文怀沙主编：《四部文明：隋唐文明卷50》，陕西人民出版社2007年版，第641页。

⑤ [唐]段成式：《酉阳杂俎》，前集卷19《广动植类之四》，第394页。

而细，生角长者不过三数寸，子圆黑肥大，肉亦厚，膏润于皂荚，故一名曰肥皂。"① 明清时期又出现了香皂，"十月采荚，煮熟捣烂，和白面及诸香作丸，澡身面，去垢而腻润，胜于皂荚也"②。中国国家博物馆藏晚明仇英绘的《南都繁会图卷》中描绘了明代南京城109种店铺和各色人物，其中就有"画脂杭粉名香宫皂"的幌子招牌。③ 明末清初，江苏六合产的香皂团名闻一时。再如，《红楼梦》第21回《贤袭人娇嗔箴宝玉，俏平儿软语救贾琏》中："紫鹃递过香皂去，宝玉道：'这盆里的就不少，不用搓了。'再洗了两把，便要手巾。"④ 清代香皂名目众多，又有胰皂、玉容胰、鹅油胰、引见胰、双料皂等，清人陈作霖《炳烛里谈》中也有"金陵市肆有设自前明者，如牛市口之肥皂香粉店"的记载。⑤

鞋子方面，比较有特色的是小头鞋，一种妇女便鞋，流行于晚唐，宋元明清时期进一步流行，成为女鞋的主流形式。如湖北江陵宋墓就曾出土小头缎鞋，⑥ 苏州张士诚母墓出土尖头紫酱织锦鞋。⑦ 明清时期小头鞋样式有所改变，称为小脚弓鞋，更加适用于缠足妇女穿着。如江西南城明益宣王朱翊鈏妃李氏、孙氏墓各出土了一双黄锦弓

---

① [宋]庄绰撰，萧鲁阳点校：《鸡肋编》，卷上《皂策》，第29页。
② [明]李时珍：《本草纲目》，木部卷35《肥皂荚》，第921页。
③ 王宏钧、刘如仲：《明代后期南京城市经济的繁荣和社会生活的变化——明人绘〈南都繁会图卷〉的初步研究》，《中国历史博物馆馆刊》1979年第0期。
④ [清]曹雪芹著，[清]无名氏续：《红楼梦》，华文出版社2019年版，第197页。
⑤ 陈诏：《红楼梦小考》，上海古籍出版社1985年版，第300页。
⑥ 张秋平、袁晓黎主编：《中国设计全集第6卷：服饰类编·冠履篇》，商务印书馆2012年版，第148页。
⑦ 苏州市文物保管委员会、苏州博物馆：《苏州吴张士诚母曹氏墓清理简报》，《考古》1965年第6期。

鞋,织回纹锦鞋面,布底较薄,底长 16、前尖高 7 厘米。① 清代文人顾瑶光《虎丘竹枝词》中描述姑苏女子到佛寺进香情形道,"朵朵兰花履印轻",其中缘由在于"高底鞋刻空,入以胡粉,一步一兰花也"②。

第二节　饮食器物

饮食方面,元明清以来,长江流域饮食结构仍遵循传统的"五谷为养,五果为助,五畜为益,五菜为充",在唐宋食物种类基础上,又增加了一些新品。

一、新作物品种的传入与种植

胡萝卜,原产于亚洲西部,元代由波斯传入,据明李时珍《本草纲目》中载:"元时始自胡地来,气味微似萝卜,故名。"③ 最初种植于云南地区,之后传至江淮地区,后遍及全国,如光绪《武昌县志·物产》中提道,"有胡萝卜,皮肉俱红,大如拇指,味甘,筵席多用"④,成为新的蔬菜品种。

玉米,原产于美洲中部。玉米何时传入中国,尚有争议,普遍看法是明代传入,最先种植于东南沿海地区。我国古代文献中关于玉米的最早记载,见于明正德《颍州志》(1511 年刊)。对于玉米性状,

---

① 刘林、余家栋、许智范:《江西南城明益宣王朱翊鈏夫妇合葬墓》,《文物》1982 年第 8 期。
② 潘超、丘良任、孙忠铨等编:《中华竹枝词全编》3,北京出版社 2007 年版,第 394 页。
③ [明]李时珍:《本草纲目》,菜部卷 26《胡萝卜》,第 738 页。
④ 光绪《武昌县志》,卷 3《物产》,清光绪十一年(1885 年)刻本。

目前记录比较详细的属明代杭州人田艺蘅《留青日札》，其文记载：

> 御麦，出于西番，旧名番麦，以其曾经进御，故曰御麦。干、叶类稷，花类稻穗，其苞如拳而长，其须如红绒，其粒如芡实，大而莹白，花开于顶，实结于节，真异谷也。①

可见，晚明时期杭州地区玉米种植已较普遍。直至清代，其他地区种植的记录才多了起来。如《湖北通史·明清卷》中指出：

> 玉米在湖北较为普遍的种植，是在清雍正朝（1723—1735年）以后，种植较多的是新开垦的土地。如鄂西南地区，同治《东湖县志·物产·谷类》称："玉蜀黍，释名玉高粱，土名包谷。旧惟蜀中种此，自彝陵改府后，土人多开山种植，今所在皆有，乡村中即以代饭，兼可酿酒。"同治《宜昌府志·物产》也有相同的记载，且其《杂载》部又云："州设流后，常德、澧州及外府之人，入山承垦者甚众。老林初开，包谷不粪而获……"彝陵州等处改土归流而立宜昌府，时间在雍正十三年（1735年）。道光《鹤峰州志·艺文志》载有《包谷》诗一首，为知州毛峻德所作。毛氏为容美土司改土归流后鹤峰州首任知州，时间在雍正十三年（1735年）至乾隆六年（1741年）。乾隆三十年（1765年）知州吴世贤又作《包谷行》诗，其中有云："万峰簇簇人似烟，鸣钲击鼓歌彻天。妇赤脚，男尻肩，相呼相唤来种田。田中青青惟包谷，粒粒圆匀珠十斛……"该志又称"田少山

---

① ［明］田艺蘅：《留青日札》，卷26《御麦》，上海古籍出版社1985年版，第851页。

多，坡坨硗确之处皆种包谷……邑产包谷，十居其八"。①

再如，湖北建始县，"邑境山多田少，居民倍增，稻谷不足以给，则于山上种包谷、羊芋、荞麦、燕麦或蕨蒿之类。深林剪伐殆尽，巨阜危峰，一望皆包谷也"②。乾隆时期有《玉蜀黍歌》道，"只今弥望满山谷，长稍巨干平坡陀。……滇黔山多不遍稻，此丰民乐否即瘥"③，描写了云南、贵州等地广种玉米的情形。四川地区玉米种植也不断普及，如彭县"山居广植以养生"④，崇庆州"山民以作正粮"⑤，等等。除此之外，玉米在安徽、江西、湖南等地都有种植，如徽州，"徽属山多地少，棚民租垦山场，由来已久，大约始于前明，沿于国初，盛于乾隆年间……棚民亦因垦地成熟后，布种苞芦"⑥。自清乾隆年间开始，伴随人口增长，玉米在全国各地广泛普及，成为人们主要的粮食作物之一。

番薯，又名地瓜、甘薯、白薯、朱薯等。目前较为公认的看法是明代由福建人引入。⑦ 如明人何乔远《闽书》中载，"番薯，万历中

---

① 章开沅等：《湖北通史：明清卷》，第282—283页。
② 袁景晖：《建始县志》，卷3《风俗志·物产》，成文出版社1975年版，第256页。
③ ［清］郑珍著，白敦仁笺注：《巢经巢诗钞笺注》第1册，前集卷2《玉蜀黍歌》，杭州古籍出版社2016年版，第118—119页。
④ 嘉庆《彭县志》，卷40《物产》，清嘉庆十八年（1813年）刻本。
⑤ 光绪《增修崇庆州志》，卷5《物产》，清光绪十年（1884年）刻本。
⑥ 道光《徽州府志》，卷4《营建志·道宪杨懋恬查禁棚民案稿》，清道光七年（1827年）刻本。
⑦ 关于番薯的传入，何炳棣先生认为，16世纪甘薯除了从福建沿海传入内地外，还有一条线是从西南地区引进内地，依据是明代人李元阳编纂的嘉靖《大理府志》（1563年）、万历《云南通志》（1574年），这里不作详细探讨。参见：何炳棣：《美洲作物的引进、传播及其对中国粮食生产的影响（二）》，《世界农业》1979年第5期。

闽人得之于外国,瘠土砂砾之地皆可以种"①,可知大约明万历年间由福建人陈振龙从吕宋岛(今菲律宾)引进,起初在福建地区种植,清人周亮工《闽小记》中称番薯"初种于漳郡,渐及泉州,渐及莆。近则长乐、福清皆种之"②。因其食法多样,如"茎叶蔓生,如瓜蒌、黄精、山药、山蓣之属,而润泽可食,或煮或磨为粉",其"根如山药山蓣","其皮薄而朱,可去皮食,亦可熟食之。可熟食者,亦可生食,亦可酿为酒",且"不与五谷争地,凡瘠卤沙冈,皆可以长",③故很快就成为福建地区人们主要的粮食作物。明万历三十六年(1608年),江南大旱,饥民流离,因父丧正居上海的徐光启托人从福建引种番薯至沪,番薯种植开始向长江流域扩展,其所著《农政全书》中有专章阐述番薯的优越性。康熙初年,陈振龙子孙将其传播至浙江鄞县,至乾隆年间,浙江温州、台州、宁波等地番薯种植已相当普遍,"番薯有数种,江浙间亦甚多而贱"④。四川地区也多有种植,成书于雍正十一年(1733年)的《四川通志》记载,成都府居民多已种植玉米、番薯作为口粮;至乾隆年间,又将其推广至杭州、南昌、武昌等地,如光绪《武昌县志》中说,番薯"有红、白二色,性宜沙土,蔓生蔽野,人以为粮。……高宗纯皇帝特令中州等地给种教艺,俾佐粒食,自此广布蕃滋"⑤。

玉米、番薯等都属高产作物,如清人严如熤曾说道:

---

① [明]何乔远:《闽书》,卷150《南产志》,福建人民出版社1994年版,第4436页。
② [清]周亮工:《闽小记》,卷3《蕃薯》,上海古籍出版社1985年版,第123—124页。
③ [清]周亮工:《闽小记》,卷3《蕃薯》,第124—125页。
④ 吴震方:《岭南杂记》卷下,中华书局1985年版,第41页。
⑤ 光绪《武昌县志》,卷3《物产》,清光绪十一年(1885年)刻本。

包谷高至一丈许，一株常二三包，上收之岁，一包结实千粒；中岁，每包亦五六百粒。种一收千，其利甚大。……故夏收视麦，秋成视包谷，以其厚薄定岁丰歉。①

徐光启《农政全书》也曾说："甘薯所在，居人便足半年之粮。"② 以江西为例，"上田可收薯一千二百斤，瘠田五六百斤，山地收成亦厚"③。高产作物的推广种植，不仅扩大了耕地面积，解决了人口增长过快导致的粮食短缺问题，也影响了人们饮食结构的调整。

二、酒、茶、糖

我国蒸馏酒的起源，目前尚有争议，从文献资料记载来看，烧酒始于元代的证据较为充分。元忽思慧《饮膳正要》中说，"用好酒蒸熬，取露成阿剌吉"④。许有壬《至正集》中说：

世以水火鼎炼酒取露，气烈而清。秋空沆瀣不过也，虽败酒亦可为。其法出西域，由尚方达贵家，今汗漫天下矣。译曰阿剌吉云。⑤

元末明初的叶子奇《草木子》记：

---

① ［清］严如熤撰，黄守红标点，朱树人校订：《严如熤集》3，《三省边防备览》卷11《策略》，岳麓书社2013年版，第1089—1090页。
② ［明］徐光启撰，石声汉校注：《农政全书校注》中，卷27《树艺·甘薯》，第694页。
③ 方行、经君健、魏金玉主编：《中国经济通史：清代经济卷》，经济日报出版社2000年版，第276页。
④ ［元］忽思慧：《饮膳正要》，卷3《米谷品》，上海书店出版社1989年版，第122页。
⑤ ［元］许有壬：《至正集》，卷16《咏酒露次解庶斋韵》，四库全书本。

> 法酒，用器烧酒之精液取之，名曰哈剌基。酒极浓烈，其清如水，盖酒露也。……此皆元朝之法酒，古无有也。①

后来李时珍、方以智等人也沿袭了此说法。阿剌吉、哈剌基等都是阿拉伯语的译音，从引文中可看出此酒气味浓烈，色清如水，采用粮食酒醪蒸馏而成。其中，蒸馏酒以四川泸州和贵州茅台为代表。

泸州酿酒业始于秦汉时期，时有"蜀南有醪兮，香溢四宇"② 之说，后兴起于唐宋，盛于明清。元泰定年间，郭怀玉总结前人酿酒经验，创制"甘醇曲"曲药，至明洪熙年间，施敬章采用窖泥发酵技艺，改进了泸州造酒技术。明万历年间，泸州人舒承宗建窖池，开酒铺，取名"舒聚源"，专门酿造大曲酒，即后来泸州老窖的前身。舒聚源窖池就是后来的"中国第一窖"，舒姓酿酒坊所创立"泸州大曲老窖"池群，成为后来的"1573国宝窖池群"，1996年，入选白酒行业全国重点文物保护单位。2005年，中国国家博物馆将四川宜宾明代老窖的窖泥列为藏品。

贵州仁怀的茅台镇因生产茅台酒而闻名。据《史记》记载，早在汉武帝时，唐蒙出使南越，后带回当地枸酱酒呈献汉武帝。据清道光《遵义府志》引《田居蚕室录》：

> 茅台酒，仁怀城西茅台村制酒，黔省称第一。其料用纯高粱者上，用杂粮者次。制法：煮料和曲即纳地窖中，弥月出窖烤之，其曲用小麦，谓之白水曲，黔人称大曲酒，一曰茅台烧。仁

---

① [明]叶子奇：《草木子》，卷3下《杂制篇》，中华书局1959年版，第68页。
② [汉]司马相如：《清醪》，转引自华觉明、李劲松主编：《中国百工》，古吴轩出版社2010年版，第134页。

怀地瘠民贫，茅台烧房不下二十家，所费山粮不下二万担。①

清人《黔南识略》亦说："茅台村地滨河，善酿酒，土人名其酒为台春。"② 可见当时已出现烧酒作坊。清同治以后，以成裕烧房（后改名成义烧房）、荣和烧房、衡昌烧房（后改名恒兴酒坊）较有名气。

以谷物发酵的原汁酿酒由来已久。元明清以来，浙江绍兴黄酒更加声名远播，名目也有所增加，如用绿豆为曲酿制的豆酒，康熙《绍兴府志》中载："府城酿者甚多，而豆酒特佳。京师盛行，近省城亦多用之。"③ 还有如薏苡酒、地黄酒、鲫鱼酒等，"间出新意，味俱佳"，其中，"名老酒者，味稍次而特多"④。自明嘉靖、万历年间以来，绍兴地区出现了一批产销黄酒作坊。分地区来说，在东浦的有孝贞、越明、诚实、汤元元、陈忠义、中山、云集等；在湖塘的有叶万源、田德顺、章万顺等；在阮社的有章东明、高长兴、善元泰、茅万茂；在双梅的有萧忠义、潘大信；在双渎的有谦豫萃；市区有沈永和墨记；等等。⑤ 绍兴黄酒在清嘉庆年间曾被评为全国十大名产之一。⑥

宋代以来长江流域今江、浙、赣、皖、蜀、鄂、湘等地都普遍种茶，元明清以来茶叶种植进一步扩大。产茶之地设立茶课司，或以通课司兼管，以征收茶课。如《明会典》中记载了万历六年（1578年）的茶课数额，其中南直隶应天府（今江苏南京）江东瓜埠巡检司为钞

---

① 道光《遵义府志》，转引自华觉明、李劲松主编：《中国百工》，第130页。
② ［清］爱必达：《黔南识略》，转引自华觉明、李劲松主编：《中国百工》，第130页。
③ 康熙《绍兴府志》，卷11《物产志·货》，清康熙五十八年（1719年）刻本。
④ 康熙《绍兴府志》，卷11《物产志·货》。
⑤ 浙江省政协文史资料委员会编：《浙江文史集粹第3辑：经济卷》上，浙江人民出版社1996年版，第286—287页。
⑥ 华觉明、李劲松主编：《中国百工》，第126页。

10万贯，南直隶苏州府为钞2915贯，常州府为钞4129贯，镇江府为钞1602贯，徽州府为钞70568贯，广德州为钞503280贯，浙江为钞2134贯，云南为银17两，贵州为钞81贯。另江西等地，如嘉靖《池州府志》记载的茶课为征本色54182斤；正德《袁州府志·课程》记载袁州府洪武二十四年（1391年）的茶课为13361贯，弘治年间为836锭。① 再如四川设茶局征收茶课，有永宁茶局，年收茶138000斤；有雅州茶局，年收茶411600斤；有成都茶局3处，灌州年收茶7430斤，安州年收茶13170斤，筠连州年收茶296280斤。② 由此也可看出这些地区茶叶种植的普遍。

饮茶之风自魏晋南北朝时期开始流行，元代后期以来流行"散茶法"，唐宋时期的"团饼茶"受到冷落。明代中期"炒茶法"的普及，使得"散茶"成为明清人们饮茶的主流，如小说《儒林外史》中就刻画了明清时期江南地区人们的饮茶风俗，文中"茶"字比比皆是，茶种类也甚多，如高濂《遵生八笺·饮馔服食笺·论茶品》提到"剑南有蒙顶、石花；湖州有顾渚、紫笋；峡州有碧涧、明月；邛州有火井、思安；渠江有薄片，巴东有真香，……洪州有白露；常之阳羡，婺之举岩，丫山之阳坡，龙安之骑火，黔阳之都濡、高株，泸州之纳溪、梅岭"③ 等。各产茶之地茶品优劣，依品茶者口味有所不同，如明人许次纾曾论道：

> 江南之茶，唐人首称阳羡，宋人最重建州，于今贡茶，两地独多。阳羡仅有其名，建茶亦非最上，惟有武夷雨前最胜。近日

---

① 宋传银：《国之命脉：长江流域的财源与税赋》，第253—254页。
② 宋传银：《国之命脉：长江流域的财源与税赋》，第254页。
③ ［明］高濂：《遵生八笺》，载王国平主编：《西湖文献集成》第13册，《历代西湖文选专辑》，杭州出版社2004年版，第345页。

所尚者，为长兴之罗岕，疑即古人顾渚紫笋也。……然岕故有数处，今惟洞山最佳。……若在顾渚，亦有佳者，人但以"水口茶"名之。……若歙之松罗，吴之虎丘，钱唐之龙井，香气浓郁，并可雁行，与岕颉颃。往郭次甫亟称黄山，黄山亦在歙中，然去松罗远甚。……浙之产，又曰天台之雁宕、括苍之大盘、东阳之金华、绍兴之日铸，皆与武夷相为伯仲。……楚之产曰宝庆，滇之产曰五华，此皆表表有名，犹在雁茶之上。①

认为武夷雨前最优。其中提到的"紫笋""罗岕""松罗""虎丘""龙井""雁宕""日铸""宝庆""五华"等都是茶名。

散茶的流行，使得茶具也发生改变，先前的磨、碾等均废而不用，转而在茶壶中沏茶。江苏宜兴紫砂壶发展迅速，明代文震亨《长物志》中说道："壶以砂者为上，盖既不夺香，又无熟汤气。"② 周高起《阳羡茗壶》中亦说宜兴陶壶"能发真茶之色、香、味"③，先后出现了不少制壶名家，如供春、董翰、时大彬、李仲芳、徐友泉、欧正春、邵文金、蒋时英、陈用卿、陈鸣远、杨彭年等。④

随着茶壶的使用，茶艺发生很大改观，如宋元时期仍称道茶色白者，然到了明代则不以为然，如谢肇淛认为"茶色自宜带绿，岂有纯

---

① ［宋］楼璹撰、［清］焦秉贞绘，［明］沈氏撰、［清］张履祥补撰；［宋］朱肱撰，［宋］释赞宁撰，［明］陈师撰，［明］许次纾撰；吴晶，周膺点校：《耕织图诗 补农书 北山酒经 笋谱 茶考 茶疏》，当代中国出版社2014年版，第257—258页。

② ［明］文震亨著，李瑞豪编著：《长物志》，卷12《香茗·茶壶》，中华书局2012年版，第275页。

③ ［明］周高起、［清］吴骞著，赵菁编：《阳羡茗壶》，金城出版社2012年版，第2页。

④ ［明］周高起、［清］吴骞著，赵菁编：《阳羡茗壶》，第47—70页。

白者？"① 熊明遇则说："茶色贵白，然白亦不难。泉清瓶洁，叶少水洗，旋烹旋啜，其色自白。然真味抑郁，徒为目食耳。"② 而建盏由尚黑转为尚白，也折射出茶艺由点末茶转成泡茶。这里明代以来的建窑，一般指的是德化窑的白瓷。宣窑、嘉窑所制白茶盏广受欢迎，如高濂《遵生八笺》中"饮馔服食笺"在论述煎茶要诀时说：

> 茶盏惟宣窑坛盏为最，质厚白莹，样式古雅，有等宣窑印花白瓯，式样得中，而莹然如玉。次则嘉窑心内茶字小盏为美。欲试茶色黄白，岂容青花乱之？③

景德镇瓷器在这一时期生产进一步扩大，谢肇淛《五杂组》中说道："今龙泉窑世不复重，惟饶州景德镇所造遍行天下。"景德镇已然成为全国制瓷业中心，所制的小坛盏"仿大醮坛为之者，白而坚厚，最宜注茶"④。景德镇瓷器除国人日用，也外销欧洲。1712年，法国耶稣会传教士殷弘绪将景德镇制瓷技术传播到欧洲，改变了欧洲的饮食餐具，欧洲人所说的"克拉克瓷"即是景德镇青花瓷。

明清时期用甘蔗制糖也进一步发展。长江流域的浙江、江西、四川等省是甘蔗制糖的主要产区。如清徐珂《清稗类钞》中记载浙江甘蔗种植道：

---

① ［明］谢肇淛撰，傅成校点：《五杂组》，卷12《物部四》，上海古籍出版社2012年版，第223页。
② ［明］熊明遇：《罗岕茶记》，载阮浩耕、沈冬梅、于良子点校注释：《中国古代茶叶全书》，浙江摄影出版社1999年版，第270页。
③ ［明］高濂：《遵生八笺》，载王国平主编：《西湖文献集成》第13册，《历代西湖文选专辑》，第347页。
④ ［明］谢肇淛撰，傅成校点：《五杂组》，卷12《物部四》，第245页。

出义乌城而西,至佛堂镇,迤逦三十里,弥望皆糖秆也。糖秆为甘蔗之别种,茎干较细,水分亦多,其所含糖分不及唐栖及广东之所产者。惟土人种作殊勤,四月下种,十月刈之。①

这一时期白糖与冰糖的制作变得普遍,"其为糖沙者,以漏滴去其水,一清者为赤沙糖,双清者为白沙糖,最白者晒之以日,细若粉雪,售于东西二洋,是为洋糖"②。云南"合子糖"十分有名,"糖凝坚厚成饼,二饼相合,名合子糖"③。在制糖用器方面,除了前文提到的蔗削、蔗镰等,明宋应星《天工开物》中还记载有造糖车,"制用横板二片,长五尺,厚五寸,阔二尺,两头凿眼安柱,上笋出少许,下笋出版二三尺,埋筑土内,使安稳不摇"④;"澄结糖霜瓦器"⑤,瓦器,四川称"漏钵",一种陶质器皿,是近代离心机发明前一种简易有效的工具。到了清代,出现了甘蔗压榨机,制糖业得到进一步发展。

第三节 家居之物

随着社会经济的发展,出现了各种用途的建筑,家具陈设也发生了改变。

---

① [清]徐珂编撰:《清稗类钞》,中华书局1984年版,第2366页。
② 宣统《东莞县志》,卷15《风俗》,1927年养和书局铅印本。
③ [清]檀萃辑,宋文熙、李东平校注:《滇海虞衡志校注》,《志果第十·蔗糖》,云南人民出版社1990年版,第257页。
④ [明]宋应星著,钟广言注释:《天工开物》,卷6《甘嗜·造糖》,第167页。
⑤ [明]宋应星著,钟广言注释:《天工开物》,卷6《甘嗜·造白糖》,第170页。

一、房屋建筑

在建筑材料上，唐宋以来的砖瓦木石应用更加复杂化。元明清时期，苏州的金砖、城砖，南京的琉璃砖瓦，安徽的黄石，江苏的太湖石等都是有名的建筑材料。

特别是清代以来，随着中西交流的发展，长江流域一些繁华城市出现了仿西式建筑。如扬州富商在庭院、园林建筑上开始安装玻璃门窗，仿广州洋商西式建筑在瘦西湖边上造了一座"澄碧堂"，清李斗《扬州画舫录》中载：

> 盖西洋人好碧，广州十三行有碧堂，其制皆以连房广厦，蔽日透月为工，是堂效其制，故名"澄碧"。①

再如，安庆南门外王氏性园也是仿西式建筑的代表，清乾嘉年间书法家邓石如曾作《游王氏性园诗》，沈复《浮生六记》中称其结构"作重台叠馆之法"，"其立脚全用砖石为之，承重处仿照西洋立柱法"，所谓"重台者，屋上作月台为庭院，叠石栽花于上，使游人不知脚下有屋"，"叠馆者，楼上作轩，轩上再作平台，上下盘折，重叠四层"②，其构造十分精妙。

提到明清时期长江流域建筑，徽式建筑不能不提。明嘉靖以来，徽商足迹遍及全国乃至海外，在长江中下游地区，尤其是在江浙一带

---

① ［清］李斗著，许建中注评：《扬州画舫录》，卷12《桥东录》，凤凰出版社2013年版，第309页。
② ［清］沈复著，周公度译：《浮生六记》，卷4《浪游记快·游皖城之胜》，浙江文艺出版社2017年版，第221—222页。

有"无徽不成镇"①之说。在徽商推动下,徽式建筑在这一时期得以迅速扩展,其中牌坊、门楼是一大特色。北宋中叶以来,里坊制逐渐被开放的坊巷代替,坊墙被拆除,但位于主干道的坊门却被保留下来,逐渐演化为牌坊、门楼,成为独立的建筑。在古代,安徽牌坊众多,有关资料显示,安徽现存最早的牌坊是始建于元末的位于歙县郑村的贞白里坊,② 现为安徽省重点文物保护单位。按其建筑材料来分,古代牌坊有木坊、砖坊、石坊等。木坊,如歙县徽城镇斗山街建于明洪武年间的"旌表江莱甫妻叶氏贞节之门"坊、歙县昌溪村建于清中叶的"员公支祠"坊。砖坊,如歙县许村建于明代的"大郡伯第"门坊、徽城镇斗山街建于清顺治七年(1650年)的黄氏"孝烈"砖门坊。石坊数量最多,所用石材种类亦多,如黟县西递"胶州刺史"坊用的是"黟县青",黟县产的黑色大理石;歙县棠樾"矢贞全孝"坊、"节劲三冬"坊、"乐善好施"坊用的是茶园石,浙江淳安产的火山凝灰岩;歙县郑村"贞白里"坊用的是白麻石;绩溪县冯村"进士第"坊用的是花岗岩;等等。③

二、家具装饰

家具形式多样,名称各异,明代文震亨《长物志》中提到的家具主要有桌、椅、案、凳、床、柜、箱、橱、屏、榻等种类。元明清时期家具承继宋代以来的隽秀清雅,具有天然质朴、典雅浑厚的艺术韵味。在木材上,更多地选用花梨、紫檀、红木、相思木、黄杨木等珍

---

① 民国《歙县志》,卷1《舆地志·风土》,《中国地方志集成:安徽府县志辑51》,江苏古籍出版社1998年版,第39页。
② 黄成林等:《安徽旅游文化研究》,安徽师范大学出版社2011年版,第164页。
③ 黄成林等:《安徽旅游文化研究》,第165—166页。

贵木材，富贵之家，凡床橱几桌，"极其贵巧，动费万钱"①。在家具制作方面，苏州、扬州、广州的家具最具代表性。"苏州家具较多的保存了明式家具的遗风，同时也受到广式影响，施用一定的雕刻和玉、牙、竹雕的镶嵌。图案以传统题材为主，苏州擅长制造剔红、文竹、斑竹、髹漆的各式家具。文竹、斑竹家具的制作比硬木家具难度较大，所以，存世极少，比较珍贵。扬州家具近似苏式，雕饰稍显深峻。剔红家具较苏式更重磨工，显得圆滑光润；亦善用掐丝珐琅作装饰。"② 到了清雍正、乾隆朝，苏式家具被广式家具超越，不得不转向普通家具市场。

在家具装饰上，雕漆家具在长江流域也比较流行。目前，国内现存最早的雕漆是上海市郊元任仁发墓出土的踏雪寻梅剔红圆盒。③ 明清时期，苏州有退光、明光、剔红、剔黑、彩漆等，皆异常精美。明后期云南剔红盛行，现存的嘉靖、万历时期的雕漆大多属此类型，"用刀不善藏锋，又不磨熟棱角"④。

第四节　出行用具

元明清时期的出行工具，与前代基本无异。长江流域仍以舟船为主，辅以陆路交通。在水路交通工具上，主要表现为海船的发展和舟的种类增多。

---

① ［明］范濂：《云间据目抄》，卷2《纪风俗》，第111页。
② 杨伯达：《中国古代艺术文物论丛》，紫禁城出版社2002年版，第20—21页。
③ 杨伯达：《中国古代艺术文物论丛》，第168页。
④ 杨伯达：《中国古代艺术文物论丛》，第168页。

一、舟船

元代以来,国家倡行海运,海船需要增加。早在元灭宋之战时,元军就曾利用战船作战,从至元七年至十年(1270—1273年)短短数年间造战船7000艘。[1] 之后,至元十九年(1282年)又造平底海船60艘以运粮。

关于明代海船制,《明史·兵志》中载:

> 舟之制,江海各异。太祖于新江口设船四百。永乐初,命福建都司造海船百三十七,又命江、楚、两浙及镇江诸府卫造海风船。成化初,济川卫杨渠献《桨舟图》,皆江舟也。
>
> 海舟以舟山之乌槽为首。福船耐风涛,且御火。浙之十装标号软风、苍山,亦利追逐。广东船,铁栗木为之,视福船尤巨而坚。其利用者二,可发佛郎机,可掷火球。大福船亦然,能容百人。底尖上阔,首昂尾高,柁楼三重,帆桅二,傍护以板,上设木女墙及炮床。中为四层:最下实土石;次寝息所;次左右六门,中置水柜,扬帆炊爨皆在是;最上如露台,穴梯而登,傍设翼板,可凭以战。矢石火器皆俯发,可顺风行。海苍视福船稍小。开浪船能容三五十人,头锐,四桨一橹,其行如飞,不拘风潮顺逆。艟舻船视海苍又小。苍山船首尾皆阔,帆橹并用。橹设船傍近后,每傍五枝,每枝五跳,跳二人,以板闸跳上,露首于外。其制上下三层,下实土石,上为战场,中寝处。其张帆下碇,皆在上层,戚继光云:"倭舟甚小,一入里海,大福、海苍不能入,必用苍船逐之,冲敌便捷,温人谓之苍山铁也。"沙、

---

[1] 章巽主编:《中国航海科技史》,海洋出版社1991年版,第79页。

鹰二船，相胥成用。沙船可接战，然无翼蔽。鹰船两端锐，进退如飞。傍钉大茅竹，竹间窗可发铳箭，窗内舷外隐人以荡桨。先驾此入贼队，沙船随进，短兵接战，无不胜。渔船至小，每舟三人，一执布帆，一执桨，一执鸟嘴铳。随波上下，可掩贼不备。网梭船，定海、临海、象山俱有之，形如梭。竹桅布帆，仅容二三人，遇风涛辄异入山麓，可哨探。蜈蚣船，象形也，能驾佛朗机铳，底尖面阔，两傍楫数十，行如飞。两头船，旋转在舵，因风四驰，诸船无逾其速。①

从中我们大致可知道明代舟制大概。海风船、乌槽、十装标号软风、苍山、网梭船等都是海船或战船名称。当时南京城北的龙江造船厂就以制造海船著称，最有名的就是郑和下西洋的宝船。1957年，南京市文管会在明代宝船厂遗址发现一根长11.07米的铁力木舵杆，据专家推测，装此舵的船长大概在60米左右。② 太仓卫刘家港也是明清时期重要的造船地，永乐七年（1409年）郑和下西洋便从刘家港出发；清道光年间，仅上海一地就有沙船5000艘，③ 其中绝大多数就是在此建造的。另外，苏州、松江、镇江等地均设有官营造船厂。据《明实录》中有关资料统计，自永乐元年至十七年（1403—1419年），明政府在南方各地建造海船21次，造船共2013艘（缺一次之数）。④ 到清乾隆、嘉庆、道光年间，"上海、乍浦各口有善走关东、山东海

---

① ［清］张廷玉等：《明史》，卷92《兵志·车船》，中华书局1974年版，第2268—2269页。
② 孙机：《中国古代物质文化》，第212页。
③ 刘克祥：《简明中国经济史》，经济科学出版社2001年版，第267页。
④ 李伯重：《明清江南地区造船业的发展》，《中国社会经济史研究》1989年第1期。

船五千余只,每只可载二三千石不等。其船户俱土著之人"①。直至西洋轮船传入,交通工具发生巨大变化,则转入另一个新时期了。

同时,沿长江一线的四川、湖北、湖南、江西等地主要以制造内河船只为主。明初规定,"每年会计粮运应用船只,俱派湖广、四川诸省产木近水州县,军民相兼成造"②,直至清代亦如此。如乾隆时自仪征向汉口运盐船千余艘,"皆系楚省有力民人自行制造,……其船大者装至四千四五百引,计重百万余斤以外。小者亦装至四五百引,计重二十余万斤"③。宋应星《天工开物》中提到一种"江汉课船",指的应是此船,据称:

> 江汉课船,身甚狭小而长。上列十余仓,每仓容止一人卧息。首尾共桨六把,小桅篷一座。风涛之中,恃有多桨挟持。不遇逆风,一昼夜顺水行四百余里,逆水亦行百余里。国朝盐课,淮、扬数颇多,故设此运银,名曰课船。行人欲速者亦买之。其船南自章、贡,西自荆、襄,达于瓜、仪而止。④

再如江西南昌有一种江船称"红船","以云台师巡抚江西时所制红船最稳,且最速。嘉庆十八九年间,始创为于滕王阁下,后各处皆仿造,人以为利"⑤。

---

① 〔清〕钱泳撰,孟裴校点:《履园丛话》上,卷4《水学·协济》,上海古籍出版社2012年版,第72页。
② 〔明〕席书编次,〔明〕朱家相增修,荀德麟、张英聘点校:《漕船志》,卷1《建置》,方志出版社2006年版,第32页。
③ 道光《重修仪征县志》,卷15《食货志》,清光绪十六年(1890年)刻本。
④ 〔明〕宋应星著,钟广言注释:《天工开物》,卷9《舟车·杂舟》,第250页。
⑤ 〔清〕梁章钜撰,吴蒙校点:《浪迹丛谈 续谈 三谈》,卷1《红船》,上海古籍出版社2012年版,第11页。

此外，其他舟船种类亦多。有供游宴之用的，如扬州画舫，清人李斗《扬州画舫录》称：

> 扬州画舫，始于鼓棚。鼓棚本泰州驳盐船，至朽腐不能装载，辄迁入内河，架以枋楣椽柱。大者可置三席，谓之"大三张"，小者谓之"小三张"。驳盐船之脚船，枋楣椽柱如瓜蓏架者谓之"丝瓜架"。木顶船谓之"飞仙"，制如苏州酒船。本于城内沙氏所造，今谓之"沙飞"，皆用篙戙，沙飞梢舱有灶，无灶者谓之"江船"，用橹者为"摇船"，前席棚后木顶者谓之"牛舌头"，用桨者为"划子船"，双桨为"双飞燕"，亦曰"南京篷"。杭董浦《道古堂集》中所谓"八柱船开荡桨斜"，谓此。沙飞重檐飞橹，有小卷棚者谓之"太平船"，覆棕者为"棕顶"，以玻璃嵌窗者谓之"玻璃船"。至于四方客卿达官以及城内仕宦向有官船，皆住北门马头，非游人所得乘也。①

又有不同名目。有供"传宣接递用"②的小快船，如马溜子船；有农船，"农家大小不等，通曰农装。换粪出壅，皆用船载。而南路之罱泥船，东路之扒泥船等类，皆农船也"③；三吴浪船，俗名"太平船"，"凡浙西、平江纵横七百里内，尽是深沟，小水湾环，浪船以万亿计。其舟行人贵贱来往，以代马车、屝履"④；东浙西安船，"浙东自常山至钱塘八百里，水径入海，不通他道，故此舟自常山、开化、

---

① [清]李斗著，许建中注评：《扬州画舫录》，卷18《舫扁录》，第438页。
② [清]李斗著，许建中注评：《扬州画舫录》，卷1《草河录上》，第3页。
③ 同治《湖州府志》，卷33《物产》，清同治十三年（1874年）刻本。
④ [明]宋应星著，钟广言注释：《天工开物》，卷9《舟车·杂舟》，第250页。

遂安等小河起，钱塘而止，更无他涉"①；四川八橹等船，"凡川水源通江、汉，然川船达荆州而止，此下则更舟矣。逆行而上，自夷陵入峡，挽缆者以巨竹破为四片或六片，麻绳约接，名曰火杖"②；等等。

二、陆路交通工具

在陆路交通方面，其骑驴、乘车、骑马、乘舆，与前代基本无异。这一时期，轿之名甚多，如山轿，即竹兜子，"闲时贮一粟庵，遇官舟抵岸则出"③，可知其主要是供乘船出行的达官贵人船抵岸时乘用；飞轿、溜步，供富家仕女出行之用；等等。特别是明代中期以来，轿子开始普遍流行，成为主要代步工具，骑马者日渐减少。明代王士性指出：

> 古者妇人用安车，其后以舆轿代之，男子虽将相不过乘车骑马而已，无轿制也。……人轿自宋南渡始。故今俗惟杭最多最善，岂其遗耶？④

清代随着玻璃制品的普及，出现了用玻璃来代替帘子的轿子，密闭保暖之外视野更加开阔。在清末一些文人吟咏风土人情的诗词中多有体现，如："鹾务家来迥绝伦，坐玻璃轿去游春。不徒轿里人如玉，

---

① [明]宋应星著，钟广言注释：《天工开物》，卷9《舟车·杂舟》，第251—252页。
② [明]宋应星著，钟广言注释：《天工开物》，卷9《舟车·杂舟》，第252—253页。
③ [清]李斗著，许建中注评：《扬州画舫录》，卷16《蜀冈录》，第391页。
④ [明]王士性撰，吕景琳点校：《广志绎》，卷4《江南诸省》，中华书局1981年版，第68页。

轿后跟随亦玉人。"[①] 描写了汉口在道光、咸丰年间已有人使用玻璃轿踏春游玩，人们对坐轿者的容貌可以看得一清二楚。当时在上海等一些口岸城市，已经出现了专门制作带玻璃窗轿子的商铺，即官轿铺，如："呢绒官轿铺争开，外备油衣蔽雨来。窗配玻璃明且暖，良工装饰样新裁。"[②] 指出官轿配以玻璃窗，装饰别出心裁。这种轿子也称蓝呢轿，因价格相对较贵，乘坐者非富即贵，所以俗称"官轿"，主要在晚清时期中国上层社会中流行。

三、桥梁

桥梁方面，在元朝时，古代桥梁的构造类型已基本齐备。明清以来，长江流域经济更加繁荣，主政地方官捐廉修桥，士绅富商修桥行善之事常见于地方志记载。

如江西建昌府在明清时期创建或重修桥梁143座，由官员捐赀修建的有11座，如明正德年间郡守杨谊修建通福桥、清顺治年间南丰知县郑钹修建的惠政桥，上层士绅或家族捐修的达92座。[③] 再如，湖北竹溪县踩新桥，原名彩升桥，据《竹溪县志》载，于乾隆十三年（1748年）由当地士绅卢彩升建，[④] 是该县保留完好的一座古石桥；花市桥，原为木桥，因年久毁坏，于雍正二年（1724年）由乡民刘景云等募建石桥；[⑤] 这些都是由士绅或官员捐建。古时的桥梁往往寄

---

① 施襄：《竹枝词十二首之六》，载徐明庭辑校：《武汉竹枝词》，湖北人民出版社1999年版，第123页。
② ［清］颐安主人：《沪江商业市景词·官轿铺》，载顾炳权编著：《上海洋场竹枝词（新版）》，上海书店出版社2018年版，第164页。
③ 翟岩：《清代江西建昌府士绅与地方公共事务》，江西师范大学硕士学位论文，2011年，第22—30页。
④ 同治《竹溪县志》，卷3《建置·桥梁》，清同治六年（1867年）刻本。
⑤ 同治《竹溪县志》，卷3《建置·桥梁》。

托了人们美好的愿望，如湖北孝感李师桥，初由"元时巫者李氏建"，旧志云"以织女理丝于此"而俗称理丝桥，明万历间知县彭之轨重修。① 再如明代汉阳修建的桥多以"福""寿""安""乐"命名，如多福桥、长寿桥、永安桥、安乐桥等，据《汉阳县志》载，永安桥即西门桥，元末创建，后遭毁，明成化三年（1467年）通判石磐重修，此桥是旱路通往郡州、京城唯一道路，也是郊游归元寺、月湖、古琴台的水陆必经之地，故图"永安"吉利，诗人有诗云："长亭相伴永安桥，送君惜别雨潇潇。莫待柳叶焦黄瘦，早托鱼雁传捷报。"② 同时在汉阳还有寓意行善的问善桥、报效皇恩的迎恩桥、崇信神灵的聚仙桥和慈渡桥。③

第五节 日常用具

这一时期，烟草的传入与种植，给当时的人们和社会带来了深远的影响；各种伞、扇、文房用具等的制造已逐渐专业化，习惯在某个用具前冠以产地；同时，各类休闲娱乐活动增多，相应的物品种类也多了起来。

一、烟草的种植

15世纪末，欧洲探险者哥伦布等人在发现美洲新大陆的同时，带回了土著印第安人喜用的烟草，由于烟草给人带来了前所未有的体验，因此得以快速在欧洲推广。随着新航路的开辟和资本主义的扩张，烟草首先传入吕宋岛（今菲律宾），然后分两条线路传入中国，

---

① 光绪《孝感县志》，卷2《营建志·桥梁》，清光绪九年（1883年）刻本。
② 罗时汉：《古城汉阳》，武汉出版社2017年版，第133页。
③ 罗时汉：《古城汉阳》，第133页。

一是北路，先传至日本、朝鲜，再传到我国；二是南路，由吕宋岛传入我国台湾，后传到福建、广东等地。史书记载较多的是南路的传播。明万历年间有一位叫姚旅的学者在其撰写的《露书》中记载：

> 吕宋国出一草曰"淡巴菰"，一名曰"醺"，以火烧一头，以一头向口，烟气从管中入喉，能令人醉，且可辟瘴气。有人携漳州种之，今反多于吕宋，载入其国售之。
>
> 淡巴菰，今莆中亦有之，俗曰"金丝醺"。叶如荔枝，捣汁可毒头虱，根作醺。①

由此可知，烟草传入我国的时间大致在明万历年间，首先在福建漳州、莆田等地种植，时称"淡巴菰""金丝醺"，之后北传至江、浙。明张介宾《景岳全书》中提道："此物自古未闻也。近自我明万历时始出于闽、广之间，自后吴、楚间皆种植之矣。"② 至明末已传至北方。烟草在传入中国后迅速在各阶层流传，以至于崇祯年间，北边军事重镇驻军因过度吸烟而造成战斗力下降，不得已颁令禁止，史书载：

> 万历末有携（烟草）至漳泉者，马氏造之曰淡肉果。渐传至九边，皆衔长管而火点吞吐之，有醉仆者。崇祯时严禁之不止。其本似春不老，而叶大于菜，暴干以火酒炒之，曰金丝烟，北人呼为淡把姑，或呼担不归，可以去湿发散，然久服则肺焦，诸药

---

① ［明］姚旅著，刘彦捷点校：《露书》，卷10《错篇下》，福建人民出版社2008年版，第261页。

② ［明］张介宾：《景岳全书》下，卷48《本草正上·隰草部·烟》，上海科学技术出版社1959年版，第926页。

多不效，其症忽吐黄水而死。①

至清代，烟草更加流行，"公卿士大夫，下逮舆隶妇女，无不嗜烟草"②，俗语云"开门七件事，今且增烟而八矣"③，足见烟草的受欢迎程度。

烟草的品种也很多，各地有名烟出产。清代陈琮《烟草谱》中说道：

> 衡烟出湖南，蒲城烟出江西，油丝烟出北京，青烟出山西，兰花香烟出云南，他如石马、佘糖、蒲城、济宁等名皆是。……总之，闽产者佳，燕产者次，湘江、石门产者为下。④

另杭州还有"杭烟"，并称"土人多种此为业"⑤。清人陆耀《烟谱》中亦提到浙江塘西镇、四川川烟、衡州衡烟等名，可见在清代烟草种植已形成一定规模。

二、纸伞

前文提到，唐代纸伞已广泛在民间使用，北宋时期纸伞结构定型。因纸伞要上桐油后才能使用，故又称油纸伞。宋应星《天工开

---

① [明]方以智：《物理小识》，卷9《草木类上》，商务印书馆1937年版，第237页。
② [清]王士禛撰，湛之点校：《香祖笔记》卷3，上海古籍出版社1982年版，第56页。
③ [清]刘廷玑撰，张守谦点校：《在园杂志》，卷3《烟草》，中华书局2005年版，第117页。
④ [清]陈琮：《烟草谱》，卷1《土产》，四库全书本。
⑤ [清]陈琮：《烟草谱》，卷1《杭烟》。

物》中载，"凡糊雨伞与油扇，皆用小皮纸"①，这种工艺一直延续到现在。明清时期在多水多竹的长江流域出现了一批生产油纸伞的作坊，制伞业十分兴盛，还出现了精工彩绘的花伞。比较有代表性的有浙江余杭油纸伞、四川泸州油纸伞、湖南长沙油纸伞、云南腾冲油纸伞等。

浙江余杭油纸伞，据相关史料记载，清乾隆三十四年（1769年），余杭有董文远九房开设伞店，世代相传。四川泸州油纸伞，据《泸县志》载，泸州分水油纸伞起源于明末清初，许氏家族传承油纸伞制作已历八代。每把伞36根伞骨，以楠竹为原料，辅以皮纸、岩桐木、水，桐油等材料制成。②清乾隆、嘉庆朝，湘鄂两地是重要的油纸伞产。当时湖北蒲圻、潜江、天门、汉川、汉阳等地纸伞都较有名。

伞除了遮阳挡雨外，还被古人赋予了其他含义。如杭州《白蛇传》故事，红油纸伞成为爱情的媒介与重要道具。类似情节在南戏《拜月亭记》中也有。再如，旧俗中，进京赶考或赴任之人的随身物品中总有一把油纸伞，寓意"高中"和"平安"。正因如此，一些地区流传着与伞相关的俗语和谚语，如湖北赤壁"借伞不用谢，只要晾过夜"，英山"新墙靠不得伞，麻雀过身也要赶"，等等。

三、扇子

扇子，拂暑取凉，古人四季皆有持扇。明清时期，纨扇继续流行，清孔尚任《桃花扇》正是以纨扇为引，讲述了秦淮歌伎李香君与

---

① ［明］宋应星著，钟广言注释：《天工开物》，卷13《杀青·造皮纸》，第332页。
② 冯立昇、关晓武、张治中：《工具器械》，大象出版社2016年版，第197—198页。

文人侯方域的故事。清代佚名《深柳读书堂十二仕女图》中,有一幅仕女手持一柄湘妃竹柄的纨扇,扇面由冰裂梅花轻纱制成,相当雅致。①

折扇,在明清时期进一步发展,"敛之不盈于把,圆也有中乎规。出袂而轻飔自动,拂膺而凉思允宜"②,不仅是文人夏令随身之物,也是一些仕女常用之物。清阮葵生《茶余客话》中写道:

> 明人尚金扇,即上方赐予亦皆金面。康熙间,尚金陵仰氏扇,伊氏素纸扇,继又尚青阳扇、武陵夹纱扇、曹扇、靴扇、溧阳歌扇。近日又尚丰润画扇,《野获编》称聚头扇。吴制外惟川扇至佳。其精雅宜士人,其华灿宜艳女。至于正龙、侧龙、百龙、百鸟之属,尤宫掖所尚,溢出人间,尤贵重可宝。③

这一时期,长江流域的杭扇、川扇、金陵柳氏扇、吴扇等享誉全国。

杭扇,宋朝时已负盛名,清康熙年间杭扇发展到顶峰,扇业工匠遍布全城,据《中国实业志》记载,清中叶杭城营制扇者总计有五十余家,工人之数达四五千人。④ 至光绪年间,王星记扇庄诞生,所制扇子成为贡扇。

川扇制造历史悠久,明沈德符《万历野获编》中称"聚骨扇,自

---

① 马大勇:《青闺爱巧:中国女子的古典巧艺》,重庆大学出版社2013年版,第143页。
② [明]顾鼎臣、杨循吉著,蔡斌点校:《顾鼎臣集 杨循吉集》,《折扇赋》,上海古籍出版社2013年版,第436页。
③ [清]阮葵生撰,李保民校点:《茶余客话》,卷19《扇》,上海古籍出版社2012年版,第464页。
④ 冯立昇、关晓武、张治中:《工具器械》,第203页。

吴制之外，惟川扇称佳"①，故而成为贡品之一。据记载，"四川布政司所贡，初额一万一千五百四十柄，至嘉靖三十年加造备用二千一百，盖赏赐所需。四十三年又加造小式细巧八百，则以供新幸诸贵嫔用者，至今循以为例"②，可见统治者对川扇的喜爱。明人何宇度对川扇制作方法作了概要记述，"竹本蜀所富有，第不甚坚厚。纸则出嘉州彭县，轻细柔薄，惟可制扇"③，即以蜀地竹为骨，以嘉州、彭县纸为扇面，扇之大小，视扇骨多少、长短而定。

吴扇，泛指长江下游太湖流域和古属吴地之扇，以苏州为中心，旁及嘉兴、南京。万历中，"吴中折扇，凡紫檀、象牙、乌木者俱目为俗制，惟以棕竹、毛竹为之者称怀袖雅物。其面重金亦不足贵，惟骨为时所尚"④，有一种水磨骨竹折扇更称上品。明清时期，文人在扇面题诗作画成为风气，文震亨曾说："姑苏最重书画扇，其骨以白竹、棕竹、乌木、紫白檀、湘妃、眉绿等为之，间有用牙及玳瑁者，有员头、直根、绦环、结子、板板花诸式，素白金面，购求名笔图写，佳者价绝高。"⑤ 此一时期出现了一批制扇名手，"其匠作则有李昭、李赞、马勋、蒋三、柳玉台、沈少楼诸人"⑥，其所制扇，价值高昂，沈德符称："往时名手有马勋、马福、刘永晖之属，其值数铢。近年则有沈少楼、柳玉台，价遂至一金，而蒋苏台同时，尤称绝技，

---

① ［明］沈德符撰，杨万里校点：《万历野获编》，卷26《玩具·四川贡扇》，上海古籍出版社2012年版，第559页。
② ［明］沈德符撰，杨万里校点：《万历野获编》，卷26《玩具·四川贡扇》，第559页。
③ ［明］何宇度：《益部谈资》卷上，载《入蜀记（及其他二种）》，中华书局1985年版，第8页。
④ ［明］沈德符撰，杨万里校点：《万历野获编》，卷26《玩具·折扇》，第559页。
⑤ ［明］文震亨著，李瑞豪编著：《长物志》，卷7《器具·扇》，第182—183页。
⑥ ［明］文震亨著，李瑞豪编著：《长物志》，卷7《器具·扇》，第183页。

一柄至直三四金，冶儿争购，如大骨董，然亦扇妖也。"① 至清代，苏州成立了折扇业公所，同时，折扇传入欧洲，17世纪中叶风靡法国上流社会，使得折扇制造进一步发展。

除了纨扇、折扇、竹扇、羽扇外，清代王廷鼎《杖扇新录》中有一种茧扇，据说浙东人于蚕吐丝时，用光漆圆盘置十数蚕其中，以物盖之，蚕往来组纴，适如盘样，丝尽而止，出其茧，粘作团扇，光洁匀密。时人还曾作《咏茧扇二首》：

> 雾縠霜纨总未同，慧心蚕女弄清风。不知三起三眠后，多少冰魂折叠中。
>
> 丝丝无迹比兜罗，谱曲堪为障面歌。明月半弯裁妙相，动摇花里得香多。②

四、文房用具

宋元之际，宣笔受战乱影响逐渐衰落，当地一些笔工迁往邻近的浙江湖州，进而把宣笔制造技术带入当地，从而使其逐渐成为全国制笔业的中心。据乾隆《湖州府志》载："湖州出笔，工遍海内，制笔皆湖人，其地名善琏村。"③ 湖笔以羊毫、狼毫、紫毫等为原料，尤以羊毫最负盛誉，采用当地产的"嘉兴路"山羊之毛，明李诩《戒庵漫记》中赞道："造笔羊毫，天下皆出，以嘉兴峡石第一。"④ 明代以

---

① ［明］沈德符撰，杨万里校点：《万历野获编》，卷26《玩具·折扇》，第559页。
② 曹惠民、陈伉主编：《扬州八怪全书》第3卷，《汪士慎李鱓诗文书画全集》，中国言实出版社2008年版，第432页。
③ 乾隆《湖州府志》，卷41《物产》，清乾隆二十三年（1758年）刻本。
④ 朱世力主编：《中国古代文房用具》，上海文化出版社1999年版，第152页。

来，江南社会经济进步繁荣，文人画审美意识不断增强，在这些因素刺激下，柔软的湖笔一枝独秀，并总结出一套制笔工艺。屠隆《考槃余事》云："大抵海内笔工，皆不若湖之得法。"① 到了清代，湖笔开始走出家乡，传向外地，雇佣工人制笔并兼营文房用具的笔肆出现，如北京的"戴月轩""贺连清""李玉田"，上海的"周虎臣""杨振华"等。②

元明清以来，湖州涌现出一大批制笔高手。如元代张进中，"管用坚竹，毫用鼬鼠，精锐宜书。吴兴赵子昂、淇上王仲谋、上党宋齐彦，皆与之善。尚方有所需，非进中笔不用。进中每自持笔入宫，必蒙赐酒食。"③ 明代陆继翁，曾棨作《赠笔工陆继翁》一诗云："吴兴笔工陆文宝，制作不与常人同。自然入手造神妙，所以举世称良功。……惜哉文宝久已死，尚有家法传继翁。我时得之一挥洒，落纸欲挫词场锋。枣心兰蕊动光彩，栗尾鸡距争奇雄。"④ 字里行间透露出对陆文宝、陆继翁父子制笔的赞许。另外，还有如王古用、吉水郑伯清、吴兴张天锡、杭州张文贵等，都是制笔名家。其中，张文贵擅制画笔，时人称"画笔以杭之张文贵为首称"⑤。

与笔搭配使用的笔格、笔屏、笔床在明晚期多废置不用。元代时出现了笔筒，"湘竹、棕榈者佳，毛竹以古铜镶者为雅，紫檀、乌木、花梨亦间可用"⑥。竹雕笔筒以"嘉定三朱"（指朱鹤、朱小松、朱三

---

① [明]屠隆撰，秦跃宇点校：《考槃余事》，卷2《笔笺·工》，凤凰出版社2017年版，第48页。
② 中国湖州·国际湖笔文化节组委会编：《湖笔与中华文明：湖笔文化论坛论文集》，湖州日报印刷厂2001年版，第122页。
③ [清]阮葵生撰，李保民校点：《茶余客话》，卷19《制笔名手》，第453页。
④ 朱仲玉等：《中国古代的文房四宝》，上海文化出版社2003年版，第29—30页。
⑤ [明]屠隆撰，秦跃宇点校：《考槃余事》，卷2《笔笺·工》，第48页。
⑥ [明]文震亨著，李瑞豪编著：《长物志》，卷7《器具·笔筒》，第166页。

松)、金陵所制最负盛名,其中故宫博物院藏朱鹤的"松鹤笔筒""海棠笔筒",刀法简洁稳重,打磨出光。① 另,"苏州濮仲谦水磨竹器,如扇骨、酒杯、笔筒、臂搁之类,妙绝一时"②。

纸的种类较唐宋时期增多,其制造原料仍是竹、麻、树皮、稻草等。比较有名的如:元代,绍兴地区产"彩色粉笺、蜡笺、黄笺、花笺、罗纹笺";江西产"白藤纸、观音纸、清江纸"③。明代永乐年间在江西西山置官局造纸,所造纸称"连七""观音纸",江西铅山"奏本纸",浙江常山"榜纸",江西临川"小笺纸",浙江上虞"大笺纸",吴中"无纹洒金笺纸",松江"潭笺",荆川连纸"背厚砑光,用蜡打各色花鸟,坚滑可类宋纸",新安"仿造宋藏经笺纸"④,苏州有"春膏笺、水玉笺"⑤。清代造纸在明代基础上继续发展,主要分布在江西、浙江、安徽、四川等省,这一时期竹纸产量最多,皮纸次之,多作书画纸和印刷纸使用。宋应星《天工开物》中专门记载了"造竹纸""造皮纸"的工艺过程。其中有一种"火纸",荆楚地区"有以焚侈至千斤者",为"竹麻和宿田晚稻稿所为"⑥;铅山"柬纸",则"全用细竹料厚质荡成",染红者为"吉柬",类似今天的红包封皮,其纸"敦厚而无筋膜"。⑦ 至晚清时期上海开办伦章造纸局,

---

① 卞宗舜、周旭、史玉琢:《中国工艺美术史》,中国轻工业出版社1993年版,第380页。
② 邓之诚:《骨董琐记全编》下,《骨董续记》卷1《濮仲谦水磨器》,第308页。
③ [明]屠隆撰,秦跃宇点校:《考槃余事》,卷2《纸笺·元纸》,第44页。
④ [明]屠隆撰,秦跃宇点校:《考槃余事》,卷2《纸笺·国朝纸》,第45页。
⑤ 洪武《苏州府志》,卷42《土产》,台湾成文出版社有限公司1983年版,第1725页。
⑥ [明]宋应星著,钟广言注释:《天工开物》,卷13《杀青·造竹纸》,第327页。
⑦ [明]宋应星著,钟广言注释:《天工开物》,卷13《杀青·造竹纸》,第328页。

用西法造纸，中国造纸业又进入了新的发展阶段。

随着造纸技术的发展，书籍印刷选纸亦有了一套标准，书籍印刷质量得以进一步提高。"凡印书，永丰绵纸上，常山东纸次之，顺昌书纸又次之，福建竹纸为下。绵贵其白且坚，柬贵其润且厚，顺昌坚不如绵，厚不如柬，直以价廉取称。"① 这一时期，除了泥活字流行外，还出现了锡活字、木活字、铜活字、铅活字等，其中铜活字印刷书籍数量最多，现知最早制造铜活字并用以印书的是明代江苏无锡的华燧，其会通馆于明弘治、正德年间用铜活字印刷了近20种图书，如《宋诸臣奏议》《容斋随笔》《百川学海》等。② 据明人邵宝《容春堂集》载："（华燧）少于经史多涉猎，中岁好校阅异同，辄为辩证，手录成帙。……既而为铜字板以继之，曰：'吾能会而通矣。'"③ 除此之外，苏州金兰馆、五云溪馆，南京张氏，建阳游榕等曾用铜活字印刷。另，明代陆深《金台纪闻》称："近日毗陵人用铅铜为活字，视板即尤为巧便，而布置讹谬尤易。"毗陵即今常州，然没有实物可证。套印技术也已产生，如元至正元年（1341年）湖北江陵人刘觉广套印无闻和尚注的《金刚经》，经文红色，注文墨色。④ 明清套印技术继续发展，代表如凌濛初，多刻有戏曲小说，采用朱墨套印。⑤

我国自古用香，各类香具的功能、造型、装饰随着人们对香文化的深入了解而逐步完善。明清以来，香文化更加普及，香炉、香盒、香瓶、香斗、熏球、香囊等成为生活日用物品。香炉，"夏月宜用磁

---

① ［明］屠隆撰，秦跃宇点校：《考槃余事》，《附录·印书》，第115页。
② 刘洪涛、石雨祺：《中国古代印刷》，中国商业出版社2015年版，第130页。
③ 刘洪涛、石雨祺：《中国古代印刷》，第131页。
④ 曹之：《中国古代图书史》，武汉大学出版社2015年版，第99页。
⑤ 曹之：《中国古代图书史》，第100页。

炉，冬月用铜炉"①，铜炉以"宣铜彝炉稍大者，最为适用"②。

五、乐器

明代南戏流传甚广，除了其曲调与声腔优美之外，还因为有笛、笙、箫、琵琶、鼓、板、锣等丝竹乐器的引声托腔。苏州是当时有名的乐器制造地，顾颉刚曾说："音乐器具如箫、笛等，亦以苏制为善。"③ 有不少乐器制作高手，张岱《陶庵梦忆》中曾写道："张寄修之治琴，范昆白之治三弦子，俱可上下百年保无敌手。"④ 浙江钱塘的惠祥、高腾、祝海鹤等⑤所制琴在当时亦负有盛名。另外，此时人们在排箫音管上加上盒子，成为精致的棂箫，上绘龙凤图案。清代又出现"双翼棂箫"，形象更近凤凰。

六、游戏之物

儿童玩具仍主要由泥、草、竹、木、布做成。其中，泥质、陶质玩具以江苏无锡惠山的大阿福、大花猫和苏州虎丘的泥美人、泥婴孩为代表；竹木玩具如浙江宁海的白木雕刻玩具，东阳、嵊县的竹编玩具；等等。

棋具方面，滇南在元明以后成为我国最大的棋子产地。明代凌濛初《二刻拍案惊奇》《小道人一着饶天下 女棋童两局注终身》篇中就提到了"黑白两般云南窑棋子"。云南棋子，又称云子、永子，光

---

① ［明］文震亨著，李瑞豪编著：《长物志》，卷8《位置·置炉》，第211页。
② ［明］文震亨著，李瑞豪编著：《长物志》，卷7《器具·香炉》，第160页。
③ 顾颉刚著，王煦华辑：《苏州史志笔记》，江苏古籍出版社1987年版，第116页。
④ ［明］张岱：《陶庵梦忆》，卷1《吴中绝技》，上海古籍出版社1982年版，第9页。
⑤ ［明］屠隆撰，秦跃宇点校：《考槃余事》，卷2《琴笺·国朝琴》，第45页。

绪《永昌府志》中载：

> 永昌之棋甲于天下。其制法以玛瑙石合紫瑛石研为粉，加以铅硝，投以药料，合而煅之，用长铁铗蘸其汁，滴以成棋。有鸦色深黑者最坚，次碧绿者稍脆，又蜡色、杂色及黑白皆有花者，其下也。①

古代博戏，除了下棋对弈外，还有叶子戏、纸牌。如《西湖老人繁盛录》中曾载，南宋临安城市场有专门出售"扇牌儿"即纸牌的店铺②；《宋史·艺文志》中有《叶子格》3卷、《小叶子例》1卷、《偏金叶子格》1卷，说明宋代叶子戏已有不同玩法。③ 明代出现新型叶子戏，称马吊。据典籍记载，"万历之末，太平无事，士大夫无所用心，间有相从赌博者。至天启中始行马吊之戏"④。明代江苏吴县人冯梦龙曾撰有《马吊牌经》，清代《红楼梦》第47回《呆霸王调情遭苦打　冷郎君惧祸走他乡》中就有提到打牌，应指的就是打马吊。马吊在发展过程中常与赌博结合，故而清乾隆时期禁止马吊，后又以麻将的形式在民间宴饮及其他娱乐活动中流行。⑤ 麻将，江南习称"麻雀牌"，《清稗类钞》中载，"麻雀，马吊之音转也。吴人呼禽类如刁"⑥，是在骨牌上绘制图案而成。

---

① 光绪《永昌府志》，卷62《杂纪志·轶事》，清光绪十一年（1885年）刻本。
② 伊永文：《古代中国札记》，中国社会出版社1999年版，第165页。
③ 张立辉：《和古人一起玩游戏》，中国戏剧出版社2010年版，第226页。
④ 张亮采：《中国风俗史》，吉林出版集团股份有限公司2017年版，第148页。
⑤ 王辉：《中国古代娱乐》，中国商业出版社2015年版，第108页。
⑥ [清]徐柯编撰：《清稗类钞》，第4906页。

第四章　元明清时期长江流域的物用

第六节　劳作工具

在总结前人的农业、手工业生产基础上，各类劳作用具制作不断提升，在传统工具之外，新增了牛转水车、制棉工具等。

一、农具

农具方面与前代基本无异，仍使用秧马、水车等。明代以来，使用牛转水车的资料多了起来。宋应星《天工开物》中称：

> 其湖池不流水，或以牛力转盘，或聚数人踏转。车身长者二丈，短者半之，其内用龙骨栓串板，关水逆流而上。大抵一人竟日之力，灌田五亩，而牛则倍之。①

顾炎武《肇域志·松江府》中载："灌水以水车，即古桔槔之制。……高乡之车曰水龙。有不用人，而以牛运者曰牛车。"② 从以上两段材料可知，明代牛转翻车在江南已推广使用。另还有用风者，"其制如牛车，施帆于轮"③。

二、纺织工具

元明清时期，随着棉花种植的扩大，在纺织工具方面出现了一些变化。

元代长江流域已经有了轧棉铁轴、弹棉弓、卷棉筳、纺车、织机

---

①　[明]宋应星著，钟广言注释：《天工开物》，卷1《乃粒·水利》，第30页。
②　[明]顾炎武：《肇域志》，《松江府》，上海古籍出版社2004年版，第33页。
③　嘉庆《松江府志》，卷5《疆域志·风俗》，清嘉庆二十三年（1818年）刻本。

等制棉工具。其中，纺车有"容三繀""容四繀""容五繀"之分，其中江苏等地常见"容三繀"者，江西乐安有"容五繀"者①。弹棉弓，"以竹为之，长可四尺许，上一截颇长而弯，下一截稍短而劲。控以绳弦，用弹绵英，如弹毡毛法。务使结者开，实者虚；假其功用，非弓不可"②。卷棉筳，"多用无节竹条代之"③。除此，还有一种拨车，"其制颇肖麻苎蟠车，但以竹为之，方圆不等，特更轻便"④。

织机方面，元明清时期不断改进。崇祯《吴县志》中就记录了明末苏州地区使用的绫机、绢机、罗机、纱机、绸机五种，这也说明不同织物使用不同的织机。腰机，"凡织杭西、罗地等绢，轻素等绸，银条、巾帽等纱，不必用花机，只用小机。织匠以熟皮一方置坐下，其力全在腰尻之上，故名腰机"⑤。此腰机流传不广，仅在江南地区使用。斜身式花楼机，"凡花机通身度长一丈六尺，隆起花楼，中托衢盘，下垂衢脚（水磨竹棍为之，计一千八百根）""其机式两接，前一接平安，自花楼向身一接斜倚低下尺许，则叠助力雄"⑥，为妆花技术的发展提供了前提。四川博物院藏的一台清代木质蜀锦机，机具较前代更为精密。

---

① [明]徐光启撰，石声汉校注：《农政全书校注》中，卷35《蚕桑广类·木棉》，第971页。

② [元]王祯撰，缪启愉、缪桂龙译注：《农书译注》下，《农器图谱集19·纩絮门》，第781—782页。

③ [元]王祯撰，缪启愉、缪桂龙译注：《农书译注》下，《农器图谱集19·纩絮门》，第782页。

④ [元]王祯撰，缪启愉、缪桂龙译注：《农书译注》下，《农器图谱集19·纩絮门》，第785页。

⑤ [明]宋应星著，钟广言注释：《天工开物》，卷2《乃服·腰机式》，第87页。

⑥ [明]宋应星著，钟广言注释：《天工开物》，卷2《乃服·机式》，第85—86页。

第七节　节仪物用

　　明清两代，爆竹种类更加繁多，南方城镇流行用彩纸裹药的花炮，种类不一，如"起火、砖花、纸花，以丝横系而旋者曰金盘银，投于水中而复出者曰水老鼠，又名水鸭"①。再如，《金瓶梅》第42回《逞豪华门前放烟火　赏元宵楼上醉花灯》中就有"起火""西瓜炮""赛月明""霸王鞭""紫葡萄""地老鼠""十段锦""火梨花"等多种。燃放爆竹的时间也已不限于大年初一清晨，而且无论贫富贵贱均要放爆竹。这一时期，浏阳花炮驰名海内，"《中国实业志》载：'湘有爆竹造制，始于唐代，发达于宋末及清乾隆年间，湘东之浏阳为花炮制造之中心地。'"②

　　在节庆装饰方面，有灯彩、年画。明清时期，随着商品经济的发展，一些繁荣城市里灯节兴旺，灯品众多。如据正德《姑苏志》载，苏州有荷花灯、葡萄灯、鹿犬灯、走马灯、栅子灯、夹纱灯等。当地也有不少制灯艺人高手，如顾后山，擅长用麦秆擘丝制灯；赵萼，擅制夹纱灯，"映日则光明莹彻，芬菲翔舞，恍在轻烟之中，与真者莫辨"③。再如，湖北孝感有圆灯、美人灯、猴灯、苏人灯、鳌山灯等，"以一人冠高巾，衣褒衣，手挥大扇，皆竹为之，内各然灯"，即苏人灯。④ 另外，桐乡剔墨纱灯、滇南料丝灯、景德镇瓷器皮灯等都是富有地方色彩的观赏灯。滇南料丝灯，郎瑛《七修类稿》中载：

---

① 光绪《孝感县志》，卷5《风土志·节序》，清光绪九年（1883年）刻本。
② 谭仲池主编：《长沙通史：现代卷》，湖南教育出版社2013年版，第476页。
③ 崇祯《吴县志》，卷53《人物二十·工技》，上海书店出版社1990年版，第609页。
④ 光绪《孝感县志》，卷5《风土志·节序》。

> 料丝灯出于滇南，以金齿卫者胜也。用玛瑙、紫石英诸药捣为屑，煮腐如粉，然必市北方天花菜点之方凝，而后缫之为丝，织如绢状，上绘人物山水，极晶莹可爱，价亦珍贵。盖以煮料成丝，故谓之料丝。①

料丝灯即玻璃灯，光洁透亮。

年画，版画的一种，明清以来随着市民文化的空前繁荣而得以迅速发展，苏州桃花坞年画是其代表。郑振铎《中国版画史》中曾言："坞中诸肆，殆为江南各地刊画之总枢。盖自徽派版画式微以后（乾隆以后徽派刻工无闻焉），吴中刻工则起而代之矣。"② 据相关典籍记载，苏州桃花坞年画在明末已有完整的、独特风格的年画，至清雍正、乾隆年间，虎丘一带就集中了众多画铺，山塘河岸、桃花坞北寺塔一带店铺林立，有名的画铺前期有季长吉、季祥吉、吕云台、吕君翰、吕云林、王君甫、张星聚、张文聚、魏鸿泰、陆福顺、陆嘉顺、墨香斋、泰源、张临等，稍后有王荣兴、陈同盛、陈同兴、吴锦增、吴太元、鸿云阁等。③ 这些年画制作方式也有一定区别，《桐桥倚棹录》中记：

> 山塘画铺，异于城内之桃花坞北寺前等处，大幅小帧俱以笔描，非若桃花坞寺前之多用印板也。唯工笔粗笔各有师承，山塘画铺，以沙氏为最著，谓之沙相。所绘则有天官三星、人物故

---

① [明]郎瑛：《七修类稿》，卷44《事物类·料丝》，第642页。
② 郑振铎编：《中国版画史图录》1，中国书店2012年版，第6—7页。
③ 《苏州通史》编纂委员会编，王国平、唐力行主编：《苏州通史：清代卷》，苏州大学出版社2019年版，第392页。

事，以及山水、花草、翎毛，而画美人为尤工耳。①

可以看出，年画主要内容多为驱凶辟邪、祈福迎祥、花鸟山水、民俗生活等。桃花坞年画给周边地区如扬州、南通、上海、安徽等地以明显影响。如扬州年画最初是从苏州贩运，后自己刻印，刻法套色与苏州无异；清光绪年间上海老校场有专门销售桃花坞年画的店铺"老文仪"。

自唐代以来至明清时期，长江流域人们就喜爱绣品挂件，荷包、香袋之类逐渐取代玉挂件，《红楼梦》中就有"林黛玉误剪香囊袋"的记载。当时一些城市已经出现专卖各式香囊、荷包、扇袋、烟袋等的店铺。

这些节仪物用的出现，给长江流域人们的生活增添了色彩，也反映出古人对美好生活的追求。

---

① ［清］顾禄：《桐桥倚棹录》，卷10《市廛》，古吴轩出版社，苏州大学出版社2022年版，第361—362页。

第五章 晚清时期长江流域的物用

晚清时期，中国出现千年未有之大变局，传统的自然经济和自给自足的物质生活逐渐解体，工业化产品涌入中国市场，不断改变着人们的生活乃至观念。近代文明嫁接在长江流域丰厚的经济文化积累基础上，在19世纪中叶后获得了飞速发展。

作为中国经济重心的长江流域，成为世界贸易体系的重要一环。中国早期近代化的重要特征是商贸先行。19世纪50年代，位于长江入海口的上海取代东南沿海的广州，成为中国第一大贸易港口。1853年上海进出口贸易额占英国对华进出口总值的53.8%，1855年则达到60%。[1] 上海既是长江下游的经济中心，也是全国对外贸易的枢纽城市，有"东方巴黎"之誉。中游的汉口，是仅次于上海的中国第二大贸易港，有"东方芝加哥"之称，"扬子江贸易以汉口为中枢"[2]，由此，汉口实现了由汉江时代以转输为主要特征的国内贸易重镇，向长江时代以转口贸易为主的世界港口的转变。西南的重庆，位于川东要冲，1891年开埠后，得风气之先，成为长江上游的经济中心。此外，镇江、九江、芜湖、安庆、沙市、宜昌、湘潭、老河口等长江流域港埠，发挥着区域集散的作用。在航运和贸易的联通下，作为晚清

---

[1] 萧致治主编：《鸦片战争史》下，福建人民出版社1996年版，第668页。
[2] ［清］徐柯编撰：《清稗类钞》，第2351页。

中国贸易的核心区域，长江流域出现了中国最早的一批近代化城镇，沿江口岸城市带的雏形形成。

物质变迁是长江流域近代化的基础和表征。坚船利炮、洋油洋火、洋布洋针、东西洋药品等工业化产品，震动了数千年自给自足、男耕女织的小农经济社会。电灯如月，可以不夜，清水自来，可以不涸，电话传语，可以代面，电线递信，速于置邮，新器物形塑了长江口岸城市社会面貌。

新器物同样引起了长江口岸城市居民生活方式的变化。照明设备的改变，使人们睡眠时间减少，娱乐时间和受教育时间延长。自来水带来了生活质量的提升，饮水卫生得到改良，生活舒适度有所增加。口岸城市近代化加速，新的行业、新的群体、新的阶层、新的文化正在形成。东西方文明差异性在某种程度上减小，上海、汉口等成为当时中国最具现代化特征的城市，"Modern"在上海有了它的第一个译音"摩登"，并成为都市生活的潮流。①

物质媒介的发展为近代思想的传播提供了条件和可能性。铅石印书、报章杂志、教材教案、电报电话、摄影相片、留声唱片等新物，成为文化变迁、思想传播的载体。伴随着新事物的涌入，数千年未有之变局惊现。

第一节　新旧杂糅的衣服装饰

衣食温饱，是中华民族数千年的朴素追求。作为日常生活基本物资的衣物，在晚清时期发生了明显变化，新式衣物逐渐进入普通人的

---

① ［美］李欧梵：《上海摩登——一种新都市文化在中国 1930—1945》，毛尖译，北京大学出版社 2001 年版，第 5 页。

生活，并进而影响着人们的行为和思想观念。

一、衣服

晚清时期，服饰的变化体现在特殊群体、特别场合乃至日常生活中，其中日常服饰最直观反映生活方式、思想观念的嬗变。

(一) 布料的变化

近代开埠后，经由上海出口的江南丝织品数额激增："自海禁大开，夷商咸集上海，湖丝出口以南浔七里丝为尤著。"同时，洋纱由上海大量输入中国，"寸长圆木瘦中腰，束上棉纱细密条。五色分明装匣卖，名呼洋线各方销"①。道光年间，在丝织业重镇苏州盛泽，出现一种新布料："以洋纱为纬，而经以丝，质轻而肥"②，衣物原料实现了中西混合。

19世纪50年代起，随着西方机器制布的大规模输入，纺车所织白而结实的传统土布市场大为缩减。长江口岸输入大量各色洋布，"西洋花布色纷纭，各有专牌仔细分。如欲新翻何式样，绘图定办独超群"。即使在西南边陲云南，1877年时，"商店里的洋货颇多"③，有哔叽、羽纱、羽绸、红法兰绒、丝绒等。

(二) 款式的变化

1. 日常服装

晚清时期，在来华外国人士眼中，"全中国三亿人都穿着蓝布衣衫，男的女的小孩都一样，这些衣衫都是宽大而没有样式的，全国的

---

① [清]颐安主人：《沪江商业市景词》，载顾炳权编著：《上海洋场竹枝词（新版）》，第194页。

② 彭泽益编：《中国近代手工业史资料1840—1949》第1卷，生活·读书·新知三联书店1957年版，第478页。

③ 姚贤镐编：《中国近代对外贸易史资料1840—1895》第2册，中华书局1962年版，第1106—1107页。

衣衫样式和尺码还不到五种"①。随着衣料的多元化，服色款式也随之更易，更为合体和轻便，其中女性上下装呈变短趋势，男性趋新者好穿西装革履。服饰的阶层界限被打破，"近来风俗日趋华靡，衣服僭侈，上下无别，而沪为尤甚"②。

这一时期，市场上的成衣店仍仅能制作中式服装，西式成衣店数量很有限。1863年，在汉口还买不到光皮长靴、松紧带窄靴、法式窄口皮鞋、粗花呢或法兰绒质地的外套及裤子。③1876年，中国自制的现代皮鞋在上海诞生，修补西式皮鞋起家的鞋匠沈炳根，制成了中国第一双现代皮鞋，并在生意扩大后，开办了永兴皮鞋公司，但消费群体极小。

2. 婚俗服饰

晚清中国，婚礼服装主要是男翎顶补服，女凤冠蟒袍。受在华外侨影响，长江流域一些城市婚礼仪式、服装、用具开始去旧从新，④"光宣之交，盛行文明结婚，倡于都会商埠，内地亦渐行之"⑤。新式婚礼或穿西服婚纱，或中外合璧。

3. 军队服装

19世纪60年代，湘淮军基本采用传统的兵勇服装。1899年，湖广总督张之洞从日本订购行军雨衣2000件、背包2000个、马鞍36

---

① 彭泽益编：《中国近代手工业史资料1840—1949》第1卷，第508页。
② [清]王韬：《瀛壖杂志》，上海古籍出版社1989年版，第10页。
③ 黄薇：《时尚、衣着与社会变迁：基督教与近代都市日常着装》，载复旦大学历史学系、复旦大学中外现代化进程研究中心编：《近代中国的物质文化》，上海古籍出版社2015年版，第107页。
④《结婚新式》，《申报》1906年2月12日。
⑤ [清]徐柯编撰：《清稗类钞》，第1987页。

副、鞍囊 136 个。① 1900 年，又向日本购置步兵雨衣 1600 件、背包 1600 个、军刀 160 把、骑兵装具 36 套。② 至 20 世纪初，各省新军普遍改穿西式军服。

(三) 制作方式、洗涤方式的变化

晚清时期，绝大部分服装仍旧采取手工制作。价格低廉、家用必备的缝衣针由传统个体锻造变为流水线加工："一针分作数人为，打眼磨尖各有司。独力何如群力速，愈多愈快价相宜。"③ 而开埠较早的上海等口岸大城市，开始引进缝纫机。《申报》广告显示，1907 年，上海出售的缝纫机"手摇脚踏，大小俱全"④。

洗涤用品也发生了变化。传统的清洁衣服用品，主要由稻草灰中的碱质或皂荚提炼而成。晚清时期，洋碱大量输入，"连年洋碱广消场，价为参差又立章。岂独浣衣争买众，各般配料用偏忙"⑤。当时更高端的洗涤用品是肥皂，"肥皂"一称主要流行于长江流域，北方则唤作"胰子"，华南称为"枧"（通"碱"）。1854 年时，上海出现英商售卖肥皂的广告，这一时期肥皂价格较高，仍属于奢侈用品。19 世纪 90 年代后，肥皂大量输入，价格降低后，使用的家庭才开始增多。

传统洗衣主要是手洗，有时借助棒槌、搓板等木质工具。1858

---

① ［清］张之洞：《致上海余道台》，载赵德馨主编，吴剑杰、周秀鸾等点校：《张之洞全集》第 10 册，武汉出版社 2008 年版，第 28 页。
② ［清］张之洞：《致东京钱念劬》，载赵德馨主编，吴剑杰、周秀鸾等点校：《张之洞全集》第 10 册，第 94 页。
③ ［清］颐安主人：《沪江商业市景词》，载顾炳权编著：《上海洋场竹枝词（新版）》，第 175 页。
④ 《缝纫机出售》，《申报》1907 年 10 月 28 日。
⑤ ［清］颐安主人：《沪江商业市景词》，载顾炳权编著：《上海洋场竹枝词（新版）》，第 180 页。

年，美国人史密斯发明了洗衣机，1865年时，上海一家洋行有洗衣机在售。1878年，英国人在上海开设了机器洗衣局。1900年，华人开办的中国机器洗衣公司出现在上海虹口。1907年，上海美丽公司采用干洗技术，"均不拆动，洗旧如新"，满足了干洗西服的需要。①

二、饰物

清末，剪发在留学男青年中已经出现，武昌起义前，即流行有"革命，革命，剪掉辫子反朝廷"的歌谣。② 女性留短发则要迟至20世纪第一个十年末。

晚清时期牙粉、香皂、雪花膏等名类繁多的进口洗漱品大量涌入通商口岸，"外洋名厂造香胰，精制标牌别出奇。包饰光华装匣美，芬芳气味合时宜"③。据估计，20世纪早期35%—50%的进口商品是被通商口岸居民所消费。④ 口岸城市中的高等妓女群体较早接触了价格相对昂贵的护肤品，并经由社交活动和媒体宣传，引导了上海等城市富家小姐、名媛、影视明星等的消费潮流。百货阗集的上海，成为西式衣饰物用传播的重要集散点和示范地，"绸缎绫罗非不华美，而偏欲以重价购洋绸，……甚且衣袜、眼镜、手巾、胰脂，大凡来自外洋者，无不以为珍贵"⑤。

---

① 李长莉：《中国近代社会生活史》，中国社会科学出版社2015年版，第237页。
② 程英：《中国近代反帝反封建历史歌谣选》，中华书局1962年版，第547页。
③ [清]颐安主人：《沪江商业市景词》，载顾炳权编著：《上海洋场竹枝词（新版）》，第180页。
④ 张仲礼、沈祖炜：《近代上海市场发育的若干特点》，《上海社会科学院学术季刊》1994年第2期。
⑤ 《论西货近日消流甚广》，《申报》1888年1月1日。

第二节　多元化的饮食器物

物质背后是社会生活的变迁。传统时期，长江流域日常饮食主要来源于本区域农业产物和自然资源。晚清时期，饮食受市场影响明显，西式饮食进入了长江流域部分居民的日常生活。

一、多元化的饮品

（一）自来水

长江流域是中国最早使用自来水的地区。与北方饮用水依赖井水不同，传统时期长江流域多是将江河湖泊水以明矾澄清后，煮沸饮用。晚清时期，城市人口急剧增加，地表水受到更大污染，霍乱等急性肠胃传染病频繁发生。受公共卫生观念影响，江河湖泊的自然之水，逐渐与现代净化技术结合，成为一种商品，即自来水。

1881年，上海英租界在全国开自来水业先河，最早建立了储水的水塔，"地藏铁管达江中，曲折回环室内通。更置龙头司启闭，一经开放水无穷"[1]。1904年，四川设立了自来水厂。1907年，汉口既济水电公司成立，其中水厂15500余平方米，设有浑水池、滤水池、清水池等，"观上海虽有此，其规模迥不汉口若也"[2]。1911年时，既济水电公司管道铺设进了租界区域，承担了租界自来水业务。由于区域发展不均衡，长江流域的云南到1915年才创办了自来水股份有限公司。

---

[1] ［清］颐安主人：《沪江商业市景词》，载顾炳权编著：《上海洋场竹枝词（新版）》，第102页。

[2] 武汉地方志办公室、武汉图书馆编：《民国夏口县志校注》，武汉出版社2010年版，第210—211页。

(二) 其他饮品

西餐的佐餐热饮咖啡为时人所知，"考非何物共呼名，市上相传豆制成。色类沙糖甜带苦，西人每食代茶烹"①。

晚清时期，长江流域出现饮冰时尚。加冰的苏打水、荷兰水（又称汽水）等是夏令畅销饮料，"荷兰冰水最清凉，夏日炎炎竞爱尝。中有柠檬收敛物，涤烦祛秽代琼浆"②。19世纪50年代，上海有末士法、卑利远也、厌拜巴了华利等外商饮料公司。1892年，英商在上海华德路开设了泌乐水厂。

趋新阶层餐饮聚会时的酒品主要有啤酒（又称别酒）、红酒、白兰地、香槟（香冰）等，时谣云："外洋名酒到春申，酿自葡萄各种陈。大小瓶装无限数，价昂多售与西人"，"刀叉耀眼杯盘洁，我爱香槟酒一觞。"③

普通民众日常饮品来源仍是茶水。中国茶文化源远流长，长江流域是重要的茶产地，湖北、湖南、江西、安徽、浙江、江苏等省都盛产茶叶，这一区域民众喜好饮用沸水冲泡的绿茶。

二、西式食品的传播

上海是近代中国外侨最集中的城市，1911年时达到30292人。④侨民日用的洋酒饼饵丰富了晚清中国民众的饮食选择。1858年，英国人亨利·埃凡在上海创立了面包店，时人称之为埃凡馒头店，"匀

---

① ［清］颐安主人：《沪江商业市景词》，载顾炳权编著：《上海洋场竹枝词（新版）》，第192页。

② ［清］颐安主人：《沪江商业市景词》，载顾炳权编著：《上海洋场竹枝词（新版）》，第192页。

③ ［清］颐安主人：《沪江商业市景词》，载顾炳权编著：《上海洋场竹枝词（新版）》，第174页。

④ 上海文献委员会编印：《上海人口志略》，1948年铅印本，第28—29页。

调麦粉做馒头，气味多膻杂奶油。外实中松如枕大，装车分送各行收"①。1866年，上海出版的《造洋饭书》，介绍了牛排（Beef steak）等的做法。长江流域一些口岸陆续开埠后，西餐在口岸城市快速传播，面包、牛排、咖啡等进入趋新人士餐桌。

（一）西餐

西餐馆（番菜馆）在中国最早出现于上海，为1883年开办的一品香。此后，一家春、海天春、杏林春、四海、吉祥春、万长春等番菜馆不断开设。除在沪西人外，一些趋时的年轻男女也喜欢到番菜馆用餐。1885年，沿海的广州开设了经营西餐的太平馆。20世纪以后，京津等地才流行起西餐。汉口中国人经营的第一家西餐馆瑞海番菜馆则于1913年营业。

（二）罐头食品

19世纪70年代，随着加压蒸煮器的发明，以及阿帕尔特加热法解决了灭菌问题，美国诞生了世界上最早的罐头企业，罐头牛乳、沙丁鱼罐头、牛肉罐头等很快输入中国。1893年，沿海的广州出现了中国第一家罐头企业——广茂香罐头厂。随后，长江流域崛起为近代中国罐头食品业重点区域。1904年，重庆人冉隆泽在江津县创办了建馨厂，生产罐头、果酒，成为长江流域及中国西部第一家罐头厂。1905年，留日学生冉曦之和冉君毅购回日本手工制罐设备，在重庆城南纪门设厂生产罐头。1906年，上海泰丰食品公司开始生产双喜牌禽肉类罐头。20世纪初，安徽安庆的胡美玉酱园适应形势变化，增加了罐头、冷饮等新品种，逐渐由传统酱园向近代食品厂转型。

（三）鲜奶及代乳品

传统时期，中国的牛种主要是水牛和黄牛，用于耕作或肉食，尽

---

① ［清］颐安主人：《沪江商业市景词》，载顾炳权编著：《上海洋场竹枝词（新版）》，第174页。

管北方早有食用新鲜牛乳的情况，但多是自产自用。西人日常习惯饮用牛奶，晚清时期，随着在华侨民逐渐增多，乳用型牛种被引进到中国。

在上海，进口乳牛与中国黄牛杂交，培育了适应中国环境的川沙奶牛。乳牛本土化后，牛乳实现了商品化。牛乳主要供应在华外国人群体，近代强身保种话语下，牛奶被视为极好的滋养品。

依托西方营养学理论，牛奶粉、牛乳膏、牛乳油等代乳品大量输入中国。当时在上海销售的代乳品有雀巢奶粉、雀巢麦乳精、三乳燕珍粉、燕东参贝牛奶膏、鹰牌牛乳油等，其中小儿代乳粉供应对象为无法吃母乳的儿童，其他代乳品多与中国传统参燕等滋补品结合，被宣称具有补益气血、强筋健骨功效，消费者主要是成年人。[1] 根据《申报》记载，市面甚至出现了数量众多的进口代乳品的假冒品。[2]

（四）精糖与糖精

中国糖品大宗为蔗糖，东南沿海、长江流域及西南地区等甘蔗、甜菜产地制糖业发达。受交通运输限制，供应范围有限，如四川糖主要供应本省和两湖地区，售价也相对较高，被视为富裕阶层的滋补食品。

中国传统手工制糖时称"土糖"，西方机器制糖时称"洋糖"。洋糖中的白糖，也称精糖，"色泽莹白，人咸爱之"。另有块糖，"外洋糖果到春申，五色玲珑异样存。映得玻璃并艳丽，争先纷买喜尝新"[3]。洋糖主要由海关输入，由于人工成本低，洋糖售价较廉，其

---

[1] 章斯睿：《塑造近代中国牛奶消费：对近代上海乳业市场发展及其管理的考察》，上海社会科学院出版社2021年版，第97、107页。

[2] 《英美等国租界公廨会讯案》，《申报》1904年8月15日。

[3] ［清］颐安主人：《沪江商业市景词》，载顾炳权编著：《上海洋场竹枝词（新版）》，第162页。

消费日渐平民化，成为日常普通食品。

土糖在洋糖冲击下销量渐少，如同治年间（1862—1875年）江西"洋糖盛行，土糖碍销，各糖行多有亏折歇业"①。1898年，户部曾提议"若合江西、浙江、江苏、安徽素常种蔗之地，广植丰收，购机制造，则岁增之利无算"②。上海作为糖类贸易主要港口，曾有设立精糖制造厂之议。③1909年，在商务局及川督赵尔巽的支持下，四川资江拟成立精糖公司，利用新法对川糖进行改良，后因辛亥革命爆发未能实行。

除各种植物炼制的糖品外，晚清市场上还出现了化学合成的"糖精"（saccharin）。糖精的原料是煤焦油，味觉上引起的甜感是蔗糖的300—500倍，但食用后对人体有害。1879年美国霍普金斯大学的康斯坦丁·法利德别尔格发明了糖精，并于1886年在德国建立了世界上第一个糖精工厂。《申报》自1897年开始出现燕窝糖精或戒烟糖精广告，主要由华兴公司、南洋华典公司、广英公司、暹罗大耀、暹罗大德等上海代售点发售。1898年汉口黄陂街美最利、广盛裕出现代销华典燕窝糖精的广告，宣扬其具有养生补益、补身延寿功效。20世纪30年代，糖精有毒才见诸舆论。

总体上，这一时期中国糖类的市场销售量一直处于增长状态。机制糖消费的增加被看作是文化高下及进步迟速的表征之一。④此外，上海冠生园、汉口汪玉霞、南京桃源村等甜点在这一时期创始或大发展，也间接说明糖类逐渐由少数人偶尔食用的药品、营养品，向民众

---

① 陈炽：《续富国策》卷1，清光绪二十二年（1896年）刻本。
② 《户部议复各省自辟利源折》，载王有立主编，倚剑生撰：《中华文史丛书之四十一：光绪二十四年中外大事汇记（3）》，华文书局1969年版，第1564页。
③ 廖世伦：《振兴糖业议》，《商务官报》1906年第15期，第1—6页。
④ 《袁文钦关于振兴全国糖业意见书》（1924年9月），载中国第二历史档案馆编：《中华民国史档案资料汇编》第3辑，凤凰出版社1991年版，第264页。

日常食品转变。

三、成瘾品在长江流域的传播

(一) 鸦片

明清时期，鸦片被作为止痛药物使用，开埠后至19世纪80年代，一度成为进口最多的物品。鸦片由上海、汉口等港输入后，少部分供应本地市场，大部分由洋行分销到腹地省份。随着进口鸦片税率的统一，以及云贵川自种自产，鸦片进口额大幅减少，1885年降落到棉纺织品之后。在强种保国思想影响下，1907年武昌设立了风俗改良会，力戒各种陋俗。武穴医生杨济泰鉴于吸食鸦片导致"四耗"和"十害"，广搜验方，制成解毒丸，帮烟民解除毒瘾，在民间有"南有林则徐断绝毒源，北有杨济泰解除病根"之誉。①

(二) 烟草

烟草在中国的消费具有延续性。明嘉靖年间，福建水手从菲律宾带回烟草种子，后逐渐在广东、江浙乃至全国种植。最初烟草被作为辅助性药品使用，如清人叶梦珠《阅世编》记载："流寇食之用辟寒湿。"②后逐渐成为日常吸食品，分旱烟和水烟两种，都需要借助烟具。

卷烟在晚清时期输入中国。1891年美国人在天津兴办的老晋隆卷烟厂，是我国境内最早的机器卷烟厂。中国最早的民族机器卷烟厂诞生于长江中游的湖北宜昌，为1898年广州商人开办的茂大卷烟叶

---

① 贾海燕：《荆楚医药》，武汉出版社2016年版，第201页。
② [清]叶梦珠撰，来新夏点校：《阅世编》卷7，中华书局2007年版，第192页。

制造所。① 该厂产品主要为雪茄，1900年停业。

长江流域卷烟产业发达，消费市场广大。在上海，1892年，美商茂生洋行于浦东陆家嘴开设了该市第一家外商烟厂。1899年，上海第一家国人创办的手工卷烟作坊范庆记建立。1904年成立的德伦烟厂则是上海最早的民族机器卷烟厂。

英美烟草公司在长江流域拥有绝对市场，1902年在英国成立后，该公司以上海为大本营，开拓中国市场。1907年英美烟草公司在昆明设立分公司，拥有三家代理商号，②最初是通过缅甸将纸烟卷贩运至云南，1910年滇越铁路通车后，开始由香港取道东京运进云南。③1911年，英美烟草公司又于汉口鄱阳街合作路口设立分公司，自建大楼办公，拥有六合路、硚口两个分厂。

与明清时期烟草主要是中上层个别人士的喜好不同，卷烟输入后，受众广及不同阶层的男性，兼及标新立异的女性，"纸卷香烟广及时，年轻争买口含之。沪商多学洋人款，知己相逢赠一枝"④。

此外，石灰、蔗糖制成的石灰槟榔作为成瘾性食品，在晚清时期为湘潭民间日常食用。槟榔原产海南，经由湘粤商道，大量输入湘潭，据光绪《湘潭县志》记载，当时"槟榔之费，拟垺稻粱"⑤。

---

① 朱和平、李蕊廷：《传统走向现代：晚清民国包装业的转型》，《工业工程设计》2021年第6期。
② 《英美烟草公司代理商号详表》，载汪敬虞编：《中国近代工业史资料第2辑1895—1914年（下）》，科学出版社1957年版，第231页。
③ 彭泽益编：《中国近代手工业史资料（1840—1949）》第2卷，第481页。
④ ［清］颐安主人：《沪江商业市景词》，载顾炳权编著：《上海洋场竹枝词（新版）》，第148页。
⑤ ［清］王闿运：《湘潭县志·序》，清光绪十五年（1889年）刻本。

四、长江流域出口饮食物

（一）由盛转衰的茶叶出口

上海开埠后，取代广州成为南方茶叶主要出口港。在上海，应运而生了大量"土庄茶栈"，将茶源地采买的毛茶改制加工后出口，如天宝祥经营祁门红茶，洪昌隆主打祁门乌龙茶，新隆泰的名产品是婺源贡熙茶等。后由于印度、锡兰茶叶竞争，中国绿茶、红茶出口转衰。

1869年，苏伊士运河开通后，汉口港开始直接对外贸易，销往俄国的茶叶成为汉口港出口的最大宗商品。中国输往俄国茶叶的90%由汉口集散，主要是湖北羊楼洞所产黑砖茶。俄商在汉口开设了新泰等三家机械化砖茶加工厂。经汉口出口或转口的茶叶占全国茶叶出口量的40%—60%，以至于海外形成了"Hankow tea"茶叶品牌。

1893年，俄国人波波夫从汉口回国时，带走数万公斤茶籽、数千株茶苗以及汉口刘氏茶坊委派的刘峻周等10名茶工。经过反复试验，刘峻周在湖北茶树基础上，培育出适合高加索、巴统等黑海地区种植的茶树品种，开启了俄国种茶史，砖茶出口受到严重阻滞。

（二）出口激增的蛋品

长江流域河湖众多，乡村多散养鸡鸭，蛋品资源充裕。传统时期，民间禽蛋多自产自用，蛋行主要是收购可腌制成咸蛋的鸭蛋。至晚清海外市场大开，禽蛋成为出口大宗。这一时期出口蛋品一种是鲜鸡蛋，一种是加工蛋。加工蛋是通过冷冻、脱水处理，加工成干蛋白、干蛋黄、全蛋粉等，用作食品原料或肥皂等轻工业原料。

最早的洋商蛋厂出现于汉口。1887年，德商在汉口开办了美最时洋行，开始经营鸡蛋出口业务，此后，英商礼和、法商工兴、比利时商人开办的瑞兴等陆续成立。1905年，京汉铁路开通后，河南等北方省份的鸡蛋沿铁路集散到汉口出口。① 1907 年，英国著名的跨国企业"联合冷藏公司"在中国设立第一家洋行——汉口和记洋行，经营蛋粉加工及肉类出口业务。至 1911 年，汉口共有蛋厂 12 家，其中外商 10 家。1911 年，汉口和记洋行在南京开办了分行，继续经营蛋品等食品出口贸易。

1909 年，浙江宁波人阮文中在河南和安徽宿州开办了中国最早的民族蛋厂——元丰蛋厂。上海人汪新斋在江苏清江、徐州等地也开设蛋厂。② 随着蛋业不断繁荣，鸡蛋成为长江流域乡村重要的农副产品。

对外贸易促进了港口经济的发展，以汉口港为例，其出口物前三为茶叶、牛皮和禽蛋。茶叶集散和出口为汉口赢得了"东方茶港"的地位，也催生了湖北最早的近代工厂——汉口顺丰砖茶厂的诞生。"皮革是汉口对外贸易中的当家产品之一"，汉口出口的黄牛皮源于当地水牛，主要销往美国和欧洲大陆。1876 年，一家英国商行开始在汉口采用机器压制皮革。③ 汉口是晚清时期中国蛋产品加工中心，蛋加工业规模在全国居第一位。④

五、饮食物背后的观念变化

传统时期，长江沿岸居民多食用鱼虾藕菱等水产，水中微生物众多，常引发肠道疾病。初夏入江产卵的鲥鱼，肉质鲜美，明清时期的著作却称之为"瘟鱼"。瘟鱼之说，与夏令长江流域肠道传染病较多

---

① 王治平：《汉口蛋行史话》，《武汉文史资料》1994 年第 2 期。
② 王强：《近代蛋品出口贸易与蛋业发展》，《史林》2014 年第 5 期。
③ ［英］穆和德等：《江汉关十年报告 1882—1931》，李策译，武汉出版社 2022 年版，第 39、77 页。
④ 陈真编：《中国近代工业史资料》第 4 辑，生活·读书·新知三联书店 1961 年版，第 473—474 页。

不无关系，实际鲫鱼并无特别的致病因素。[①] 晚清时期，西方细菌知识传入，人们对介水传染病有了比较科学的认知，卫生防疫相关部门要求对取自长江的饮用水进行消毒处理，禁食禁售腐败水产品，"鲫鱼致疫说"遂不再见诸文字。

第三节　中外并陈的建筑

传统时期人们安土重迁，静态空间中的起居所，在生活中具有重要地位。晚清时期，人们日常生活所在的静态空间更为多元。

晚清时期，器物及器物背后的近代社会存在赓续传统和独出创新并存的状态。19世纪中叶以后，城市经济、文化、市政、生活新设施在沿江通商大港相继出现，与传统各功能建筑杂陈于城市街巷，集中地显示了近代长江流域城市的变化和发展。

一、城市边界、行政建筑的变化

(一) 城市边界标志物的改变

中国传统的区域政治中心，基本都修筑有城墙。在下游的南京石头城周长约3000米，南面开2门，东面开1门，西北因紧靠长江不设城门。古老的城墙终难抵御列强的坚船利炮。在轮船尚未抵达的成都，古老的城墙历经多次修葺，并在原来四个城门基础上，新增三门，成为当地最高大的建筑。

晚清时期，长江流域城市地位和人口规模较其他流域为高、为大，部分省会城市空间逐渐向城墙外延展，区域经济中心城市则出现了拆除城墙现象。在上海，1905年，士绅代表曾公决拆去城垣，修

[①] 姜明辉：《以鲫为瘟：古代长江鲫鱼的污名化》，《农业考古》2021年第1期。

筑马路，以利于商业交通。因遭遇反对，只是添建了三座城门。

汉口作为商镇，长期没有城墙。1864年，为防范水灾兵患，湖广总督官文督修了汉镇堡垣。"购木桩以植基，采红石以成垣，开堡门八座，建炮台一十有五"①，建成了上自硚口，下及沙包，全长十一里多的汉口堡。1906年张公堤竣工，堤内的城堡不再具有防水价值，经张之洞奏请于1907年拆除，并在原址修建了后城马路。汉口拆城筑路，带动了城市的变革。新筑的张公堤及沿堤马路，变为了汉口新边界。

(二) 地方治理机构建筑多元化

华界衙署建筑与传统时期相比变化不大，衙署仍维持着仿清宫正殿陈设程式的床榻、香案、屏风等，以突显衙署的庄重威严。仅局部细节上出现了时代性变化，如上海衙署公堂进门木质门框换成了石质罗马柱式拱券结构，木炕倚屏由传统的坐式大插屏，换成了黑白相间的几何纹壁纸墙面，炕桌也略去了明清家具丰富的线脚，代之以桌面光滑、方形桌腿、几何形装饰纹样的西式家具。②

领事馆、工部局、巡捕房等租界管理机构内外形制，迥异于华界，多是券廊式独立建筑。如1861年在汉口始建的英国领事馆，是一座三面皆有宽大拱廊露台，外墙拉毛粉刷，入口台式门斗，房屋塔顶升起的两层楼房，具有明显的维多利亚时代建筑特色。1862年建成的法国领事馆为巴洛克式建筑，二层砖木结构，四周走廊连通各露台。1895年建成的德国领事馆为二层砖混结构，四周均有外券廊，外立柱为多立克柱式，屋顶有阁楼，阁楼是半圆形采光窗和玻璃采光顶棚。1903年建造的日本领事馆属于明治时期的仿洋式建筑，为红

---

① 武汉地方志办公室、武汉图书馆编：《民国夏口县志校注》，第595页。
② 杨小军、张华：《晚清上海厅堂陈设——以〈点石斋画报〉中的室内场景画面为中心》，《中国建筑装饰装修》2010年第9期。

瓦坡顶的两层砖木结构。1904年建成的俄国领事馆，为二层砖木结构，券廊中间凸出，两翼展开，带有拜占庭风格。租界兴建的各国办公大楼，无不具有本国建筑特色，构成了汉口租界区风格多样的近代建筑群。

二、住居建筑新旧杂陈

（一）市民居所

1. 日益局促的院落

随着长江沿岸城镇的飞速发展，城市人口稠密，地价昂贵，居住空间严重不足。在汉口，平民住宅主要是进深很大、简化了两侧厢房的一进或二进式民居，高耸的外墙包裹着狭小的院落，"房屋与房屋之间栉比鳞次都挨得很紧，房屋高，街道窄，并且在高屋后多建狭长的筒屋，为此，采光差、通风不足、充满阴气"①。空间局促，寸土寸金，导致建筑"堂屋高昂天井小，十家阳宅九家阴"②。

2. 石库门建筑在长江流域兴起

石库门建筑，一说最早出现于遭遇太平天国战乱的宁波。宁波商人融合中国传统的穿斗式木结构，加上西式的砖墙承重，在外滩建筑了中西合璧的联排式民居。建筑群入口处门框为石质，进入后两侧为数十间一二层相互毗连的屋宇，纵深很长，形成条状里弄，因此被看作是早期的里弄雏形。后宁波商人将适合小家庭需要的石库门建筑带到了上海。③一说是起源于长江流域的上海。1855年，英国商人在租

---

① ［日］水野幸吉：《中国中部事情：汉口》，武德庆译，武汉出版社2014年版，第36页。

② ［清］叶调元著，徐明庭、马昌松校注：《汉口竹枝词校注》，湖北人民出版社1982年版，第7页。

③ 董玉梅：《汉口里分》，武汉出版社2017年版，第1—3页。

界内按照西式联排式结构,建造了第一批木质里弄式民居。19世纪70年代,为防止火灾,里弄改为砖木结构。

20世纪初,上海石库门建筑为其他口岸城市效法。在汉口,1900年至1911年间,上海地产商建筑了三德里,广州地产商则兴建了宝善里,大买办刘歆生自建了生成里,洋行买办杨坤山、黄厚卿合资建造了坤厚里,山陕商人建立了山陕里,覃怀会馆建立了怀安里,等等。汉口的里分建筑多为二层砖木结构,红砖外墙,带有老虎窗的坡型屋顶,出入口有中国传统式牌楼,大门为黑漆实心,建筑雕刻装饰多为西式。在房屋内部设备上,部分高档里分住宅地板有隔热防寒的底空层,并配有卫生设备。① 这一时期里分建筑多存在于租界及租界边缘,民国初年才逐渐向华界扩展。

总体来看,晚清时期,一般平民住宅多延续传统造型,仅在局部引入西方建筑元素,如洋门脸大门,外立面西式脚线,以及青砖、铸铁、玻璃、地砖等西式建材点缀屋宇的重要部位。

3. 城郊棚屋急剧增加

沿江城市贫民有吊脚楼居、墩台居和棚居多种居住建筑形式。吊脚楼是长江流域传统干栏式建筑的延续,屋下以木桩支撑,适应沿江枯水丰水变化。如在汉口,"河坡江岸后湖堤,多少人家构木栖。一样楼台跨近水,临河清泚后湖泥"②。墩台居是在水中高地建屋或垒土为墩起屋。③ 棚屋是用竹竿、木头竖起来做柱子,两侧以苇席、稻草等覆盖,抹以泥巴搭建而成。整个棚屋呈夹型,空间较小,且没有

---

① 董玉梅:《汉口里分》,第4—6页。
② [清]叶调元著,徐明庭、马昌松校注:《汉口竹枝词校注》,第11页。
③ 陈刚:《近代汉口社会转型与住居形态发展(1889—1938)》,武汉出版社2022年版,第58—60页。

窗户，内部阴暗潮湿，冬冷夏热。"湖地河边人住满，芦棚多似乱坟堆"①，棚屋建在远离市中心的堤岸边、铁路旁，星罗棋布，数量众多。晚清时期，随着城市化的进程，郊区破产和谋业农民大量涌入城市，加之逃灾难民，出现了临时搭建棚屋的高峰。

4. 商住混合建筑广泛存在

沿江口岸城市还存在商住混合、前店后宅型住宅。在西部商业最繁荣的成都，临街的房子多作为店铺，住宅和街面经常只有一个门槛之隔。在"九分商贾一分民"的汉口，这一屋居形式占比很大，形成了汉口浓郁的市井气息。商住混合建筑前店为木结构，装有可拆卸活动门板，容易遭受火灾。民国后，砖石构造的底商上宅式建筑逐渐取代了前店后宅式建筑。②

(二) 园林住宅

晚清时期，园林住宅分为两种。一种是新修建的传统样式的园林住宅。随着城市的繁荣，口岸城市商人仿效官僚生活方式，广建园林。在上海，著名园林如张园、徐园、愚园、西园等，最初都是私家园林，后逐渐向文人乃至市民开放。这其中，张园仿西式，徐园为中式，愚园中西合璧，西园有三处，此外还有顾园、颐园、怡园等小规模园林。这些园林集花园、戏院、会堂等功能于一体，不断发展成为近代上海著名的公共活动场所。

汉口多巨富，各省商人建筑了大规模的别墅园林，如河南商人的"豫成园"，徽商所筑"谁园"，苏商的"怡园"，地产大王刘歆生的

---

① ［清］叶调元著，徐明庭、马昌松校注：《汉口竹枝词校注》，第188页。
② 陈刚：《近代汉口社会转型与住居形态发展（1889—1938）》，第54—55页。

"刘园"等。怡园内有十二景，求奢与求雅并存，号称"汉上胜地"。①

在南京，最著名的私家园墅是爱园，为晚清桐城文人汪正鋆寓居南京时所建，位于城内鸡鸣山南麓，"深松茂竹是君家，白塔青山屋后遮。红板遍通三径水，绿亭高拥一园花"，风景优美。该园毁于太平天国战事，并最终在清末为新建立的校舍湮没。②

在湖南，随着湘军和湘籍督抚的崛起，长沙等地出现了建造宅邸的热潮，如曾国藩家族在荷叶塘等地修建府第9处，大将刘锦棠在杨家滩建造百间以上的大屋7栋。此外，长沙还有李星沅的李家花园、郭松林的郭家花园等。③

第二种是口岸城市新出现的花园洋房。沿江口岸租界建造的西式庭院式建筑，因面积宽阔，讲究绿化，被称为花园洋房。这种建筑多使用砖石水泥建成，"洋楼金碧耀生光，铁作栏干石作墙"④。花园洋房内部设有西式火墙、壁炉等。

而在地处西南边陲的昆明，传统民居兼具中国传统建筑和少数民族建筑风格，以平房和一楼一底房屋为主。滇越铁路通车后，新式建筑大量出现，风格主要为法式或中法合璧式。

(三) 行旅居所

1. 会馆公所

会馆、公所是各省商人团体自建的，供本省商人联络感情和居住

---

① [清]范锴著，江浦等校释：《汉口丛谈校释》，湖北人民出版社1999年版，第34页；李勇军、陆楚琼：《地方文献中的清代汉口城市社会》，《湖北社会科学》2009年第8期。
② 周安庆：《昔日丹青证沉史》，《东方收藏》2015年第3期。
③ 刘美志、郭平兴：《湘军兴起与近代湖南早期物质生活的演变》，《船山学刊》2007年第2期。
④ [清]佚名：《春申浦竹枝词》，载顾炳权编著：《上海洋场竹枝词（新版）》，第56页。

的场所。商帮会馆建筑最多的城镇是汉口。晚清时期,汉口镇会馆林立,据民初各会馆联合会的调查,会馆总数达到 200 余处,有阳明会馆、江西会馆、山陕会馆、广东会馆、齐鲁会馆等,建筑富丽气派,其中绍兴商人的阳明会馆、江西商人的万寿宫最豪华。据《汉口竹枝词》描述:"一镇商人各省通,各帮会馆竞豪雄。石梁透白阳明院,瓷瓦描青万寿宫。"① 绍兴阳明会馆梁柱为大型白石,粗需数人合抱,色泽晶莹如玉;江西会馆万寿宫占地 4000 平方米,建筑以瓷为瓦,雅洁无尘。此外,徽州会馆建筑整齐划一,"夹道高檐相对出",山陕会馆"极为壮丽"。这些会馆供奉地方或行业保护神,"公所会馆为各帮聚议之所,大半设有神座,春秋演古致祭"②,如黄帮商人会馆帝主宫祭祀紫微侯张瑞,汉口盐商会馆大王庙祭祀河神谢绪,江西会馆祀许旌阳,安徽会馆祀朱熹,山西会馆祀关羽,等等。

湘潭作为南北转口贸易及漕粮贸易重镇,本帮、西帮、南帮、北帮、苏帮、广帮、建帮等商帮汇聚,各帮会馆林立,1817 年会馆有 19 个,其中江西会馆多达 6 个。清末云南府城昆明,位于滇中核心区位,水陆交通便利,作为省会和全省行政、军事、经济、文化中心,是云南最大的城池,至少有 9 家会馆。③

2. 旅馆酒店

由于五方杂处,人流频繁,长江流域城镇旅店业非常发达。晚清时期,传统旅栈和新式旅馆并存,"栈房行店密于鳞,各有财东各有宾"④。在汉口,传统旅栈较多,因规模相对较小,留存的具体记载

---

① [清] 叶调元著,徐明庭、马昌松校注:《汉口竹枝词校注》,第 14 页。
② 徐焕斗:《汉口小志·寺观志附》,商务印书馆 1915 年版。
③ [日] 日本外务省通商局:《云南事情》,明治四十四年 (1911 年) 排印本,第 171 页。
④ [清] 叶调元著,徐明庭、马昌松校注:《汉口竹枝词校注》,第 112 页。

很少。19世纪80年代时，上海大小旅栈不下千家。其中新式旅馆多为西式铁床，铺盖洁净，有红木器具，洋式桌椅，安置电灯、电话，设有公共浴室和卫生间，夏有电扇、冬有壁炉，总体舒适度比传统旅栈高，价格也不甚贵，"虽以上海之大，旅馆之多，而客皆乐趋上海旅馆者，有由来也"①。酒店方面，汉口特色酒楼荟萃。苏馆、西馆、金谷、会芳、鹤鸣等都较为有名，其中鹤鸣园最高档，其"座头明洁，器具精良"，号称"座场第一"②。

3. 多层公寓

公寓建筑出现于20世纪初口岸城市租界内，是专供在华西人、洋行高级职员居住的一种多层集合式建筑。如在汉口，较早的公寓主要有法租界霞飞将军街上的法国兵营、英租界鄱阳街安利洋行公寓以及俄租界1910年建成的巴公房子。安利洋行公寓立面为折线型，巴洛克拱券大窗。巴公房子为三层砖木结构，平面为单元式布局，有大小天井，九个出入口。③到民国时期，公寓居住人员更为广泛，教授、律师、医师等有一定经济收入的中产者多租住其中。

三、公共建筑物

（一）宗教、文化场所

1. 中外宗教场所并存

自宋元以来，长江流域是本土道教的重要活动场域，也活跃着禅宗等中国化的佛教，并有众多供奉民间神祇的庙宇殿堂和祭祀祖先的祠堂。

---

① 佩：《上海旅馆》，《图画日报》影印本第1册，上海古籍出版社1999年版，第103页。
② ［清］叶调元著，徐明庭、马昌松校注：《汉口竹枝词校注》，第26页。
③ 陈刚：《近代汉口社会转型与住居形态发展（1899—1938）》，第71—73页。

晚清时期,经济文化发达的长江流域,是基督教传教的重点区域之一。依托第二次鸦片战争后签订的不平等条约,基督教的天主教、东正教和新教三大教派在长江流域广建教堂,"教堂高立笔尖峰,屋宇红墙砌万重"①,成为列强文化侵略的空间,也成为反教运动冲击的对象。1891年4—5月间的"长江教案",席卷整个长江流域,成为义和团运动之前最严重的反教事件。

天主教、新教的教堂建筑外观类似,东正教教堂则有自己的特点。如建成于1895年的汉口俄租界东正教堂,为典型的拜占庭风格建筑,底层墙面由多层透高拱券组成,外墙采用壁柱、拱券和有雕刻的线条作装饰,上层平面呈多边形,墙面为八角拱券组成,上接八块绿色铁皮构成尖屋顶。②

2. 新式学校逐渐取代旧学堂

中国传统的学校主要是私塾和县学、府学、太学。近代学校由来华欧美传教士始建后,地方督抚和民间精英也纷纷创办新学校。至清末,教会所办学校计有41所,中国政府和社会精英创办的各级各类新式学校276所。

上海教会所办教育中,"学堂约翰最驰名,多出成材毕业生"③。学生在教会学校主要学习外文和医学。此外,为适应通商贸易需求,上海出现了速成英文业馆。

武汉诞生了中国第一家新式幼稚园。1903年,湖北巡抚端方仿照日本,在武昌阅马场创建了中国首家新式幼儿园。九江最早的初级

---

① [清]颐安主人:《沪江商业市景词》,载顾炳权编著:《上海洋场竹枝词(新版)》,第118页。

② 周德钧:《汉口的租界——一项历史社会学的考察》,天津教育出版社2009年版,第25页。

③ [清]颐安主人:《沪江商业市景词》,载顾炳权编著:《上海洋场竹枝词(新版)》,第120页。

小学，是卫理公会赫尔利等在江边试办的埠阆小学。1882年，该校设立的中学部，成为九江最早的中学。美以美会胡遵理创办的半日女校，是九江最早的女子小学。

新式学校建筑或借用原公共建筑，如1908年湖北提学使王绍箕在武昌痘母祠设立女子职业学堂。1908年提学使高凌蔚在武昌西卷棚贡院西厅设立商业讲习所，[①] 或直接新建西式学堂，新建学堂设有专门的教室和各种活动室，并附设场地宽阔的室外操场。

3. 社会教育文化空间更为丰富

长江流域是近代社会教育空间的诞生地。传统的社会教育空间主要是学宫和圣谕台，近代文化类公共空间则更为丰富，有图书馆、博物馆等。

图书馆。明清时期已有建立公共藏书楼之议。在晚清，教堂里设有藏书处，最著名的是1847年上海徐家汇教堂建造的藏书楼，但仅供教民阅览。新型书院或学校的图书馆，主要是供师生借阅。1876年，上海格致书院创设的藏书楼是最早专供国人看书的阅览室，已具有近代图书馆的特征。

博物馆。长江下游是近代中国博物馆的诞生地。1874年，西方人在上海圆明园路建立亚洲文会博物院，陈列生物、矿石标本及历史文物，"珍奇罗致百千般，一任华人纵目观"[②]，是中国最早向公众开放的博物馆。

最早的国人自办博物馆是张謇1905年创办的南通博物苑，其陈列品分为自然、历史、美术、教育四部分。近代公共文化空间的创设

---

① 湖北省商业厅主编：《湖北省商业简志·商业学校志》，湖北省商业学校印刷厂1987年版，第2页。

② ［清］颐安主人：《沪江商业市景词》，载顾炳权编著：《上海洋场竹枝词（新版）》，第116页。

和不断增多,促进了长江流域城市民众公共意识的逐渐增强。

新式学校的陆续建立、社会文化教育空间的丰富,使得沿江口岸城市文教事业率先得到了发展。

(二)商业性公共场所

晚清时期,伴随着中国早期工业化进程,沿江城市进入消费社会,"阛阓多仿西式",出现了一系列新式商业消费空间。

这一时期,最具代表性的新式商业空间是博览会,"择一地以会众物"的博览会,创设于英国,逐渐流布欧美、日本、中国等国家和地区。1873 年,中国第一次参加了维也纳世界博览会。20 世纪初,随着实业救国思潮兴起,以劝业会、劝工会、奖进会、纵览会、赛会等多种形式,商业发达的长江流域多次举办了各具特色的博览会。

1905 年成都的商业劝工会是中国最早的商品博览会,[①] 其范围为整个四川省,场地为举办传统庙会的青羊宫、二仙庵,民俗场所发挥着商业劝工的新功能。1905 年到 1911 年间先后举办了 6 次全川规模的博览会。此外,1911 年 1 月,重庆举办了川东三十六属劝业会。

1909 年,武昌举办了"劝业奖进会",其陈列品来自全国多个地区,被视为全国性赛会的雏形。所使用的场地是平湖门乙丙两商栈,两商栈以廊桥相连,两端建有牌楼为进出口,整个建筑占地面积 1.1 万平方米。展品包括天产部、工艺部、美术部、教育部、古物部五大类,并专设直隶、湖南、上海、宁波四馆,以及汉阳钢铁厂、陆军工作厂等七个特别展室。

1910 年在江宁(今江苏南京)举办的"南洋劝业会",是首次全国性博览会,也是清末规模最大的一次博览会。会场几乎全为新建,分 13 个主馆、14 个省别馆和 6 个专题馆,建筑风格多样,如教育、

[①] 也有学者认为 1902 年天津考工厂是中国最早的博览会。

工艺、武备、机械四馆为德式,美术馆为仿罗马式,农业馆外观为仿荷兰式,内部则是中式,总占地 700 余亩。[①]

(三) 医疗卫生场所

1. 医院

传统中医看病的场所是前馆后家的医馆,或在医馆坐诊,或到病家走诊。药店有时也聘请坐堂医生为前来抓药的病人诊治。在瘟疫流行时,地方政府设有惠民医局为市民看病,但不容留病人住局。

晚清时期,传教士医生在中国口岸城市开办了新式医院。医院一般设有挂号处、门诊处、住院处、取药处,门诊和住院兼有,看病和售药合一,西式医疗空间由此移植到中国。20 世纪初,中国人开设的医院也仿照教会医院形式,最突出的标志是大门上刻有红"十"字。

中国最早的教会医院是 1835 年美国传教士伯驾在广州创办的眼科医院。随着商埠的不断开通,长江流域成为医学传教的重点区域之一,其中上海最早的西医院是 1844 年英国伦敦会传教士威廉·洛克哈脱在东大门创办的中国人医院(或译为华人医院,即仁济医院),其建筑布局仿照南丁格尔医院。[②] 至宣统年间,上海有近代西医院 9 所。

1864 年,英国卫斯理会传教士医师施维善在汉口创办的卫斯理医院,是武汉最早的医院。1877 年,法籍天主教神父董若望在九江创建的圣味增爵医院,为江西省第一所医院。1892 年,基督教卫理公会派出的美国人马加里在重庆临江门戴家巷建立了这里最早的医院

[①] 马敏:《博览会与近代中国物质文化变迁——以南洋劝业会、西湖博览会为中心》,《近代史研究》2020 年第 5 期。

[②] 陆韵、陶祎珺:《走近上海医院深处的老建筑》,同济大学出版社 2017 年版,第 4 页。

宽仁医院。南京最早的医院是1892年加拿大传教士马林博士创办的马林医院。1902年，伦敦会传教士在衡阳建立了仁济医院。

2. 公墓

晚清时期，长江流域出现了中国最早的公墓。这一时期，慈善团体、行业组织、同乡组织建立义冢的传统做法仍在延续，但城市化过程中人口急剧增加，解决丧葬问题的压力相应增大，公共卫生观念引进后，对掩埋死者也提出了更严格的要求。1846年，上海公共租界辟出山东路附近的一块区域，建立了第一座外国公墓，以解决侨民死葬需求。之后租界区域又相继修建了浦东公墓（1859）、军人公墓（1862）、八仙桥公墓（1863）、涌泉路公墓（1896）、静安寺公墓（1898）、法租界公墓（1905）等多处公墓。公墓墓穴按等级编号售卖，在规定的时间举行葬礼。墓有平墓、穹顶墓之分，面积固定，公墓区域遍种树木和草坪，具有园林化风格。受租界公墓影响，清末华界也出现了建立公墓之议，1909年，效仿西式公墓，近代中国第一个华人公墓——薤露园在沪西徐家汇创建，1914年正式建成使用。[1]

（四）休闲娱乐场所

1. 传统娱乐场所的发展

传统的休闲娱乐场所主要是戏园、书场、茶馆等。随着口岸城市的繁荣，传统休闲娱乐空间焕发出新的生机。在成都，茶铺可园于20世纪初改良为四川省第一个商业性剧场，随后咏霓茶社、悦来茶馆、宜春茶馆等都兼作了剧场。[2] 在汉口，徽商1899年集资兴建的

---

[1] 李彬彬：《公墓与近代上海的城市变迁：1909—1937》，上海社会科学院出版社2021年版，第24—50页。

[2] 王笛：《街头文化：成都公共空间、下层民众与地方政治（1870—1930）》，李德英、谢继华、邓丽译，中国人民大学出版社2006年版，第63页。

丹桂茶园和1901年兴建的天一茶园等，都安排有地方戏节目，① 时人有谓"望湖泉里听笙歌，半是衣冠半绮罗"②，男女云集于茶馆消遣娱乐。1909年时，武汉有茶馆411家，多数知名茶馆集中在后湖一带，后湖遂有"销金窟"之称。一些新式休闲场所也承担着传统娱乐功能。如在上海，1908年引进日本技术改良了舞台灯光和表现形式的新舞台建立，上演改良后的海派京剧。③

2. 新型休闲空间的出现

晚清时期，长江口岸城市出现了与近代化进程中的公共性相契合的新型休闲娱乐空间——市民公园。

公园。上海最早的"公家公园"是1868年租界工部局专为在华外国侨民所设的外滩公园，该园开放后"英商游憩有家园，不许华人闯入门"④，后为安抚华人，工部局也建立了一个简陋的"华人公园"。基于民族情感，一些上海士绅纷纷向市民开放私家园林，如张园、愚园、申园、西园等，这些园林不收门票，成为年轻男女游乐场所。其中张园是晚清时期上海最大的公共活动场所和游乐中心，有"近代中国第一公共空间"之誉。⑤

20世纪初，在成都，荒废的旗人骑射训练场上修建了茶馆、店铺、戏园、花圃、亭子等，辟为市民休闲娱乐的少城公园。清末湖北

---

① 代亚松：《茶馆与近代汉口的文化社会生活》，华中师范大学硕士学位论文，2007年。

② [清]叶调元著，徐明庭、马昌松校注：《汉口竹枝词校注》，第102页。

③ 李孝悌：《恋恋红尘：中国的城市、欲望和生活》，上海人民出版社2007年版，第295页。

④ [清]颐安主人：《沪江商业市景词》，载顾炳权编著：《上海洋场竹枝词（新版）》，第114页。

⑤ 熊月之：《晚清上海私园开放与公共空间的拓展》，《学术月刊》1998年第8期。

道员任桐仿《红楼梦》中大观园，修建了中国第一个带有现代特征的游乐公园"琴园"。琴园接通长江和沙湖，园内景融四季，成为文人雅士必游之地。

这一时期，迥异于传统休闲场所的新型娱乐空间还有跑马场、电影院、俱乐部等。1850 年，英国人在上海建立了全国第一个跑马场、第一个健身房、第一个新剧院，举办了第一次西式舞会。

电影院。1895 年 12 月，电影诞生于巴黎。1896 年 6 月，上海徐园"又一村"放映"西洋影戏"，成为电影传入中国之始。当时电影的演出地点主要是花园、游戏场、茶馆、酒楼等。1908 年 12 月，在上海经营茶园的西班牙人雷玛斯将海宁路、乍浦路口的溜冰场改造为虹口活动影戏园，水泥铺地，摆放着 250 个木板凳，首映影片是《龙巢》，票价 250 文，成为中国最早的专门电影院。次年起，雷玛斯又在上海其他地方陆续建造了五座电影院，并因此成为中国的电影大王。在汉口，1903 年 5 月，美商汇喇洋行在老跑马厅放映美国"精巧新奇影戏"，6 月，迁至武昌三佛阁放映。1907 年，法商在汉口花楼街熊家巷口设立花楼影戏院，"座位分头、二、三等，俱皆精良，应酬周到"[1]，1909 年时改称文明影戏院。1912 年，汉口法租界开设了专业的电影院"百代大戏院"。1909 年，满春茶园开始兼放电影。[2] 在云南，1913 年蒋范卿于翠湖的水月轩创设昆明第一家电影院。

波罗馆。波罗馆即俱乐部，是开设在租界的综合性休闲空间，主要为满足在华外国人休闲交际需要，内有酒吧、餐厅、弹子房、滚木球房、板球房、牌室、图书室、理发室、浴室、舞厅等，设施完备而

---

[1] 湖北省地方志编纂委员会编纂：《湖北省志·文艺（上）》，湖北人民出版社 1997 年版，第 137 页。

[2] 傅才武：《近代化进程中的汉口文化娱乐业（1861—1949）》，湖北教育出版社 2005 年版，第 18 页。

奢华。1879年英租界为庆祝英国女王六十寿辰，耗资一万五千两白银建立了汉口第一个波罗馆，"舞台精美，地板装潢别致"①，之后德、法、日等国的俱乐部先后成立。1904年，英法德俄商联合成立了四国俱乐部，并创建了西商跑马场。② 1907年，华人买办在日租界仿照建立了华商总会，又称华商跑马场，成为中国商人休闲交际空间。

传统和新式公共空间的增多，是近代城市发展繁荣的表征，其中的新型公共空间，在给人们带来观感冲击的同时，其使用规则的引入，也在悄然改变着人们的公共行为和公共意识。

（五）工场（厂）

传统时期，手工业作坊一般规模不大，多分布在城乡居民区。晚清时期，列强在通商口岸沿江地带，圈地建立洋行、码头、仓库、栈房等各种工业设施。同时，洋务派创办的近代工业和中国早期民族工业，也多选址通商口岸，其中上海、天津和汉口新式工厂最多。

"当旅行者接近汉口时，第一眼就能看到林立的烟囱，它们充分展示了一个工业城的面貌"③，早期汉口的工厂主要由洋行开办，1876年俄商在汉口设立的砖茶厂，是湖北最早的近代工厂。蒸汽机取代了中国的木制压机，俄制砖茶排斥了晋商的土制砖茶。近代外商开办的蛋厂最早出现于汉口。1898年，英商在汉口建立了和记蛋厂，最初是用芦席临时搭建厂房，1903年后，在汉口胜利街建造了钢筋水泥楼房，四层的楼房建了1栋，六层的建了2栋，还建造了砖墙水泥屋顶平房1栋，砖墙白铁屋顶冷冻冰房1栋。和记又在沿江大道六

---

① ［英］穆和德等：《江汉关十年报告1882—1931》，第29页。
② 喻枝英：《"波罗馆"与"夜总会"》，《武汉文史资料》1997年第4期。
③ ［英］穆和德等：《江汉关十年报告1882—1931》，第41页。

合路建有屠宰场和炼油厂各1座,在市郊谌家矶设有鸡鸭饲养场。①

开埠后,沿江口岸的洋油(也称火油,即煤油)进口迅速增长,但长江航线上轮船为免失火,不愿意载运煤油,因此多由中国传统的三桅帆船将煤油运输到长江上游地区。1900年前后,汉口德商瑞记洋行在德租界江岸修建两个储油池,每个可储存煤油2500吨,进口煤油得以在汉口储存,适时通过装箱船只或火车运往内地。储油带动了造煤油罐业的发展,促进了马口铁的进口。

需要注意的是,这一时期长江流域所产桐油大量出口海外。桐油树主要生长在川、湘、鄂等长江流域省份,汉口是中国最主要的桐油出口港,因此当时中国桐油也被称为"Hankow tung-oil"。

中国第一家钢铁企业是张之洞1890年开建的汉阳钢铁厂。依托钢铁厂和新式军械技术,张之洞同年又创办了中国第一家也是同期规模最大的近代兵工厂——湖北枪炮厂。1908年,盛宣怀合并湖北、湖南、江西煤铁厂矿企业,建立了中国第一个钢铁联合企业——汉冶萍煤铁股份有限公司。

民族企业中,规模比较大的是汉口燮昌火柴厂。该厂位于日租界,占地面积1.7万平方米,长雇工人700余人,工人最多时达到2500余人,女工和童工占60%,规模大于上海总厂。按生产流程,设有排板、上药、配药、成包等12个车间,又细分成16个操作房以及180个生产区的小房室。最大的排板车间有女工、小工千人。工人每天做工15个小时,由工厂供给食宿。②

(六)金融建筑

1907年时,全国有山西商人创办的传统票号407家。票号钱庄

---

① 湖北省商业厅主编:《湖北省商业简志·汉口蛋厂志》,湖北省商业学校印刷厂1987年版,第5页。

② 王钢:《汉口燮昌火柴厂创办始末》,《武汉文史资料》2007年第11期。

铺面一般不大，营业场所也因陋就简。长江流域的上海，是近代中国的金融中心。1845年，英国东方银行进入上海，译名为丽如银行，是外国在华设立的第一家银行。1863年，英国麦加利银行来汉租屋营业，两年后正式设立支行。之后，汇丰、麦加、花旗等银行纷纷进入长江口岸城市，汇丰银行甚至发行了在长江流域流通的纸币。

中国自设的第一家银行也诞生于上海。1897年，时任铁路事务大臣的盛宣怀，在上海创办了中国通商银行，并发行纸币。至民初，中国各地新式银行共约30余家。基于雄厚的资本及安全考虑，银行建筑高大坚固，营业大厅宽敞、通透，装饰华美，设备先进，为晚清各类建筑之冠。1865年，汉口的第一家外国银行英国麦加利银行成立，其营业场所是一幢高大典雅的石质三层大楼。

四、新式建筑内的设备

新式建筑内的设备也迥异于传统用具，升降机（电梯）、马桶、浴缸、热水汀、电灯、电话、电扇、空调等在租界建筑和少数华界建筑中的应用，使生活变得更为舒适便利。

（一）卫生设备和消防设备

1775年，伦敦钟表匠亚历山大·卡明斯申请了抽水马桶专利，伦敦开始普及抽水马桶。1830年，欧洲自来水可以上楼后，楼房建筑中开始使用抽水马桶。1866年，抽水马桶被介绍到上海，"制法甚巧，以铁管贯通桶内，直通阴沟，人于大便之后，拔去铁管上之塞子，其粪即落下。以自来水灌入桶中，洗涤干净，俱归阴沟，而出阴沟内亦有活水，长流不令污秽淤塞。此桶常住城中者，必不可少"[①]。1881年上海自来水接通后，抽水马桶便被普遍引入租界。

---

① 《抽水马桶》，《上海新报》1866年7月2日。

自来水出现后,上海英租界的主要马路安装了消火栓。消火栓高约四尺,下面与水管相连,顶上置一小机栝,用时将机栝拈开,"水自激射而上"[①],发生火情时可用于救火。1897年,上海大纯纱厂进口了古林尼牌喷淋水龙头,管道敷设于车间梁下,用于车间消防。

(二) 制冷送风设备

传统时期,各式手摇的扇子帮助长江流域的人们度过炎热湿闷的夏季。近代电的使用,使得一系列新发明的生活设备得以引入中国。1897年,上海客利饭店安装了促进空气流动的电扇,[②] "外洋所制自来风扇,以法条运轮齿鼓动折扇,不烦人力"[③]。至1907年,租界电扇总安装数达到近3千台。[④] 1849年,空气冷冻机发明。1910年,扩建后的上海礼查饭店装设了制冰机,上海总会安装了冷藏冷冻设备,冷冻保鲜的"冰箱"进入中国。不过制冷空调到1923年才在上海汇丰银行被首次采用。

(三) 空间升降设施

与传统的单层或两层建筑不同,新式建筑二至五层不等,从而带来了对升降机的需求。1852年,美国人伊莱沙·格雷夫斯·奥的斯发明了蒸汽升降机,并创立了以自己名字命名的电梯公司。1880年,西门子电梯发明。在中国,上海租界建筑中最早出现电梯。1887年,五层高的上海客利饭店装设了电梯。1907年,德国俱乐部装设了电

---

① [清] 黄式权著,郑祖安标点:《淞南梦影录》,上海古籍出版社1989年版,第145页。

② 1915年,上海仿制成功国内最早的一台电扇。1924年上海华生电器厂生产出中国第一批电扇。

③ [清] 葛元煦著,郑祖安整理:《沪游杂记》,上海书店出版社2006年版,第156页。

④ 王维江、吕澍:《另眼相看:晚清德语文献中的上海》,上海辞书出版社2009年版,第46页。

梯，这一年，整个上海有 23 部电梯在运行。① 1908 年开业的汇中饭店，装设的是奥的斯公司出厂的当时世界上最先进的电梯。② 1911 年，上海总会大楼装设的两台电梯，是德国西门子公司制造的三角形开敞式铁木制电梯。

室内西式设备，在晚清不只是生活日用器物，也是西方文明和近代化的表征。新式设备在发明不久，就被引进上海等口岸城市，外在的建筑形式和空间内设备的更新，使得上海成为当时中国最具现代化特征的城市，并成为长江流域其他城市近代化的样板。器物使用的与时性，反映了以上海为龙头的中国口岸城市的近代化历程在 19 世纪后半叶不断加速。电器、自来水等设施使住宅更加宜居，然而不可否认的是，这一时期，新式器物还主要依赖进口，使用范围极为有限。民国中叶，随着民族轻工业的兴起，批量自产带来成本降低后，大量新式生活器物才真正进入市民生活。

（四）辅助加热设施

1782 年，法国一家工厂最早使用了热水循环系统用于孵化禽卵。1830 年，英国的威斯敏斯医院采用了水循环暖气。不久，伴随着煤气和自来水的开通，上海新造的西式建筑中，热水卫生间成为标配。1846 年建成的上海礼查饭店安装有浴室和金属浴缸。1887 年，德商经营的客利饭店的独立卫生间提供冷热水洗浴。1908 年，外滩第一家高档浴室——玉津池汽水盆汤浴室开业，各浴盆都装有冷热自来水龙头。一些传统浴室也进行了改良。1910 年，上海山东路的双凤浴室添设汽锅、水龙头等美产设备，沐浴时可自行调节水温。

---

① 王维江、吕澍：《另眼相看：晚清德语文献中的上海》，第 46 页。
② 蒲仪军：《都市演进的技术支撑：上海近代建筑设备特质及社会功能探析 1865—1955》，同济大学出版社 2017 年版，第 213—271 页。

最初上海新式建筑采用进口的西式壁炉和铸铁炉，以燃煤采暖，后铸铁炉逐渐向普通市民普及，街边需要大量热水的剃头店也装设了火炉。据《沪滨闲影》描述："装只煤炉招主顾，团团围住起锋芒。进门便觉暖烘烘，熏得藤皮老脸红。"① 至20世纪第一个十年，在上海，新建的大楼和高档公寓开始安装热水汀，以煤气燃烧水蒸气采暖，如1910年上海总会装设了壁炉和热水采暖系统。

需要指出的是，在传统时期，各地由于资源不同，作为燃料的物质也有所差异。在长江流域，丰富的植被为居民提供了充足的木质燃料。近代随着煤炭被大规模开采，矿物燃料进入城市生活。但总体上看，晚清时期，木柴仍是广大民众日常做饭烧水的主要燃料。这其中，水薪是长江中上游地区自明清以来持续的燃料来源。乾隆《辰州府志》记有当地谚语"清水白米，自来柴"。所谓自来柴，即水薪，是长江中上游沿岸居民在多雨季节捡拾水中漂流而下的枯木断枝晒干后形成的燃料。煤炭进入居民日常生活后，由于价格相对昂贵，乡村居民在很长时间仍旧"以薪代炭"，使用包括水薪在内的自然天赐的木质薪类燃料。②

晚清时期，建筑呈现出中西融合的特征，以木制为主的传统建筑与以砖石为主的新式建筑并存、交融。城市的发展和新式建筑的拓展促进了新的行业尤其是口岸城市房地产业和建筑业的兴起。上海的建筑事务所、建材商、营造商出现于19世纪90年代，1910年，在上海开业的建筑师事务所已达14家，外籍设计师和事务所几乎垄断了近代上海各种新式建筑的建造市场。

---

① 罗苏文：《沪滨闲影》，上海辞书出版社2004年版，第22页。
② 黄权生、罗美洁：《长江流域水柴生成和利用研究》，《三峡大学学报（人文社会科学版）》2021年第3期。

第四节　日新月异的出行方式

鸦片战争前，南京作为大运河和长江的交汇城市，依靠人工运河和长江干支流交通往来，是江南地区的交通中心。而彼时的上海，是沟通海洋和长江的城镇。汉口依靠长江与汉水，连通四川、陕西、湖北、湖南、安徽、江西等省，成为内陆物流和客流的中心，"千樯万舶之所归，货宝奇珍之所聚"①，被誉为九省通衢之地。19世纪后半叶，长江流域交通工具发生了明显变化，以蒸汽和燃油为动力的新式交通工具进入社会和生活，综合性近代化交通结构形成，长江流域也相应成为近代中国内外交通大动脉。

一、水陆长途交通

出行工具数千年持续借助人力、畜力，多数人的活动范围是有限的地域空间。以蒸汽、燃油为动力的新式交通工具传入后，人的流动性明显增强，活动空间大大拓展。长江流域是我国交通近代化起步较早的区域。晚清时期，以蒸汽等为动力的轮船、火车和以燃油为动力的汽车，逐渐成为长江流域中心城市间的主要交通运输工具。

（一）火轮船只

开埠通商后，上海成为西方商品进入中国的主要通道，"一切外国轮船，不论其最后的目的地是哪儿，它都要先开到上海"②。这一时期在上海成立的江南机器制造总局、轮船招商局等一批近代船舶制造企业成为"中国近代船舶工业的摇篮"。

---

① ［清］范锴著，江浦等校释：《汉口丛谈校释》，第138页。
② 聂宝璋编：《中国近代航运史资料》第1辑，上海人民出版社1983年版，第141页。

1. 军舰

在近代，长江由军事起步，开始走向文化的新生。[①] 晚清所经历的三千年未有之大变局，让开眼看世界的官员、士绅注意到了西方"枪炮、轮船之精利"。近代洋务大员大都来自长江沿岸各省，如湖南的曾国藩、安徽的李鸿章，直隶人张之洞一生作为则主要在湖北。坚船利炮成为国人推崇的军事利器，在洋务运动时期大力引进、仿造。在洋务派的建议下，晚清政府向国外订购了海筹号、海容号等军舰，以充实海防。

同时，1853 年，曾国藩在衡阳筷子洲建立造船厂，其设在湘潭杨梅州的水师营，拥有长龙号等以蒸汽为动力的战船多艘。1866 年，徐寿、华蘅芳在金陵制造局建造了中国第一艘蒸汽轮船，并在南京下关江面试航成功，曾国藩为其命名"黄鹄号"。1904 年，张之洞向日本购买了 6 艘浅水炮舰和 4 艘鱼雷艇以巡防长江。[②]

军械。晚清时期中国外购军械经历了以德国产品为主到德日产品混杂的变化过程。早期枪械主要是德产毛瑟枪，1902 年湖北新军步兵军官同时装备了德制和日制军刀，水壶和工兵铲为德制，背包和行军锅为日制，骑兵配备了德制马枪。1906 年，张之洞向日本订购了野炮和山炮 54 门，手枪 740 支，军刀 900 把，军马 788 匹，工兵器具千余件，野战电话 4 部，自行车 50 辆，以及若干地雷、舟桥、测

[①] 明海英：《近代长江文化推动中国社会发展——访南开大学历史学院教授陈振江》，《中国社会科学报》2019 年 9 月 6 日。

[②] 张之洞折、片，光绪三十年九月十六日，台北故宫博物院藏军机处档案，编号 163904、163940，转引自吉辰：《张之洞督鄂时期的军械购造——中日关系史视野下的考察》，载《问道于器：中国近代的物质文化与社会变迁学术研讨会论文集》，2019 年。

绘、卫生设备,日械在湖北新军装备中逐渐占据绝对优势。①

购买德日军械的同时,中国也在尝试自造。洋务派在长江流域开办了多个军械厂,除上海的江南制造总局外,曾国藩创办了安庆内军械所,李鸿章创办了苏州洋炮局,张之洞创办了湖北枪炮厂,长江流域一跃成为中国军工重地,大量军械由这里制造并供应全国。

上海江南制造总局曾仿德国毛瑟枪,改良出三十五响的"连珠快利枪"。湖北枪炮厂（后更名为湖北兵工厂、汉阳兵工厂）仿德国毛瑟步枪,制造出口径 7.92 毫米的长枪。早期该枪采用全长式枪管套筒,俗称"老套筒"。1904 年进行改良,以护木替代套筒,俗称"汉阳造"。一直到抗日战争时期,"汉阳造"仍在战争中被使用。

2. 民用轮船

长江流域水系发达,是新式轮船交通往来的重要通道,轮船运输主要用于远程航运,"番舶云屯黄浦前,帆樯分别号旗悬。望台忽报轮船到,遥见青天十里烟"②。晚清时期长江航线形成招商、怡和、太古三家公司鼎立的局面,其中轮船招商局是中国官督商办公司,总部设在上海,备有江宽、新裕、泰顺、安平等轮船。1873 年,轮船招商局在江南乡试所在地南京下关设立棚厂,开办轮船客运业务。1902 年,航商郁承唐聘请技术人员,并雇用十几名工匠,在九江的龙开河创办了德兴造船厂,成为九江第一家近代造船企业。

在支流和内河,传统木帆船承担着短途运输功能。清末民初航行

---

① 张之洞折、片,光绪三十年九月十六日,台北故宫博物院藏军机处档案,编号 163904、163940,转引自吉辰:《张之洞督鄂时期的军械购造——中日关系史视野下的考察》,载《问道于器:中国近代的物质文化与社会变迁学术研讨会论文集》。

② [清] 袁翔甫:《沪上竹枝词》,载丘良任、潘超、孙忠铨等编:《中华竹枝词全编 2》,北京出版社 2007 年版,第 249 页。

于汉口江面集散货物的船只,有陕西的火溜子、湖北的跨子船、宁波的三帆船、川江的麻雀尾船、湖南的钓钩船等。① 而在两江三镇之间,轮渡出现以前,市民一直是依靠木船往来。川江水面上,货运民船名目繁多,既有民间传统俗名,也不乏根据外国语言音译而得的名称,如挂子船,其名来自日语"Kua-tzu"音译。②

在宜昌至重庆江面,为避税和寻求保护,出现了一种悬挂不同国家旗帜运送货物的乌篷木船,时称"挂旗船""川河船"。这类船只采用水密隔舱建造工艺,可避免发生沉船事故。在乌江水域,为适应当地水势,水木匠设计出了一种"歪屁股船",清代至民国数百年间一直应用于水上运输。③

(二)铁路、火车

铁路是工业革命的代表性成果,1804年英国工程师理查德·特里维西克制造了世界上第一列真正在轨道上行驶的火车,19世纪后半叶火车迅速在全球推广。最早的火车以煤炭或木柴作燃料,因此有"火车"之称,火车依靠火蒸水汽为动力,由轮子带动车厢前行,因此又被叫作"火蒸车""火轮车"。

长江流域在中国交通近代化历程中具有重要地位。1859年,太平天国在南京定都,颁布施政纲领《资政新篇》,提出制造一昼夜能行七八千里的"如外邦火轮车",这是目前发现的国内倡建铁路的最

---

① 刘庆平、肖放:《转型期的汉口民俗——清末民初汉口民俗研究》,《江汉论坛》1998年第7期。

② 蓝勇:《传统制造名实类分无序与技术时代断层研究——以近代川江木船船型调查反映的现象为例》,《西南大学学报(社会科学版)》2019年第5期。

③ 彭福荣、吴昊:《水木匠·血盆饭·水和尚——乌江船夫文化解读》,《广西民族大学学报(哲学社会科学版)》2016年第6期。

早记录。① 1876 年，英国怡和洋行主持修建了上海至吴淞口的铁路，中国最早的铁路出现于长江流域。② 1906 年，清政府建成卢汉铁路，连通了北京与汉口。1907—1908 年，南京修筑了宁省铁路，衔接沪宁铁路至下关。1907 年，南昌到九江的南浔铁路动工，至 1915 年始建成。这一时期，中国初步建成了南北主线铁路，但在贸易交通上尚无法取代水路客货运的主导地位。③

铁路的发展与钢铁工业直接相关，铁轨、车轮、道钉、枕木等物资需求推动了长江流域相关工业的起步。同时，铁路的发展也促进了商品的流通和人口的流动，带来了生活方式的改变和文化的变迁。1910 年，沪宁铁路出现专为女客设置的女车，"车上标有女客坐位字样，凡男客年逾十岁者，无论是否女客之亲属，均不得同坐"④。女客可乘坐专车，也可自由选择乘坐普通车。在相对偏远的上游云南，铁路也引发了区域社会连锁变化。滇越铁路于 1901 年开工兴建，1910 年全线通车，起点越南海防，终点昆明，全长 854 公里，铁轨距为 1 米。滇越铁路的通车，使昆明从一个封闭的边陲城市一跃而成为与资本主义经济体系发生直接联系的前沿城市，"是时风气为之一变，一般暴发之家、浮华之人，无不趋于时髦"⑤。

---

① 尹铁：《晚清铁路与晚清社会变迁研究》，经济科学出版社 2005 年版，第 22 页。
② 李占才主编：《中国铁路史（1876—1949）》，汕头大学出版社 1994 年版，第 64 页。
③ 金凤君、王娇娥：《20 世纪中国铁路网扩展及其空间通达性》，《地理学报》2004 年第 2 期。
④ 《沪宁铁路专设女车》，《申报》1990 年 6 月 17 日。
⑤ 陈度：《昆明近世社会变迁志略》，卷 3《礼俗》，民国石印本。

二、市内交通

传统时期，以人力、畜力驱动的肩舆、轿子、木舟等，是长江流域城市短途交通工具。晚清时期，西式马车、人力车、自行车、汽车等外国交通工具传入，并在长江流域城市逐渐推广。

（一）交通工具的变化

1. 西式马车

中国传统马车以两轮为主，近代传入中国的西式马车多为四轮，转向相对灵活。上海作为近代中国最早开埠的城市之一，街头较早出现了西式马车，但并未作为主要的出行工具普及开来，而更多的是在观光出游时坐乘，因此在静安寺、张园、愚园附近，马车经常出现，"静安寺外好春光，缆辔争驰走马场。一路轮蹄声不断，暖风吹送万花香"[1]。据胡适 1904 年时观感："马车在上海这个当时最现代的大都市也还是一种时髦。"[2]

2. 人力车

近代中国大众化的代步工具是人力车。人力车源自日本，时称东洋车，传入稍晚于马车，但价格便宜，更适于马路普及之前的城市路况，因此晚清民国时期长期存在，并催生了城市人力车行和人力车夫群体。

关于人力车在中国的传播史，目前学界主流的看法是：1874 年人力车由法国侨民带入上海，之后于光绪初年传入北京、天津等地。在长江下游的南京，1896 年，人力车骤增，时有人力车、马车总计

---

[1] ［清］招隐山人：《申江纪游》，载顾炳权编著：《上海洋场竹枝词（新版）》，第 78 页。

[2] 胡适著，欧阳哲生、刘红中编：《中国的文艺复兴》，外语教学与研究出版社 2001 年版，第 215 页。

4000余辆。在长江中游的汉口，1888年街面上出现了人力车。1898年时，汉口"辙迹纵横，不下三百辆左右"。1903年之后，安徽芜湖也开始流行人力车。大体上，19世纪末20世纪初，长江流域各大城市人力车业获得了较大发展。

人力车最初为木质车轮，直径一米多，外以铁环包裹，拉行吃力，后逐渐改良，以钢圈替代了木轮，外嵌以充气胶胎，车辐改用钢丝，车轴内装滚珠，车座也改成了配有柔软座位的车厢式，当时有竹枝词称"短小轻盈制自灵，人人都喜便中乘"①。1907年，在汉口街头出现了改良的人力车。② 20世纪上半叶，人力车在中国城市中长期存在，因为是人力驱动，乘客与人力车夫存在地位的显著不平等，中华人民共和国成立后，人力车逐渐退出了历史舞台。

3. 自行车

依靠人力踏骑，链条传动，驱动双轮运行的自行车，19世纪60年代由欧洲传入中国，因"不劳膏秣，不损赀财，而又能捷若风霆，卷舒甚便"③，时称"自行车""自转车""脚踏车""踏车""自由车"等。近代中国东部、南部沿海城市和长江沿岸城市，是进口自行车最多的地方。

在长江流域的上海，早在1868年就出现了自行车。传入之初，自行车仅局限于少数人群娱乐、运动之用。骑行自行车对身体灵敏度有一定要求，骑行者主要是"矫健男子""少年"。自行车因其灵巧也受到青年女子青睐，教会学校女学生、收入较高的妓女等也是骑行

---

① ［清］吾庐孺：《京华慷慨竹枝词》，载《清代北京竹枝词（十三种）》，北京古籍出版社1982年版，第42页。
② 刘秋阳：《困顿与迷茫——近代的武汉人力车夫》，《学习月刊》2007年第8期。
③ 《脚踏车将来必盛行说》，《申报》1898年4月1日。

人群。

至 1898 年前后，上海骑自行车已蔚然成风，《申报》曾预言在中国"脚踏车将来必盛行"①。1903 年，上海最大的公共娱乐场所张园，曾举办了一场自行车大赛。

由上海引领，自行车在 19 世纪末逐渐向其他城市扩展。1899 年，苏州官府担忧自行车肇祸，禁止西人、教士、教民之外的人骑自行车。② 同年，江西南昌某少年在街上骑自行车一事登上报端，自行车传入长江中游的内地省份。③ 1904 年，成都仅有自行车 7 辆，其中国人仅 3 人拥有自行车。④

1911 年，为投递信件，上海市邮政局从英国进口了 100 辆自行车，与之前少数人群娱乐自用不同，这是中国首次将自行车作为公用交通工具进行使用。⑤

总体上，由于自行车造价不菲，且对路面状况要求较高，在城市马路普及前，未能成为市民普遍的交通工具。

4. 汽车

汽车以马达发动，燃油驱动。1901 年，匈牙利人李恩时将两辆小汽车带入上海，成为晚清中国有汽车之始。在当时的市内交通工具中，汽车速度最快，"上海初唯西人御之，近则华人之富有者，亦每喜乘此"。为避免冲撞路人，汽车配有鸣笛，"沿途闻放汽声，呜呜作响，即知此车将到"⑥。

---

① 《脚踏车将来必盛行说》，《申报》1898 年 4 月 1 日。
② 《禁止踏车》，《中外日报》1899 年 9 月 24 日。
③ 《试行脚踏车》，《中外日报》1899 年 10 月 9 日。
④ 《纪脚踏车》，《大公报》1904 年 4 月 1 日。
⑤ 徐涛：《自行车普及与近代上海社会》，《史林》2007 年第 1 期。
⑥ 《上海社会之现象：汽车呜呜飞行之快捷》，《图画日报》影印本第 3 册，第 151 页。

汉口街头最早的汽车是 1903 年英国领事馆购买来的福特牌小汽车。汉口最先拥有汽车的华人是大买办刘子敬，1909 年他购买了一辆实心四轮马车型蒸汽发动机汽车。到 1910 年，汉口已有 20 余辆汽车。①

5. 电车

电车主要用于城市中的公共交通。1879 年，德国西门子公司推出电力驱动的轨道车辆。1899 年，北京引进了中国最早的有轨电车，之后辽宁抚顺（1902）、香港（1904）、天津（1906）陆续开通了有轨电车。上海第一辆有轨电车出现于 1908 年，为英商上海电车公司引进，主要行驶于租界八条线路，总长约 59 公里，意大利侨民阿·劳罗在当年拍摄了名为《上海第一辆电车行驶》的纪录片。1913 年，有轨电车拓展至上海华界区域。

(二) 城市道路的改良

新式交通工具的引进和推广，离不开道路的修建与改良。中国传统时期的道路，多是土路和石板路，日久坑洼难行。上海开埠不久，为便利出行，英租界修建了多条石子路，以砾石为路基，更小的碎石铺路，夯实，再铺沙土为路面，路边开挖暗沟排水，这种道路被称为马路。② 西式筑路法为华界效仿，"补天炼石岂寻常，碎石修途计亦良"③。

在汉口，"石镇街道土填坡，八码头临一带河"④ 形容的主要是

---

① 袁北星：《辛亥革命前后湖北社会生活变迁及其象征性意义》，《江汉论坛》2011 年第 11 期。

② "马路"一名，据说源于此种道路为苏格兰人约翰·马卡丹为适应 18 世纪中期英国工业革命对城市交通的需求而发明设计的新式道路。

③ 李默庵：《申江杂咏》，载顾炳权编著：《上海洋场竹枝词（新版）》，第 89 页。

④ ［清］范锴著，江浦等校释：《汉口丛谈校释》，第 132 页。

旧式土路，城市内部布局基本是历史上自然形成的不规则的街巷组合。晚清时期，汉口租界内出现了由设计师规划的城市空间。英租界率先在沿江一带修建了平行于长江的河街、洞庭街、鄱阳街、湖北街等道路，接着又修建了歆生路、怡和街等与长江呈 72°的通往江边的横向道路，构成了菱形近似网状的城市道路系统。① 华界则在 20 世纪 20 年代末市政建设过程中，才开始修建了几条宽阔的新式马路。

此外，1894 年，两江总督张之洞修筑了南京市内第一条马路。而在 19 世纪末的成都，516 条街道中的大部分为石板铺就，部分没有铺石板的街道，中间会为独轮车铺一溜石板。② 在江西，最早的马路是修建于 1909 年的九江通往庐山的九莲公路。

三、旧的交通方式的延续

1866 年，沿海沿江和内地之间，出现了"各省商贩贸易，亦皆乘坐轮船，以取迅速"③ 的情况，不过，在货物运输和短途交通方面，传统木船仍保有一定的优势：1881 年时"它们运载煤油、火柴、铁矿、药材及一些价廉体大只求运费低廉，不求运输迅速的货品"④。在长江口岸城市多水环境下，木船仍旧在发挥作用。

对于大部分市民而言，步行是最主要的市内出行方式。出行用具略有变化，部分市民开始使用旱伞（太阳伞）和文明棍。长江流域是传统竹骨油纸伞产地，油纸伞主要用于遮雨。清同治年间，苏恒泰伞

---

① 陈刚：《近代汉口社会转型与住居形态发展（1889—1938）》，第 41—42 页。
② 王笛：《街头文化：成都公共空间、下层民众与地方政治（1870—1930）》，第 40—41 页。
③ ［清］郭嵩焘著，杨坚校补：《筹议各海口添设行厘片》，载《郭嵩焘奏稿》，岳麓书社 1983 年版，第 314 页。
④ 聂宝璋编：《中国近代航运史资料》第 1 辑，上海人民出版社 1983 年版，第 1295—1298 页。

店创始人长沙石门坎伞匠苏文受举家迁至汉口,后在关帝庙魁北巷口开设苏恒泰伞店,逐步发展为湖北制伞业的百年老店。晚清时期,输入了铁骨布面的晴雨兼用洋伞,"铁枝木柄伞高撑,如布如绸各式绷。咸爱轻灵多仿制,不论晴雨手中擎"。出行时,与传统时期病弱或高龄者以拐杖助行不同,洋派中年男士配合西装革履,随身携带文明棍,成为一种身份象征。

在很长一段时间里,即便是第一大都市上海,传统出行方式和近代出行方式也并行存在。如1910年时,"湖丝阿姐好大胆,朝出暮归同把小车喊。一车坐了许多人,大家不怕元宝翻"[1],独轮小车仍是女性出行代步工具。

四、交通现代化背后的观感变化

交通工具的现代化,对于人类生产方式、生活方式、社会结构、思想观念的影响,较之其他事物尤为明显。[2] 新式交通工具速度快,迅捷的流动改变着人们的时空感受。在湖广总督任上17年的张之洞曾慨叹"今日交通文轨,登临不觉亚欧遥"。长江流域水陆交通的飞速发展,也深刻影响了区域社会,带动了经济的发展和人口的激增,并进而促进了沿江城市市政近代化。安土重迁的观念逐渐被打破,"无论在国内或国外,乘轮船或火车旅行目前已为一切社会阶层所乐于接受"[3]。

传统时期依据日月星辰运转、鸡鸣、人工更鼓粗略估算一天不同

---

[1] 佚名:《营业写真:小车夫》,《图画日报》影印本第1册,第116页。
[2] 熊月之:《新式交通与社会变迁》,载《千江集》,上海人民出版社2011年版,第238页。
[3] 徐雪筠等译编:《上海近代社会经济发展概况(1882—1931)——海关十年报告编译》,上海社会科学院出版社1985年版,第168—169页。

时刻的计时法,准确度较低,受天气、空间等影响大。晚清时期,时、刻、分、秒等短时时间划分通过新式交通工具、工厂(如火车轮船汽笛声,工厂上下工钟声)等途径,逐渐进入民众生活,并引起了标准时间观念和新的作息规律等一系列变化。而这一变化,最早是在近代交通和工厂发达的长江流域出现和形成的。①

1876年,吴淞铁路有限公司发布了中国最早的列车时刻表。② 定时运行的新式交通成为人们日常生活中的一种替代性时间。轮船、火车、汽车等近代公共交通工具,每天依据标准时间启动、运行、到达,对乘客有严格的时间要求。在上海,"自轮船、火车通行,往来有一定时刻,钟表始盛行"③。1884年,华盛顿国际子午线会议确立了世界范围内的时区划分,格林尼治时间成为国际标准时间。同年,上海海关建立的气象台开始按标准时间"报每日的确午时"。1897年上海徐家汇天文台曾编印《上海报午时及风信标记专例》手册,"每日报时报风……中华行舟者,必以先睹为快也"④。

第五节　传统器物的延续与西物东渐

晚清时期,新式日用物品,经历了由进口到仿制的过程。普及面最广的新式器物主要是工业化产品,它们以商品的形式,存在于不同阶层不同群体的日常生活中。

---

① 丁贤勇:《新式交通与生活中的时间:以近代江南为例》,《史林》2005年第4期。
② 丁贤勇:《新式交通与生活中的时间:以近代江南为例》。
③ 民国《嘉定县续志》卷5,1930年版,第244页。
④ 《上海报午时及风信标记专例》,载上海徐家汇天文台编印:《报风择要》,清光绪二十三年(1897年),第1页。

一、精良的传统器物

在由传统向近代过渡的晚清时期，传统器物的使用具有明显的延续性和发展性。

（一）手工造纸

手工造纸广泛使用的原料为竹子，造纸业最发达的浙江、江西、福建、四川、安徽、湖南、广东等省，多属于长江流域。清末印刻古籍普遍用色泽偏黄、韧性较差的竹纸中的毛太纸，排印本、石印本主要使用机制纸中的洋粉连纸。安徽产用于国画的宣纸，由青檀树皮制成，此外，温州以桑树皮制成的皮纸也适宜作画，而机器造纸不吸墨，不适合传统书画。中国手工纸中的次等纸多为民俗用纸，以九江出产为最多，是面向旅外华侨的主要出口纸品。普通民居多使用手工毛头纸糊窗户，这种纸韧性好，拉力大，寿命长，挡风透光。机器制造的纸脆，刮风易破。手工毛头纸还广泛应用于药铺、食品铺包装，以及冥器店裱糊、契约文书等。

新式学堂的广泛建立，促进了铅笔、橡皮、钢笔、墨水等新式文具的进口。但总体来看，清末学生使用的主要文具仍是传统的文房四宝。文房四宝中，纸张最早受到工业化产品的冲击。江西铅山是纸张重要的产地。1904年时任铅山知县梁树棠说："纸张一项，昔可售银四五十万两，近洋纸盛行，售价不满十万。"[①]

清末最大的机器造纸需求来自新闻报刊。近代报刊业的发展，促进了新闻纸张的进口、机器造纸业的发展和印刷业的改良。传统的雕版印刷费时费力，不适合批量、及时的报刊印刷需求，石印、凸版铅

---

① 《江西商务纪略》，载［清］刘锦棠撰：《清朝续文献通考》，卷392《实业十五》，商务印书馆1955年版，第11420页。

印等技术在报刊印刷中被大量使用,"万卷图书立印成""日日千言录报章"①。

(二) 农业机械

在农村,传统农业用具及耕作技术仍在发挥着重要作用,同时,中国农业应学习西方加以改良的舆论逐渐形成。冯桂芬在同治初年最早倡导西式农业机械,"今欲采西学……如农具、织具、百工所需,多用机轮,用力少而成功多,是可资以治生"②。1874年,《申报》文章提出效仿西法,自行制造中国的耕种机器。③ 1895年,清廷设立农工商部,长江流域省份的开明督抚积极倡建农业学堂,主持开办农业试验场。其中湖广总督张之洞主导引进了美国棉花良种,改良湖北棉业。

(三) 陶瓷器

瓷器在人们日常生活中有着较强的实用性与观赏性,江西景德镇的瓷器是明清外销瓷大宗。据成书于1815年的《景德镇陶录》记载,专售外洋的瓷器,"式多奇巧,岁无定样"④。

民间日用的瓷器多是民窑制品。民间烧造瓷器一般就地取材,产品具有浓厚的地方特色。如湖北汉川马口镇自宋代起开始烧制陶瓷器,当地有"马口的院墙——烂坛"的俗语,指马口人家的院墙是由废弃陶瓷器砌筑而成。马口烧窑点火使用当地芦苇,有诗"渺渺群山一水国,孤舟尽目泛清辉",可为烟灰弥漫、瓷业兴旺之证。马口瓷器采用的是当地特有的红黏土,烧制后呈橘红、紫褐、酱红、紫红、

---

① 辰桥:《申江百咏》,载顾炳权编著:《上海洋场竹枝词(新版)》,第95页。
② [清]冯桂芬:《采西学议》,载《校邠庐抗议》,上海书店2002年版,第56—57页。
③ 《论机器》,《申报》1874年7月20日。
④ [清]蓝浦、[清]郑廷桂著,连冕编注:《景德镇陶录图说》,山东画报出版社2004年版,第56页。

古铜等色。主要器型为坛、壶、钵、罐、缸、盆、烘炉等日用器皿，产量最大的是坛子，耐腐防渗。特色器中的"京坛"是当地婚礼必备器物，"火坛"即烘炉，是当地取暖常用的手提炉，反映了湖北本地民俗、民风、民情。马口陶瓷器不仅供湖北民间日用，还通过汉水入长江，销往其他省份。

在上海、汉口等近代化的前哨城市，西方商品大量深入居民日常生活。而在同时期，由于蒸汽轮船19世纪末才到达重庆口岸，土产器物仍在成都等地方市场居主要地位，"商铺中橱窗展示的多是中国产品"①。

二、西学东渐：从奇技淫巧到文明利器

新式器物是近代文明的载体，日用之物背后折射着消费文化。晚清时期，关于新式物品，存在着炫耀性消费和实用性消费之别。

（一）民生日用类物品

1. 火柴

传统生火工具是火石和火镰，通过撞击产生火花引火。1865年，火柴由英国传入中国，时称"洋火"，也有地方称为"自来火"②。火柴通过燃点低的磷引火，用于厨房灶火、点燃香烟等。作为舶来品，传入后迅速风靡上层社会。

1877年，中国最早的民族火柴厂诞生于上海。但因资本小，原材料多依赖进口，在舶来品的竞争下很快倒闭。1890年，叶澄衷在上海创办燮昌火柴厂，成为当时国内规模最大的火柴厂。1896年，浙江人宋炜臣在汉口创办了燮昌火柴厂汉口分厂，开创了武汉火柴工

---

① 王笛：《街头文化：成都公共空间、下层民众与地方政治（1870—1930）》，第49页。

② 自来火，亦有指称煤气灯或打火机，大致是取火由非传统的方式之意。

业先河。汉口燮昌火柴厂日产火柴43万余盒,"古风无复见传薪,洋火销流遍地匀",产量居全国首位,规模超过总厂。汉口燮昌火柴厂品牌有双狮、单狮、三猫、三鸡、象等,主要供给湖北、河南、陕西、湖南等省。进口日本火柴销路锐减,燮昌火柴厂获利甚丰,在清末盛极一时。①

19世纪90年代,重庆有森昌泰(日商)、森昌正火柴厂。1896年,陈宝箴在长沙创办了和丰火柴厂,该厂号称"湘中最著之实业"。1898年,涂之良在九江创办荣昌火柴公司,每日生产十余箱,牌名"双鹳"。

与产品销售相配套的包装业也发展了起来。1911年,上海有赵天福、毛泰祥、长新记、薛源兴等多家纸盒厂,除生产火柴盒外,也制作糕点和服装鞋帽包装。

2. 照明灯

在晚清长江流域,家庭室内照明使用的是亮度有限的蜡烛或以豆油、茶油、棉籽油、桐油等植物油为燃料的油灯。上海开埠后,美国的美孚石油公司和俄国的诺贝尔兄弟石油公司出产的煤油进入中国。1843年,上海家庭开始使用煤油灯,时称洋油灯、火油灯,亮度较传统油灯更高。煤油灯的普及,催生了数家专门制造、出售煤油灯的店铺。

夜间室外照明,传统时期使用的主要是灯笼,晚清西式煤气灯②传入后,部分城市出现煤气路灯。煤气,又称自来火。1864年,香港街道最早使用煤气灯。次年12月18日,上海英租界南京路亮起

---

① 王钢:《汉口燮昌火柴厂创办始末》,《武汉文史资料》2007年第11期。
② 1802年,工业革命中的英国索霍的工厂,开始点燃煤气灯。至1840年,煤气灯在欧洲普及。

10盏煤气灯。① 1867年，上海法租界也点燃了煤气街灯。1873年，煤气街灯在华界点亮："火树千株照水明，终宵如在月中行。地埋铁管通街市，真个销魂不夜城。"② 1882年，在上海，电灯开始代替煤气灯，至1935年，上海街头的煤气街灯被全部拆除。

设有租界的口岸城市最先用电。由于开办经费巨大，中国的电灯

表5-1 晚清城市电灯使用情况

时间	地点	开办人	名称
1882	上海	外商办	电光公司
1889	北京	东交民巷外国人公寓	
1890	香港		
1890	广州	官办	
1897	杭州	陆姓商人	杭州电灯公司
1897	台北		
1898	长沙	官办（陈宝箴）	宝善成公司
1898	旅顺口		
1901	天津		
1904	济南		
1905	厦门		1899年试办，1905年亮灯
1907	汉口	商办	既济水电公司③
1909	吉林		
1910	黑龙江		
1911	开封		

资料来源：根据《中国近代社会生活史》（李长莉等著，中国社会科学出版社2015年版）等汇总。

---

① 上海煤气公司编：《历经沧桑显辉煌——上海市煤气公司发展史（1865年—1995年）》，上海远东出版社1995年版，第7页。

② [清]辰桥：《申江百咏》，载顾炳权：《上海洋场竹枝词（新版）》，第79页。

③ 在汉口，最早的民用电始于租界。1861年，英商在英租界创建了"汉口电灯公司"，德租界内德商美最时洋行附设电厂，日租界有大正电气株式会社自备发电机供电，华界为宁波商人宋炜臣等合资兴办的既济水电公司。

公司一般是官办，或官商合办，少数为纯商办。官办电厂所发电力首先应用于路灯，其次才满足居民家中照明之用。

中国最早使用电灯的城市是上海。1879年，上海公共租界试燃了中国境内第一盏电弧灯①，1882年公共租界开始正式供电，《字林西报》曾描述："昨夜，上海的景色将长久的遗留在中外居民的脑海里，他们第一次看到租界的街道上用上了电灯……成百上千的人带着十分羡慕与得意的神态，凝视着明亮如月的电灯。"② 1890年，公共租界安装了首批碳丝灯泡（白炽灯），1897年法租界开始供电，1898年，南市华界开始供电。1912年，钨丝灯泡被引入上海。

继上海之后，中国其他城市也相继开始使用电灯。总体上，这一时期的电灯主要用于日常照明，发挥着实用功能，至1926年，具有娱乐功能的霓虹灯才最早被引入上海。

在城市发电业不断扩大过程中，电灯、电表、电线杆等新事物进入生活视野。时人记载："电线，通电之线也，用紫铜丝涂锌，以防锈，或架空中，或埋土内，或沈（沉）水底，电报、电车、电灯等皆用之。惟土中、水中之电线，须包以绝缘防湿之物。我国电线，发源于京畿，分三大支，又从镇江分二支……湖北有飞线、地线、水线三种，由汉口至荆门，长五千四百二十六里半。"③

随着电灯的普及，1894年上海公共租界首次安装了英国制造的单相电度表，开始实行计量收费。1904年，随着电灯、电扇等电器使用增多，为记录感应负荷，改用了感应式单相电度表。1911年，

---

① 1876年，雅布洛奇科夫发明了电弧灯，1879年，爱迪生发明了白炽灯，1907年，霓虹灯被创造出来。

② 《上海电气公司昨夜电灯第一次通电放光》，《字林西报》1882年7月27日，转引自蒲仪军：《都市演进的技术支撑：上海近代建筑设备特质及社会功能探析1865—1955》，同济大学出版社2017年版，第15、21页。

③ [清]徐柯编撰：《清稗类钞》，第6024、6026页。

因用电量巨大,上海的英企增裕面粉厂首次装设了三相电度表。①

(二) 文化艺术类物品

1. 报刊

报纸和期刊是各种信息的传播媒介。晚清时期的报刊,内容不限于政治信息,经济、文化、社会等各方面内容丰富。出版报刊的主体也呈多元化,有地方政府、民间精英、在华外商等,其中民间商业报刊作为大众传播媒介,构成了一定范围和程度的社会舆论空间。

长江流域是近代传播媒介最为活跃的地区。上海是晚清民国时期中国的新闻出版中心。1872年4月30日,英国商人美查在上海创办《申报》,该报1949年停刊。《申报》面向市民大众,发行范围广,在近代中国各中文报纸中,持续时间最长,影响最大。

近代中国影响最大的英文报纸,是英国人奚安门于1850年8月在上海创办的《字林西报》(North China Daily News)。该报原名《北华捷报》,主要读者为在华外交官员、传教士和商人。1951年3月停刊时,已存在百年之久,是在中国出版历史最久的英文报纸。1911年8月,上海美商密勒等人和中国绅商人士联合组建中国国家报业公司,创办了《大陆报》,该报是最早的美式编排报纸,内容主要为社会新闻,销售方式灵活,受众面广,发行数一度超过《字林西报》。

中国第一份国人全资出版的报纸是1872年艾小梅在汉口创办的《昭文新报》,该报经营数月后倒闭。20世纪初,随着新政推行、商业繁荣和新式教育的兴起,武汉地区出现办报热潮。至辛亥革命前,数年间就有《汉口中西报》《汉口日报》等86家报纸问世,其中民营59家,官办11家,外国人办16家。既有清政府政治宣传报纸,如

---

① 蒲仪军:《都市演进的技术支撑:上海近代建筑设备特质及社会功能探析1865—1955》,第31页。

《湖北官报》《湖北商务报》《湖北教育官报》等，也有革命报纸，如《文华学界》《通俗白话报》《大江白话报》等，还有休闲小报如《花报》，文艺专刊如《扬子江小说报》，专业画刊如《不缠足画报》等。①

在南京，晚清时期发行的报刊主要为官办，有《南洋官报》《南洋日日官报》《南洋商务报》《南洋兵事杂志》《金陵晚报》《警务杂志》《江苏咨议局会期日刊》等11种，无民办报刊。

长江上游城市因地处内地，报业发展相对滞后。1897年，宋渝仁在重庆创办的《渝报》是西南地区最早的近代报纸。该报为木刻线装，旬刊，每期双面30余页，其栏目中的"译文择要"在各城市报纸中颇具特色。《渝报》发行量最大时达到2500份，发行16期后于1898年停刊。同年，西南地区第一份日报《渝州新闻》创办。此后，《广益丛报》《重庆日报》《崇实报》《重庆商会公报》等相继创办，其中教会报纸《崇实报》是近代西南地区存在时间最长的报纸。②

相比新闻报纸，期刊往往面向特定群体，内容专业，发行量较小。英国传教士傅兰雅1876年在上海创办的《格致汇编》，是近代中国最早的科学杂志。画报这种新的传播形式为城市居民喜闻乐见，在上海，美查兄弟创刊了《点石斋画报》，旬刊，每期8张图片，发行广泛，存续长达17年。《点石斋画报》采用石板印刷技术，用图画呈现了当时的新创事物，如火车、轮船、热气球、工厂等，表现新闻的同时，也传播了近代新知。

总体上，报刊在信息传播、知识普及、时尚引领等方面发挥着极其重要的作用，使得人们对于时代变化的感受来源更为多元而迅速。

---

① 刘望龄：《黑血·金鼓——辛亥前后湖北报刊史事长编》，湖北教育出版社1991年版，第79—84页。

② 徐文永：《晚清重庆报业发展述评》，《宜宾学院学报》2005年第5期。

2. 现代图书

由于新知识的大量输入，图书内容发生了变化。介绍近代科学知识的书籍大量出版，如 1879 年《电学》一书发行，1882 年《格致须知》丛书出版等。这类著作中，译著占比很大。西学东渐过程中，对中外辞典的需求增加，器物名称的对应关系在其中有所反映。即便是传统出版物，内容也有所更新，如清末沪上铅石印书局新编印的尺牍教本，适应时代变化，更新了书仪内容。①

出版物的版式变化也非常明显。传统出版物多为黑白印刻，晚清出版物中彩印图片增多，最初需要送往欧洲印刷，1902 年，上海开始出现石印彩色图片。② 此外，受设计师新式教育背景和艺术背景的影响，具有民族风格的简洁设计，逐渐为包含新元素的丰富设计所取代。

西学东渐的过程中，中国典籍经由文化交流流布海外。中药学集大成之作《本草纲目》的金陵本，被呈送给日本明治天皇，成为"内阁文库藏本"。③ 在汉口的英籍医师施维善对中医药有浓厚的兴趣，常与有经验的中医一起开方诊病。回国后施维善通过撰文，不遗余力地推广中医药。④

(三) 医药科技类物品

1. 医药及日化用品

传统中药以丸散膏丹等剂型为主。受西药制法影响，1911 年上

---

① 陆胤：《"实用"与"虚文"之间——清季民初新编尺牍教本源流考》，《文艺理论研究》2022 年第 1 期。
② 贺胜甫、赖彦于：《近代印刷术》，中国台湾商务印书馆股份有限公司 1973 年版，转引自朱和平、李蕊廷：《传统走向现代：晚清民国包装业的转型》，《工业工程设计》2021 年第 6 期。
③ 杜石然主编：《中国古代科学家传记》(下)，科学出版社 1992 年版，第 826 页。
④ 贾海燕：《荆楚医药》，第 245 页。

海粹华制药厂最早利用中药提炼药水。① 中国自办近代制药工业，以长江流域为最早。1907年，夏粹芳、黄楚九等在上海首创药房式药厂，其开办的五洲大药房，自制成药人造自来血、月月红等。

牙粉、洗面粉、香皂、雪花膏、白玉霜、花露水等名目繁多的新式日化用品，通过口岸大量输入中国。据英国外交部报告记载，20世纪早期35%—50%的进口商品被通商口岸富裕阶层享用。② 国内采用机器生产日化用品，始于冯福田1898年创办的香港广生行有限公司，明星产品为双妹花露水。口岸城市销量较多的牙粉是日本狮子牌金刚石牙粉。1911年，方液仙（名傅沆）在上海圆明园路安仁里家中，建立了中国化学工业社，率工人和学徒生产三星牌牙粉、雪花膏、白玉霜等日化用品，其中三星牌牙粉是中国最早的国产牙粉。

2. 镜类仪器

透光镜（X光机）。1895年11月，德国物理学家伦琴发现了X光具有穿透物体的特性，X光机也因此被称为透光机，主要用于医学检验。X光机甫一发明，就由身在上海的英国传教士、学者傅兰雅介绍到中国。据戴吾三考证，1897年苏州博习医院在中国最早引进了X光机。③ 由于造价高昂，加之技术、人才限制，20世纪二三十年代X光机才在中国各大医院普及。④

显微镜。17世纪中叶，列文虎克利用透镜重叠发明了显微镜，

---

① 薛愚主编：《中国药学史料》，人民卫生出版社1984年版，第446页。

② 张仲礼、沈祖炜：《近代上海市场发育的若干特点》，《上海社会科学院学术季刊》1994年第2期。

③ 戴吾三：《1897年苏州博习医院引入简易X光机》，《中国科技史料》2002年第3期。

④ 崔军锋：《技术、观念与社会想象：X光知识与实践在近代中国的传布与接受（1896—1949）》，载《"宋代科技与近现代河北区域发展"学术论坛暨河北省科学技术史学会2018年学术年会论文集》，2018年。

观察到了肉眼无法看到的微生物。显微镜输入中国情况不详，但有资料显示，清末显微镜已为上海市民了解，"西洋镜片古来稀，洞里乾坤借显微"①。

1901年，虞辉祖、钟观光、虞和钦等在上海五马路（今广东路）宝善街创办了中国第一个科学仪器馆，售卖显微镜、乳比重计②等精密仪器，间或仿制一些新式仪器，对我国科技事业有所裨益。③

3. 玻璃器皿

表5－2 晚清主要玻璃企业一览

名称	创办人	创办时间	创办地点	其他
平和洋行玻璃公司	唐茂枝	1882	上海	中国本土第一家"现代"玻璃制造企业；筹办经年，但终未投产。
华兴玻璃公司	经元善	1882	上海	宣告成立但未投产。
庆昌玻璃公司		20世纪初已存在	重庆	传统工艺，下有10家玻璃厂。
耀华玻璃公司	林友梅、蒋煦	1904	武汉武昌	
博山玻璃公司	顾思远	1904	山东济南	原料产地，官商合办，可生产平板玻璃。
鹿蒿玻璃厂	何鹿蒿	1907	重庆	重庆最早的现代工业熔炉建筑，生产杯、盘、灯具、花瓶、茶杯等，1948年停业。
耀徐玻璃公司	张謇、许鼎霖、黄以霖	1908	江苏宿迁	原料产地，清廷"予专利"20年。可生产平板玻璃，1913年停业。
广建玻璃公司		1908	福建厦门	仅能生产玻璃灯罩，销售范围为本市。

资料来源：曹南屏：《自造自用之梦：玻璃制造业在近代中国》，载《近代中国的物质文化》，上海古籍出版社2015年版。

① ［清］洛如花馆主人：《春申浦竹枝词》，载顾炳权编著：《上海洋场竹枝词（新版）》，第51页。
② 《乳牛验法》，《大陆报》1905年第12期。
③ 谢振声：《上海科学仪器馆述略》，《科学》1990年第1期。

五口通商之前，中国手工制造玻璃器皿的重镇是广州，主要是重新熔铸碎玻璃，以制造饰品、玩器等少数人群的"陈设玩具"。西方玻璃器皿由通商口岸大量输入中国后，为挽利权，长江流域诞生了中国最早的一批近代玻璃企业，并发展为南方玻璃制造中心。

新式玻璃企业主要开设于山东博山、江苏宿迁等玻璃原料产地，利用机器制造，产品包括荷兰水（汽水）瓶、银光片镜子（梳妆镜）、灯罩等，其中仅山东博山玻璃公司和长江流域的江苏耀徐玻璃公司可生产平板玻璃，两地玻璃制造业也最为发达。

（四）休闲娱乐类物品

1. 影戏幻灯

1895年12月28日，法国卢米埃尔兄弟在巴黎大咖啡馆放映《火车进站》，标志着电影的诞生。早期电影主要为无声纪录短片，因为是将影像投射到白幕上，观看活动的影子，早期电影又被称为影戏。早期电影以世界各地日常生活为内容，时长数分钟。

电影诞生不久即传入长江流域。1896年5月，美商汇喇洋行在汉口老跑马厅和武昌三佛阁等处放映影戏，为汉口有电影之始。电影作为新式市民娱乐项目，至民初才逐渐向沿江的老河口、沙市等城镇扩散。①

1896年12月，法国驻云南府名誉总领事方苏雅带着照相机和无声电影摄影机，用影像记录了昆明人民的生活状况，这是中国现存最早的电影影像。② 1908年，意大利侨民阿·劳罗拍摄了名为《上海第一辆电车行驶》的纪录片，1909年拍摄了《上海租界各处风景》纪录片等，开上海电影制片之先声。1911年武昌首义爆发后，汉阳人

---

① 王光艳：《纪录片在湖北的早期传播研究（1903—1935）》，《当代电影》2016年第12期。

② 杨君、陈皓：《从方苏雅的老照片想到的》，《现代传播》1999年第3期。

(一说为天津人）朱连奎和汉阳美利公司合作，拍摄武昌起义军与清廷守军在大智门火车站等处激战的镜头，并将剪辑后的影片以《武汉战争》为题，在上海谋得利戏院首映，为中国自制纪录片之始。

2. 留声机

留声机最早传入中国，是在1889年由丰泰洋行引入上海，"去年上海丰泰洋行有此机器一副，以备购者观看其器"①。1890年春季上海出版的《格致汇编》一书，详细记载了"记声器"绝妙的传声功用："不但为取乐开心之用，将来能记人言语而发复声，可省书写之烦"，或"将方家音乐歌曲记存音调，后之学者使复发声"。②据《申报》记载，主编何桂笙等人曾亲观挪威人阿尔生携带的记声异物，何认为该物可传信、记录家训遗嘱、记录供词，并将其命名为"留声机器"。③

19世纪90年代起，留声机经由谋得利洋行（MORTRIE）、老晋隆洋行、柏德洋行等代售，逐渐进入仕宦绅商之家和休闲娱乐场所。当时输入的留声机品牌主要有仙孩、双龙、坐狗、马蹄、雄鸡等。④20世纪初，中国的其他城市通过洋行代理方式也在销售留声机。1915年百代公司在上海正式建成投产，其业务之一是将京剧名伶的录音在法国制成唱片后，再返销中国。⑤

3. 钟表

机械钟表（Clock）明末既已传入中国。清代，北京、上海、南

---

① ［英国］傅兰雅：《格物杂说：新创记声器图说》，《格致汇编》1890年春季卷。
② ［英国］傅兰雅：《格物杂说：新创记声器图说》。
③ 《留声机器题名记》，《申报》1890年5月3日。
④ 《唱戏机器八音洋琴京调小曲准于十一月十五到申至期交货不误》，《申报》1904年1月2日。
⑤ 由月东、陈春舫主编：《上海日用工业品商业志》，上海社会科学院出版社1999年版，第263页。

京、苏州、杭州、广州、漳州等地形成了一定规模的仿制作坊，但至新中国成立时，仍基本依赖外国进口。据上海海关贸易统计，1899年时，中国钟表进口突破20万件，其价格至民国初年持续稳定为2两纹银。机械表价格昂贵，只有极少数群体才能拥有，作为其身份的象征。1859年，寓居上海的王韬曾感叹："钟表测时，固精于铜壶沙漏诸法，然一器之精，几费至百余金，贫者力不能购，玩物丧志，安事此为！"①视其为与民生无益的奢侈品。1906年，赣南地区粤商开办的钟表照相商号义祥号登记的935次维修钟表记录，涉及赣州城内及周边县镇的客户，②或可说明20世纪初钟表在长江流域逐渐由大城市向中等城镇普及。传入之初，自鸣钟也仅是极少数人的赏玩之物。19世纪50年代，上海法租界工部局顶楼上安装了一座很大的自鸣钟，按标准时间鸣响，开始影响一般市民的生活节奏。

4. 照相机

1839年，法国画家达盖尔发明了银版照相机。1845年美国人乔治·韦斯特在香港创办了中国的第一个照相馆，并逐渐向广州、上海、宁波、杭州等沿海沿江城市拓展。19世纪50年代，罗元佑在上海创建了中国大陆第一个照相馆。到19世纪70年代，上海已经有数家照相馆，摄影师多来自广州。③1872年前后，广东人在汉口回龙寺开设了武汉第一家照相馆——荣华照相馆。边陲昆明的照相馆大约出现在1894年前后。晚清时期，照相馆基本分布在南方地区，至20世纪20年代，北京才出现了北方第一家照相馆。

---

① ［清］王韬著，朱维铮、李天纲编校：《弢园文新编》，生活·新知·读书三联书店1998年版，第192页。
② 王国晋：《机器时代与传统商号：近代旅赣粤籍钟表照相商号的商业经营》，载《问道于器：中国近代的物质文化与社会变迁学术研讨会论文集》。
③ 葛涛、石冬旭：《具像的历史：照相与清末民初上海社会生活》，上海辞书出版社2011年版，第10页。

由于技术及价格原因,这一时期照相业务并不普遍,拍照行为主要发生在上层社会少数人群。如 1911 年赣州义祥号全年照相仅 52 单。① 近代摄影技术和照相机等新器物对人和物的直接如实呈现,与传统绘画写意也有着明显区别,被时人接受也尚需时日。

(五) 通信器具

传统时期人们传达信息主要通过书信或口头,迁延日久,时效不强。晚清时期,依托电报、电话等新事物,可实现即时传送。

1. 电报

晚清时期,千里音书可一瞬传送的电报、电话等通信工具在长江口岸城市出现。电报机打破了文字内容传播的时空限制,载体的变化使得信息传递更便捷。操作员通过电键进行发报,通过纸带阅读机(克莱恩)读取打孔的纸带(惠特斯通纸带),将其转换为摩尔斯码信号,由人工用专门格式的抄报纸抄收,抄报纸一行十字,首行抄报,二行译电,抄报纸上除报头行外,有"地址+电文"七十字,从而实现双方的交流。

1871 年,丹麦大北电报公司在上海、厦门和香港架设了中国最早的电报线。"自开电报地球通,千里遥传一刻中。更可暗排机密码,人工直欲夺天工。"② 当时的民用电报,主要是有线电报,电报机从德国西门子公司进口。早在 1882 年,《申报》驻天津记者就可以将每日京城上谕用电报形式发回上海总部,朝夕可达的"电传上谕"实现了京津沪信息的及时共享。

晚清时期,中央政府也开始发展电报事业。1881 年津沪线建成,

---

① 王国晋:《机器时代与传统商号:近代旅赣粤籍钟表照相商号的商业经营》,载《问道于器:中国近代的物质文化与社会变迁学术研讨会论文集》。

② [清] 颐安主人:《电报局》,载顾炳权编著:《上海洋场竹枝词(新版)》,第 134 页。

1883年通州设局，1884年京城外局、内局先后通报，至此，经由天津、上海，清廷建立了同海外的电报联系。①凭借电报，通过天津中转，长江下游城市与北京建立了密切联系。此外，在清末无线电报开始用于北洋军事。

随着近代通信的发展，与电报机相配套的电码带、电码纸进入时人视野。晚清引进的电报机有莫尔斯和胡斯登两种。胡斯登发报机线路长，发报快，时称"快机"，但价格昂贵，因此多用于京津沪穗汉等报务重要地区，其他各省则以莫尔斯发报机为主。1911年时，全国有莫尔斯发报机652台，胡斯登发报机仅11台。②

2. 电话

1876年，贝尔发明了借助电流传输声音的即时性通信工具——电话。英商开办的东洋德律风有限公司在中国最早经营电话业务，"中国之有德律风也，自英人设于上海租界始"③。1882年，丹麦大北电报公司在上海外滩设立电话交换所，启动租界内和租界间的电话业务。1885年，上海各租界已装设电话机125架，④不过，这一时期使用电话的主要是公共机构和大型商业场所，其中1884年，上海租界火政处架设了中国第一条火警电话线路。19世纪末20世纪初，城市消防领域电话与传统的日旗夜灯并存，二者相互依赖，优劣互补。⑤

"两地情怀一线通，有声无影妙邮筒。高呼狂笑呈憨态，独立倾

---

① 张文洋：《再造中心——晚清内廷电报制度的发展、形成与问题》，载《问道于器：中国近代的物质文化与社会变迁学术研讨会论文集》。
② 史斌：《电报通信与清末民初的政治变局》，中国社会科学出版社2012年版，第64页。
③ 《照录盛京卿奏请电报局兼办德律风片》，《申报》1900年7月23日。
④ 《德律风局告白》，《申报》1885年3月18日。
⑤ 金庚星：《媒介的初现：上海火警中的旗灯、钟楼和电话》，《新闻与传播研究》2015年第12期。

听德律风"①，1900年上海华洋德律风公司编印了中国第一张《用户电话号码表》，刊登了93家电话用户。②1902年，清政府上海电报局开始兼营电话业务。1907年，华洋德律风公司用户已达到2300线，电话普及范围大大拓展。

汉口装设电话始于1901年，当年德国书信馆在法租界设立电话总局，他国租界及华界设立分局，初装时用户40余家。与其他城市电线置于平地不同，考虑到江水涨落的影响，汉口电话"其线悬于空中"③。这一时期使用的主要为华洋德律风公司磁石电话机，电话线为单线架空裸线，1907年电线改用架空双线，1910年后电话机改为共电式电话机。

3. 邮票

邮递价格便宜，在晚清民间日常信息传递中发挥着重要作用。1878年，清朝政府在北京、天津、上海、烟台和牛庄（营口）等五处设立邮政机构，附属于海关。同年7月24日，上海海关造册处发行了中国第一套邮票大龙邮票，该套邮票为三枚五爪金龙图案，分别是用于寄印刷品的绿色一分银邮票，寄普通信函的红色三分银邮票，以及寄挂号的橘黄色五分银邮票。大龙邮票的发行是我国创办近代邮政的发端。据1905年《中国贸易报告》第一编《统计要览》中的《华邮纪要》记载，邮票为"本国技师镌制铜版"，由上海海关印刷厂印制。

1893年5月20日，汉口工部局书信馆发行的《担茶人》邮票是武汉历史上第一套邮票，至1897年1月先后发行过11套。以"担茶

---

① [清]于怀青：《上海竹枝词》，载顾炳权编著：《上海洋场竹枝词（新版）》，第8页。
② 金庚星：《媒介的初现：上海火警中的旗灯、钟楼和电话》。
③ 《汉口德律风》，《湖北商务报》1901年第6期。

人"形象作为邮票图案,在中国早期邮票中仅汉口独有,反映了当时汉口茶市的辉煌。

此外,1901年12月,湖北发行了中国最早的彩票——湖北签捐彩票,至1911年10月,共发行近120次。

三、新式器物的仿制与自制

(一)机器从进口到自制

从19世纪60年代起,中国开始了由手工业生产向机器制造的过渡,并在这一过程中,生产了自己的制器之器。中国的机器制造,始于仿制,并在此基础上进行自主改良和创新。

中国近代机械工业诞生于晚清时期的长江流域。1862年,安庆内军械所造了我国第一台蒸汽机。1865年成立的江南制造总局,生产车床、刨床、钻床等机器,制造了我国第一台万能铣床、第一台摇臂钻床、第一台车床、第一台弯脚机。王文韶曾于1875年试办湖南机器制造局,仿制后膛枪、开花炮弹等军械,并制造黑火药。1876年,我国第一家民族机器厂——上海发昌钢铁机器厂成立,制造用于内河航运的小火轮。

1895年之后,清政府多次颁布法令,奖励制造新机器。在汉口,1895年周天顺炉坊发展为周恒顺机器厂,该厂是近代湖北最大的民营机器厂。周恒顺机器厂为大冶富源煤矿和河南中联公司生产的15—30马力的抽水机,以及60—80马力的矿井卷扬机,被认为是中国首次生产该类产品,并获得了武汉劝业奖进会三等银牌奖,该厂生产的人工打包机甚至远销日本。

1907年,宋炜臣、顾润章等商人联合在汉口开办了扬子机器厂,最初仅能制造煤气发动机、轧花机件和修理各种船只,后发展为可以生产铁路车辆、桥梁、叉轨以及附属物件,大小轮船、驳船、钢制机器救火船及其附属物件，铸造锅炉、梁柱、水闸、抽水机、打桩机等产品。1909年，周恒顺机器厂自行设计了顺风号蒸汽小火轮。1910年，上海求新机器轮船厂制造了25马力煤油煤气双燃料发动机。

（二）商品从进口到自产

晚清中国，经历了一个从追求坚船利炮军工制造，到讲求民生物用机器制造的转变过程。

近代中国日用工业的发展面临着外来输入的竞争，郑观应发出盛世危言："洋布、洋纱、洋花边、洋袜、洋巾入中国，而女红失业，煤油、洋烛、洋电灯入中国，而东南数省之柏树皆弃为不材；洋铁、洋针、洋钉入中国，而业冶者多无事投闲，此其大者。尚有小者，不胜枚举。所以然者，外国用机制，故工致而价廉，且成功亦易；中国用人工，故工笨而价费，且成功亦难。华民生计，皆为所夺矣。"[①]

在"科技"这一名词出现前，晚清时期，中外器物背后的技术因素被称为"工艺"。西物东渐过程中，近代科技实现了本土化。曾经的洋物品，经过输入、仿制、制造和推广的演变历程，最终成为近代国人日常生活中的习见常用之物。在这一转化过程中，长江流域口岸城市发挥了先用、先觉、先行的作用。

---

① ［清］郑观应著，上海图书馆、澳门博物馆编：《盛世危言》卷7，上海古籍出版社2008年版，第20页。

第六章 结 语

长江流域是中华文明的重要源头之一，经过数千年的开发，逐渐发展为中国经济最发达的地区。东汉时期，成都平原成为天府之国。隋唐时期，扬一益二荆三，全国最有名的三个都会全部在长江流域。南宋时期，临安（今浙江杭州）一举成长为东亚最大的都市。明清时期四大名镇，长江流域有其二（汉口、景德镇）。近代以来，上海引领中国发展潮头；汉口超越广州天津，跃居全国第二大港，成为中国内陆最大的贸易中心。沿江一系列开埠城市因商而兴，在晚清率先进入近代化历程。

一、长江流域物用发达的原因

器物的生产原料、生产技术和运输条件等因素，直接影响其被使用的范围。长江流域优越的自然环境、优秀的工匠群体、创新进取的文化基因和发达的交通网络，是其物用尤为发达的重要因素。

（一）长江流域的自然环境为物用生产提供了物质基础

长江水资源充沛，水生物多样，长江流域居民衣食住行与多水的自然环境紧密相关。气候湿润，土地肥沃，使得浙江出土有中国最早的水稻，四川自东汉起就是物产富饶的天府之国，南宋起苏湖、湖广先后成为天下粮仓。长江中下游平原和上游盆地，地处亚热带，植物资源丰富，广泛分布着常绿阔叶林和针叶林，是制作生活器物的重要材料，史称巴蜀饶竹木之器。

长江流域矿物资源丰富。江西瑞昌铜岭有中国最大最早的铜矿遗址，铜绿山铸造出了助推楚国军事辉煌的大量兵器。丰富的玉石资源遗留下中国最早、最精美的玉器。长江流域丝织业发达，长沙子弹库楚墓出土的简帛是我国现存最早的简帛。

传统时期，器物的生产和使用具有明显的地理性。鸦片战争之后，随着近代工商业的发展，生产、流通的空间局限被大大突破，器物的消费和使用广及全球。晚清长江流域是中国出口商品的重要产区，茶叶、棉花、药材、蛋品等具有区域性特征的物产大规模运销海内外。

（二）长江流域的工匠群体为物用发展提供了人力条件

将自然资源改变形态，制作成日用器物的是工匠。长江流域工匠群体以技术高超著称。见诸史册的楚国巧匠有慧眼独识和氏璧的匠人，以及运斤斫蝇的郢匠"石"等。楚国也积极吸纳外来工匠，楚鲁之战，作为胜利一方的楚国，索要的战利品是技术工匠。青铜铸造，楚国学习中原，兼并吴越后又吸纳越国工匠，目前出土的最早的钢质剑源自楚国。

虽然传统时期百工身份相对低微，科学技术未能得到充分发展，但中国古代难以被忽略的众多发明创造，必然是古人探究事物并不断创新的结果，"科学在中国文化中有光辉灿烂而深厚的根基"[1]，器具背后的格物穷理传统在中国古代一直延续，并在近代与西方科学技术相遇。近代洋务运动和新政时期，长江流域军工及民用企业内大量聘用德日技术人员和留学人才，推动了技术的革新与本土化。

---

[1] ［英］李约瑟原著，［英］柯林·罗南改编：《中国科学文明史》，上海交通大学科学史系译，上海人民出版社2014年版，扉页。

商业的繁荣造就了难以计数的小手工业者，俗言"无陂不成镇"，黄陂小手工业者成为缔造汉口商埠近代繁华的重要力量。明清以降，汉口城市空间上形成了以行业命名的街道，如芦席街、草纸巷、剪刀街、砖瓦巷等，"街名一半店名呼，芦席稀稀草纸粗"①。

（三）长江流域先民具有创新精神

历史上，长江流域为中国乃至世界贡献了诸多发明创造。器皿"盏"独见于楚国，楚国最早使用铁兵器，发明多头戈和可连发、具有远程射杀力的弩机等兵器，目前出土的最早的木床、竹筷也是楚人的遗物。② 据楚文化名家刘玉堂总结，长江流域是中国最早进行水稻栽培的地方，长江流域出土的玉雕凤代表了中国古代玉器的最高艺术水准，中国青铜器遗址多数位于长江流域，迄今发现的保存最多、质量最好的丝绸在湖南长沙，迄今出土的漆器几乎都在长江流域，蕲春籍药圣李时珍撰写的《本草纲目》是世界医药的百科全书，天门人陆羽编著的《茶经》开启了茶的时代，东汉时期湖南桂阳人蔡伦改进的造纸术推动了文化事业的发展，活字印刷术的发明者毕昇也来自长江流域。③

（四）一体化的交通促进了物质的流转

数千年来，长江不仅是两岸人民共饮的水源，还是出行的重要通道。孤帆远影和驶过万重山的轻舟不仅是诗人笔下的意象，也是时人的生活和日常。航运，连接了长江两岸，也连接着中国的东中西部。

至近代，长江成为中国各大河中唯一全程通航，又与海洋相连接的河流。开埠后，上海、汉口是国内进出口贸易额最大的两个港口。长江流域及周边省份的资源禀赋，借助长江这一天然通道，实现了国

---

① ［清］叶调元著，徐明庭、马昌松校注：《汉口竹枝词》，第6页。
② 王齐洲：《论荆楚精神》，《湖北电大学刊》1997年第1期。
③ 根据第三届长江学术研讨会刘玉堂研究员观点摘编。

内国际的流通。物质的流转和共享,促进了长江流域逐渐从分散走向整体。

二、长江流域物质传统的嬗变

民生物用受不同时期社会经济的影响和制约。总体来看,1912年以前长江流域的物质传统大体可分为古代和近代两大阶段。

(一)古代:数千年自给自足的持续

在工业制品普及以前,长江流域的人们在数千年的日常生活中形成了一种稳定的物质文化传统。民众日常多使用手工产品,如盛具多为陶器、瓷器、木器、竹器等,窗纸、窗纱、云母等多被镶嵌于户牖之上,照明工具多用纸、纱等围绕,农具的改良源自生产的需求,为善其事而"利其器",等等。

古代社会庶民的日常生活长期保持简朴、自给自足的传统。在商品经济发达的宋代,随着江南成为经济中心,阶层间的消费界限出现松动。明代,身份秩序进一步崩溃,拥有较强购买力的江南绅商和庶民,成为新的消费力量,对消费的追逐,促进了工商业的进一步发展。尽管在清初奢侈消费一度受到抑制,清中叶以后,相关政策松弛,奢侈现象再度日常化,奢侈消费的中心也更加多元。①

(二)近代:大变局下的生活世界

晚清时期,长江流域以一种异化的方式被迅速卷入了世界资本主义体系。西物东渐,对近代长江流域民众消费方式、生活方式产生了较大影响。"近来民间日用,无一不用洋货,……本国之货,只居十

---

① 巫仁恕:《品味豪华——晚清的消费社会与士大夫》,载〔日〕岩间一弘:《上海大众的诞生与变貌:近代新兴中产阶级的消费、动员和活动》,葛涛、甘慧杰译,上海辞书出版社2016年版,第8—9页。

之二三。"①

晚清时期,各种仿造、改良的工业产品逐渐在民众日常生活中普及,渗透到日常生活的方方面面,改变和重塑了物质文化与日常生活。从沿海、沿江城市开始,逐渐向内陆城市、乡村延伸,出现了日常生活趋新、趋时、崇洋风气。

在资源富饶、商业发达的长江流域,明清江南孕育并发展出中国历史上的消费文化,在晚清与西方消费文化相遇。即便是最具现代化特征的上海,其城市民生物用仍旧是传统和近代并陈、杂糅,新式的设施中有着传统的元素,传统的主体上嫁接了西式的细节。

三、物质视野下文化、文明的交流互鉴

(一)长江流域与国内外的交融互通

出土的楚国器皿,体现出兼采夷夏、融合南北的特点。如铜绿山的青铜冶炼,融合了吴越和中原技术,创造出失蜡法工艺。安徽出土的鄂君启金节显示,先秦时期,汉江流域已是沟通关中、中原与楚国的重要水上通道。三国、东晋、南宋时期的北民南迁,使得先进的生产工具和技术流入江南,促进了长江中下游的开发。

晚清时期,长江下游的上海连接着中国和世界;中游的汉口,九省通衢,经济腹地广及河南、山东诸省;湘江畔的湘潭,是"湖广通粤之要路";上游的重庆,是西南地区的中心。长江流域成为沟通长江文明和黄河文明,连接近代文明与传统文明的通道。

(二)全球视野下物质的流动

物质是中外文明交流互鉴的重要载体。早在春秋战国时期,长江流域与海外文明就已存在商贸往来和技术交流。楚国的苎布、绢丝等

---

① 彭泽益编:《中国近代手工业史资料(1840—1949)》第2卷,第165页。

曾贩运至印度，楚国产或受楚国影响的铁器、漆器曾输往越南。[1] 楚式丝绸、扇子、铜镜等日用之物，在阿尔泰山墓葬中出土。[2] 而楚墓中，有来自地中海文明的蜻蜓眼玻璃珠、琉璃璧。[3] 楚国铁骑上的铁片和铁环，则与伊朗式相类。[4] 乌拉盖河流域出土的战国墓葬中，有楚国山字纹镜和龙凤刺绣丝绸。[5]

在西风东渐过程中，物质文明最早为国人接受。长江流域是近代物质文明输入中国的最重要通道。近代城市生活必备的诸多设施、器物，在长江流域口岸城市以极快的速度引进、传播和普及，使这一区域出现了一批初具现代化特征的城市，其中的上海更是引领了这一潮流，成为国际化的都市。

中国的物质文明也在以不同途径向全球流布，长江流域是中国物种向世界扩散的主要区域。长江独特的自然地理条件，天然孕育了一些特有植物。晚清门户洞开后，欧美来华的植物学家、传教士和商人等从湖北、四川、湖南等地引种了大量植物资源。如园林学家威尔逊（E. H. Wilson）1899年将湖北宜昌光叶珙桐种子引种到英国，[6] 1907年，又在湖北兴山县收集到七子花标本送回国，确立了一个植物新属。1904年，新西兰旺格鲁伊女子学院院长伊莎贝尔（M. L. Fraser）

---

[1] 王胜利、后德俊：《长江流域的科学技术》，湖北教育出版社2007年版，第141、143页。

[2] C. H. 鲁金科：《论中国与阿尔泰部落的古代关系》，潘孟陶译，《考古学报》1957年第2期。

[3] 沈福伟：《中西文化交流史》，上海人民出版社2006年版，第94页。

[4] 方豪：《中西交通史》，岳麓书社1987年版，第52页。

[5] 张正明：《料器与先秦的楚滇关系和中印交通》，《江汉论坛》1988年第12期；熊传新：《楚国的丝织业》，《江汉论坛》1982年第8期。

[6] 闵宗殿主编：《中国农业通史：明清卷》，中国农业出版社2016年版，第451页。

将宜昌的猕猴桃种子带回新西兰,辗转培育出了 Kiwifruit(奇异果)。[1] 1905年起,美国农业部外国植物引种处的梅耶(F. N. Meyer)在长江流域十余年,送回国约2500种植物种子,[2] 等等。

长江流域植物通过被动和主动扩散,流布欧美,促进了世界植物种类多样化,丰富了西方对中国植物的认识,促进了世界近代植物学、生物学的发展。但传教士、植物学家、商人等对中国植物资源的考察和采集,是依托近代不平等条约,出于政治、商业以及学术目的进行的,带有掠夺、盗取色彩。

(三) 器物在知识传播中的作用

器物在知识传播方面发挥着不可忽视的作用。物质背后,涉及物质生产知识的传播,如湖北的青砖茶制作,得益于江西、湖南等地工人及其所带来的技术,而国内对西式器物的仿制,是近代技术本土化的重要阶段。晚清时期,开眼看世界者对西物、西学,逐渐由排斥到接受、介绍,但仍多从传统思想文化中寻求根源进行对接。这一时期对西方新事物的接触、体验,对技术、制造的讨论和争论,以及之后的仿制、制造,适合国情的流通、普及,伴随着人们生活方式和思想观念的改变,推动着中国社会和文化的近代转型。

---

[1] 程锡勇:《全球猕猴桃看过来,老家宜昌很想你》,《湖北日报》2017年2月9日。

[2] 罗桂环:《近代西方人在华的植物学考察和收集》,《中国科技史料》1994年第2期。

参考文献

基本文献

［春秋］管仲：《管子》，中华书局 2004 年版。

［战国］韩非：《韩非子》，上海古籍出版社 1989 年版。

［战国］墨翟：《墨子》，上海古籍出版社 1989 年版。

［战国］荀况著，［唐］杨倞注，耿芸标校：《荀子》，上海古籍出版社 2014 年版。

［汉］孔安国传，［唐］孔颖达等正义：《尚书正义》，上海古籍出版社 1990 年版。

［汉］刘安等编著，［汉］高诱注：《淮南子》，上海古籍出版社 1989 年版。

［汉］刘向集录，范祥雍笺证，范邦瑾协校：《战国策笺证》，上海古籍出版社 2006 年版。

［汉］刘向辑，［汉］王逸注，［宋］洪兴祖补注，孙雪霄校点：《楚辞》，上海古籍出版社 2015 年版。

［汉］司马迁：《史记》，中华书局 1959 年版。

［汉］班固：《汉书》，中华书局 1962 年版。

［汉］崔寔，缪启愉辑释，万国鼎审订：《四民月令辑释》，农业出版社 1981 年版。

〔汉〕刘熙：《释名》，中华书局 2016 年版。

〔汉〕王符：《潜夫论》，上海古籍出版社 1978 年版。

〔汉〕许慎撰，〔宋〕徐铉等校：《说文解字》，上海古籍出版社 2007 年版。

〔汉〕应劭撰，吴树平校释：《风俗通义校释》，天津人民出版社 1980 年版。

〔汉〕袁康、吴平辑录，乐祖谋点校：《越绝书》，上海古籍出版社 1985 年版。

〔汉〕赵晔撰，〔元〕徐天祐注：《吴越春秋》，商务印书馆 1937 年版。

〔汉〕郑玄注，〔唐〕贾公彦疏，黄侃经文句读：《周礼注疏》，上海古籍出版社 1990 年版。

〔三国魏〕曹植著，〔清〕朱绪曾考异，〔清〕丁晏铨评：《曹植集》，上海古籍出版社 2018 年版

〔三国魏〕王弼、韩康伯注，〔唐〕孔颖达等正义，黄侃经文句读：《周易正义》，上海古籍出版社 1990 年版。

〔晋〕陈寿：《三国志》，中华书局 1959 年版。

〔晋〕崔豹撰，牟华林校笺：《〈古今注〉校笺》，线装书局 2015 年版。

〔晋〕杜预注，〔唐〕孔颖达等正义：《春秋左传正义》，上海古籍出版社 1990 年版。

〔晋〕张辅原著，舒焚校注；〔清〕甘鹏云原著，石洪运点校：《楚国先贤传校注·楚师儒传点校》，湖北人民出版社 1999 年版。

〔晋〕张华撰，范宁校证：《博物志校证》，中华书局 1980 年版。

〔晋〕常璩：《华阳国志》，齐鲁书社 2010 年版。

〔晋〕常璩撰，刘琳校注：《华阳国志校注》，巴蜀书社 1984 年版。

［晋］葛洪撰，胡守为校释：《神仙传校释》，中华书局2010年版。

［晋］葛洪撰，周天游校注：《西京杂记》，三秦出版社2006年版。

［晋］张湛注，［唐］卢重玄解，［唐］殷敬顺、［宋］陈景元释文，陈明校点：《列子》，上海古籍出版社2014年版。

［南朝宋］范晔：《后汉书》，中华书局1999年版。

［南朝宋］刘义庆撰，［南朝梁］刘孝标注，朱铸禹汇校集注：《世说新语汇校集注》，上海古籍出版社2002年版。

［南朝梁］何逊：《何逊集》，中华书局1980年版。

［南朝梁］任昉：《述异记》，吉林大学出版社1992年版。

［南朝梁］沈约：《宋书》，中华书局1974年版。

［南朝梁］萧统编纂：《昭明文选》，民主与法制出版社2021年版。

［南朝梁］萧子显：《南齐书》，中华书局1972年版。

［南朝梁］宗懔撰，宋金龙校注：《荆楚岁时记》，山西人民出版社1987年版。

［北魏］贾思勰：《齐民要术》，团结出版社1996年版。

［北魏］郦道元著，陈桥驿校证：《水经注校证》，中华书局2007年版。

［唐］段成式：《酉阳杂俎》，团结出版社2018年版。

［唐］房玄龄等：《晋书》，中华书局1974年版。

［唐］韩鄂原编，缪启愉校释：《四时纂要校释》，农业出版社1981年版。

［唐］李白著，郁贤皓注评：《李白全集注评》，凤凰出版社2018年版。

［唐］李吉甫：《元和郡县图志》，中华书局1983年版。

［唐］李隆基撰，［唐］李林甫注，［日］广池千九郎校注，［日］内田智雄补订：《大唐六典》，三秦出版社1991年版。

〔唐〕李延寿：《南史》，中华书局1975年版。

〔唐〕李肇等：《唐国史补·因话录》，上海古籍出版社1979年版。

〔唐〕陆龟蒙：《耒耜经》，中华书局1985年版。

〔唐〕魏徵等：《隋书》，中华书局1973年版。

〔唐〕姚思廉：《梁书》，中华书局1973年版。

〔唐〕张彦远：《历代名画记》，辽宁教育出版社2001年版。

〔唐〕赵璘：《因话录》，中华书局1985年版。

〔后晋〕刘昫等：《旧唐书》，中华书局1975年版。

〔宋〕晁说之：《晁氏墨经》，中华书局1985年版。

〔宋〕杜绾，〔清〕诸九鼎、〔清〕高兆：《云林石谱·石谱·观石录》，商务印书馆1936年版。

〔宋〕范仲淹：《范文正公文集》，中华书局1985年版。

〔宋〕高承：《事物纪原》，中华书局1989年版。

〔宋〕郭茂倩编撰：《乐府诗集》上下，上海古籍出版社2016年版。

〔北宋〕郭若虚：《图画见闻志》，辽宁教育出版社2001年版。

〔宋〕黄庭坚著，屠友祥校注：《山谷题跋》，上海远东出版社1999年版。

〔宋〕金盈之撰，周晓薇校点：《新编醉翁谈录》，辽宁教育出版社1998年版。

〔宋〕李昉等：《太平御览》，中华书局1960年版。

〔宋〕李纲撰，王瑞明点校：《李纲全集》，岳麓书社2004年版。

〔宋〕刘挚：《忠肃集》，中华书局2002年版。

〔宋〕孔平仲：《续世说》，山东人民出版社2018年版。

〔宋〕寇宗奭：《本草衍义》，中国医药科技出版社2012年版。

〔宋〕梅尧臣：《宛陵先生文集　宛陵集》，中华书局1936年版。

〔宋〕梅尧臣著，朱东润编年校注：《梅尧臣集编年版校注》，上海古籍出版社1980年版。

［宋］欧阳修、宋祁等：《新唐书》，中华书局1975年版。

［宋］欧阳修：《欧阳修全集》，上海中央书店1936年版。

［宋］欧阳修著，李之亮笺注：《欧阳修集编年笺注》，巴蜀书社2007年版。

［宋］邵伯温：《邵氏闻见后录》，上海书店出版社1990年版。

［宋］沈括：《梦溪笔谈》，上海古籍出版社2015年版。

［宋］司马光：《资治通鉴》，中华书局1956年版。

［宋］苏轼著，屠友祥校注：《东坡题跋》，上海远东出版社1996年版。

［宋］苏轼著，邓立勋编校：《苏东坡全集》，黄山书社1997年版。

［宋］苏易简等撰：《文房四谱（外十二种）》，上海古籍出版社1991年版。

［宋］唐慎微等撰，陆拯、郑苏、傅睿等校注：《重修政和经史证类备用本草》，中国中医药出版社2013年版。

［宋］陶毂、吴淑撰，孔一校点：《清异录·江淮异人录》，上海古籍出版社2012年版。

［宋］王谠：《唐语林》，上海古籍出版社1978年版。

［宋］王得臣、赵令畤撰，俞宗宪、傅成校点：《麈史　侯鲭录》，上海古籍出版社2012年版。

［宋］王辟之：《渑水燕谈录》，中华书局1981年版。

［宋］王钦若等编纂：《册府元龟》，中华书局1960年版。

［宋］张舜民：《画墁集》，商务印书馆1935年版。

［宋］曹勋：《松隐文集》，四库全书本。

［宋］陈槱：《负暄野录》，中华书局1985年版。

［宋］范成大：《骖鸾录》，株式会社中文出版社1980年版。

〔宋〕范成大：《桂海虞衡志》，广西人民出版社1986年版。

〔宋〕范成大著，富寿荪标校：《范石湖集》，上海古籍出版社2006年版。

〔宋〕洪迈著，穆公校点：《容斋随笔》，上海古籍出版社2014年版。

〔宋〕扈仲荣、程遇孙：《成都文类》，清文渊阁四库全书本。

〔宋〕李焘，〔清〕黄以周等辑补：《宋史要籍汇编·续资治通鉴长编 附拾补》，上海古籍出版社1986年版。

〔宋〕李心传：《建炎以来系年要录》，上海古籍出版社1987年版。

〔宋〕陆游撰，李剑雄、刘德权点校：《老学庵笔记》，中华书局1979年版。

〔宋〕陆游：《入蜀记·老学庵笔记》，上海远东出版社1996年版。

〔宋〕陆游：《避暑漫抄》，中华书局1985年版。

〔宋〕王象之：《舆地纪胜》，清咸丰刻粤雅堂本。

〔宋〕王应麟：《玉海》，广陵书社2007年版。

〔宋〕洪迈等：《糖霜谱（外九种）》，上海书店出版社2018年版。

〔宋〕吴自牧：《梦粱录》，浙江人民出版社1980年版。

〔宋〕岳珂：《玉楮集》，清文渊阁四库全书本。

〔宋〕曾敏行：《独醒杂志》，清知不足斋丛书刊本。

〔宋〕赵彦卫：《云麓漫钞》，古典文学出版社1957年版。

〔宋〕周密辑：《武林旧事》，浙江人民出版社1984年版。

〔宋〕周去非著，杨武泉校注：《岭外代答校注》，中华书局1999年版。

〔宋〕朱熹：《朱子语类》，清文渊阁四库全书本。

〔宋〕庄绰撰，萧鲁阳点校：《鸡肋编》，中华书局1983年版。

〔金〕元好问：《传世藏书·集成·别集7·元好问集》，海南国际新闻出版中心1996年版。

［元］陈澔注，金晓东校点：《礼记》，上海古籍出版社2016年版。

［元］忽思慧：《饮膳正要》，上海书店出版社1989年版。

［元］陶宗仪撰，李梦生校点：《南村辍耕录》，上海古籍出版社2012年版。

［元］脱脱等：《宋史》，中华书局1977年版。

［元］王恽：《秋涧集》，摛藻堂四库全书荟要·集部·别集类。

［元］王祯撰，缪启愉、缪桂龙译注：《农书译注》，齐鲁书社2009年版。

［明］陈沂：《询刍录》，中华书局1985年版。

［明］范濂：《云间据目抄》，江苏广陵古籍刻印社1984年版。

［明］方以智：《物理小识》，商务印书馆1937年版。

［明］冯梦龙：《喻世明言》，岳麓书社2019年版。

［明］顾鼎臣、杨循吉著，蔡斌点校：《顾鼎臣集 杨循吉集》，上海古籍出版社2013年版。

［明］何乔远：《闽书》，福建人民出版社1994年版。

［明］何宇度：《益部谈资》，载《入蜀记（及其他二种）》，中华书局1985年版。

［明］郎瑛：《七修类稿》，上海书店出版社2009年版。

［明］李日华：《紫桃轩杂缀》，各大书局1935年版。

［明］李时珍：《本草纲目》，山西科学技术出版社2014年版。

［明］陆容：《菽园杂记》，中华书局1985年版。

［明］邱浚著，林冠群、周济夫校点：《大学衍义补》，京华出版社1999年版。

［明］沈德符撰，杨万里校点：《万历野获编》，上海古籍出版社2012年版。

［明］宋濂等：《元史》，中华书局1976年版。

〔明〕宋应星著，钟广言注释：《天工开物》，广东人民出版社1976年版。

〔明〕田艺蘅：《留青日札》，上海古籍出版社1985年版。

〔明〕屠隆撰，秦跃宇点校：《考槃余事》，凤凰出版社2017年版。

〔明〕王士性撰，王景琳点校：《广志绎》，中华书局1981年版。

〔明〕文震亨著，李瑞豪编著：《长物志》，中华书局2012年版。

〔明〕席书编次，〔明〕朱家相增修，荀德麟、张英聘点校：《漕船志》，方志出版社2006年版。

〔明〕姚旅著，刘彦捷点校：《露书》，福建人民出版社2008年版。

〔明〕谢肇淛撰，傅成校点：《五杂组》，上海古籍出版社2012年版。

〔明〕许次纾撰，〔清〕张履祥补撰：《茶疏》，当代中国出版社2014年版。

〔明〕徐光启撰，石声汉校注：《农政全书校注》，上海古籍出版社1979年版。

〔明〕杨慎编，刘琳、王晓波点校：《全蜀艺文志》，线装书局2003年版。

〔明〕叶子奇：《草木子》，中华书局1959年版。

〔明〕张岱：《陶庵梦忆》，上海古籍出版社1982年版。

〔明〕张介宾：《景岳全书》，上海科学技术出版社1959年版。

〔明〕周高起、〔清〕吴骞著，赵菁编：《阳羡茗壶》，金城出版社2012年版。

〔清〕曹雪芹著，无名氏续：《红楼梦》，华文出版社2019年版。

〔清〕陈炽：《续富国策》，朝华出版社2018年版。

〔清〕陈琮：《烟草谱》，清四库全书子部。

〔清〕戴震：《方言疏证》，上海古籍出版社2017年版。

［清］范锴著，江浦等校释：《汉口丛谈校释》，湖北人民出版社1999年版。

［清］冯桂芬：《校邠庐抗议》，上海书店2002年版。

［清］葛元煦著，郑祖安整理：《沪游杂记》，上海书店出版社2006年版。

［清］顾禄：《桐桥倚棹录》，古吴轩出版社，苏州大学出版社2022年版。

［清］顾张思撰，曾昭聪、刘玉红校点：《土风录》，上海古籍出版社2016年版。

［清］郭庆藩：《庄子集释》，中华书局1961年版。

［清］郭嵩焘著，杨坚校补：《郭嵩焘奏稿》，岳麓书社1983年版。

［清］贺长龄、魏源：《皇朝经世文编》，台湾大学出版社1989年版。

［清］黄式权著，郑祖安标点：《淞南梦影录》，上海古籍出版社1989年版。

［清］蓝浦、［清］郑廷桂著，连冕编注：《景德镇陶录图说》，山东画报出版社2005年版。

［清］李斗著，许建中注评：《扬州画舫录》，凤凰出版社2013年版。

［清］梁同书：《笔史》，中华书局1985年版。

［清］梁章钜撰，吴蒙校点：《浪迹丛谈　续谈　三谈》，上海古籍出版社2012年版。

［清］刘锦藻撰：《清朝续文献通考》，商务印书馆1955年版。

［清］刘廷玑撰，张守谦点校：《在园杂志》，中华书局2005年版。

［清］陆绍曾辑：《古今名扇录》，上海古籍出版社2002年版。

［清］茆泮林辑，宋衷注：《世本》，中华书局1985年版。

［清］钱泳撰，孟裴校点：《履园丛话》，上海古籍出版社2012年版。

［清］阮葵生撰，李保民校点：《茶余客话》，上海古籍出版社2012年版。

［清］沈复著，周公度译：《浮生六记》，浙江文艺出版社2017年版。

［清］孙诒让撰，王文锦、陈玉霞点校：《周礼正义》，中华书局1987年版。

［清］檀萃辑，宋文熙、李东平校注：《滇海虞衡志校注》，云南人民出版社1990年版。

［清］唐甄著，吴泽民编校：《潜书》，中华书局1955年版。

［清］王士禛撰，湛之点校：《香祖笔记》，上海古籍出版社1982年版。

［清］王韬：《瀛壖杂志》，上海古籍出版社1989年版。

［清］王先谦集解：《庄子集解》，上海书店出版社1986年版。

［清］吴楚材、吴调侯编：《古文观止》，江苏人民出版社2019年版。

［清］吴其濬：《植物名实图考》，商务印书馆1957年版。

［清］吴震方：《岭南杂记》，中华书局1985年版。

［清］徐珂编撰：《清稗类钞》，中华书局1984年版。

［清］严如熤撰，黄守红标点，朱树人校订：《严如熤集》，岳麓书社2013年版。

［清］杨米人著，路工编选：《清代北京竹枝词（十三种）》，北京古籍出版社1982年版。

［清］叶调元著，徐明庭、马昌松校注：《汉口竹枝词校注》，湖北人民出版社1982年版。

［清］叶梦珠撰，来新夏点校：《阅世编》，中华书局2007年版。

［清］翟灏：《通俗编》，清乾隆十六年（1751年）无不宜斋刻本。

［清］张廷玉等：《明史》，中华书局1974年版。

［清］张廷玉：《清朝文献通考》，浙江古籍出版社1988年版。

［清］张燕昌：《羽扇谱》，上海古籍出版社2002年版。

［清］郑观应著，上海图书馆、澳门博物馆编：《盛世危言》，上海古籍出版社2008年版。

［清］郑珍著，白敦仁笺注：《巢经巢诗钞笺注》，杭州古籍出版社2016年版。

［清］周亮工：《闽小记》，上海古籍出版社1985年版。

邓之诚：《骨董琐记全编》，生活·读书·新知三联书店1955年版。

刘琳等校点：《宋会要辑稿》，上海古籍出版社2014年版。

《明太祖实录》，台湾"中央研究院"历史语言研究所校印本1962年版。

［日］圆仁撰，顾承甫、何泉达点校：《入唐求法巡礼行记》，上海古籍出版社1986年版。

［唐］樊绰撰，向达原校，木芹补注：《云南志补注》，云南人民出版社1995年版。

［宋］潜说友：《咸淳临安志》，浙江古籍出版社2012年版。

［宋］杨潜修，朱端常、林至、胡林卿纂：《云间志》，方志出版社2008年版。

咸淳《临安志》，浙江古籍出版社2012年版。

洪武《苏州府志》，台湾成文出版社有限公司1983年版。

［明］顾炎武：《肇域志》，上海古籍出版社2004年版。

崇祯《吴县志》，上海书店出版社1990年版。

康熙《绍兴府志》，清康熙五十八年（1719年）刻本。

乾隆《苏州府志》，清乾隆十三年（1748年）刻本。

乾隆《湖州府志》，清乾隆二十三年（1758年）刻本。

乾隆《江陵县志》，清乾隆五十九年（1794年）刻本。

嘉庆《彭县志》，清嘉庆十八年（1813年）刻本。

嘉庆《汉阳县志》，清嘉庆二十三年（1818年）刻本。

嘉庆《松江府志》，清嘉庆二十三年（1818年）刻本。

嘉庆《随州志》，清嘉庆间刻本。

道光《徽州府志》，清道光七年（1827年）刻本。

道光《重修仪征县志》，清光绪十六年（1890年）刻本。

同治《竹溪县志》，清同治六年（1867年）刻本。

同治《湖州府志》，清同治十三年（1874年）刻本。

光绪《嘉兴府志》，清光绪五年（1879年）刻本。

光绪《孝感县志》，清光绪九年（1883年）刻本。

光绪《增修崇庆州志》，清光绪十年（1884年）刻本。

光绪《武昌县志》，清光绪十一年（1885年）刻本。

光绪《永昌府志》，清光绪十一年（1885年）刻本。

光绪《湘潭县志》，清光绪十五年（1889年）刻本。

宣统《东莞县志》，1927年养和书局铅印本。

民国《湖北通志》，1921年刻本。

民国《双林镇志》，商务印书馆1917年版。

民国《盛湖志》，1925年刻本。

民国《濮镇纪闻》，北平北海图书馆藏钞本。

民国《吴江县志》，民国年间石印本。

民国《嘉定县续志》，1930年铅印本。

陈度：《昆明近世社会变迁志略》，1940年稿本。

贵州省地方志编纂委员会编：《贵州省志·文物志》，贵州人民出版社2003年版。

湖北省地方志编纂委员会编纂：《湖北省志·文艺》，湖北人民出版社1997年版。

湖北省商业厅主编：《湖北省商业简志》，湖北省商业学校印刷厂1987年版。

马新正主编，桐乡市《桐乡县志》编纂委员会编：《桐乡县志》，上海书店出版社1996年版。

任桐著，彭忠德点校：《沙湖志·园林春色》，武汉出版社2019年版。

上海文献委员会编印：《上海人口志略》，1948年铅印本。

《武汉盘龙城经济开发区志》编纂委员会：《武汉盘龙城经济开发区志》，长江出版社2011年版。

武汉地方志办公室、武汉图书馆编：《民国夏口县志校注》，武汉出版社2010年版。

吴贻弓主编：《上海电影志》，上海社会科学院出版社1999年版。

徐焕斗：《汉口小志》，商务印书馆1915年版。

由月东、陈春舫主编：《上海日用工业品商业志》，上海社会科学院出版社1999年版。

袁景晖：《建始县志》，成文出版社1975年版。

《中国地方志集成：安徽府县志辑51民国歙县志》，江苏古籍出版社1998年版。

《总管内务府现行则例：广储司四卷》，故宫博物院校印1937年版。

白化文总主编，王娟分典主编：《中华大典·民俗典·口头民俗分典》，同心出版社2011年版。

曹惠民、陈伉主编：《扬州八怪全书》第 3 卷，《汪士慎李鱓诗文书画全集》，中国言实出版社 2008 年版。

陈伉：《围棋文化史料大全》，书海出版社 2015 年版。

陈元生、高金波主编：《历代长江诗选》，长江文艺出版社 1993 年版。

陈真编：《中国近代工业史资料》第 4 辑，生活·读书·新知三联书店 1961 年版。

顾炳权编著：《上海洋场竹枝词（新版）》，上海书店出版社 2018 年版。

辜正坤、胡双宝主编：《中国古代名诗三百首》，北京出版社 2000 年版。

黄勇主编：《唐诗宋词全集》，北京燕山出版社 2007 年版。

季镇淮等选注：《历代诗歌选》，中国青年版出版社 1980 年版。

金性尧选注：《宋诗三百首》，上海古籍出版社 1995 年版。

李敖主编：《王维集　李白集　杜甫集　稼轩词》，天津古籍出版社 2016 年版。

李锦全：《李锦全文集》，中山大学出版社 2018 年版。

刘望龄：《黑血·金鼓——辛亥前后湖北报刊史事长编》，湖北教育出版社 1991 年版。

聂宝璋编：《中国近代航运史资料》，上海人民出版社 1983 年版。

宁业高、桑传贤编：《中国历代农业诗歌选》，中国农业出版社 1988 年版。

潘超、丘良任、孙忠铨等编：《中华竹枝词全编》，北京出版社 2007 年版。

彭泽益编：《中国近代手工业史资料 1840—1949》，生活·读书·新知三联书店 1957 年版。

瞿宣颖纂辑，戴维校点：《中国社会史料丛钞甲编397》，湖南教育出版社2009年版。

孙忠纲、孙微：《杜甫集》，凤凰出版社2014年版。

王国平主编：《西湖文献集成》第13册，《历代西湖文选专辑》，杭州出版社2004年版。

汪敬虞：《中国近代工业史资料第2辑1895—1914（下）》，科学出版社1957年版。

王有立主编，倚剑生撰：《中华文史丛书之四十一：光绪二十四年中外大事汇记》，华文书局1969年版。

袁诗琅主编：《中国古典文学名著百部》，《欧阳修集》，中国戏剧出版社2002年版。

王文才、王炎编著：《蜀志类钞》，巴蜀书社2010年版。

徐明庭辑校：《武汉竹枝词》，湖北人民出版社1999年版。

徐雪筠等译编：《上海近代社会经济发展概况（1882—1931）——海关十年报告编译》，上海社会科学院出版社1985年版。

薛愚主编：《中国药学史料》，人民卫生出版社1984年版。

姚贤镐编：《中国近代对外贸易史资料（1840—1895）》，中华书局1962年版。

张春林编：《陆游全集》，中国文史出版社1999年版。

赵德馨主编，吴剑杰、周季鸾等点校：《张之洞全集》第10册，武汉出版社2008年版。

浙江省政协文史资料委员会编：《浙江文史集粹第3辑：经济卷》，浙江人民出版社1996年版。

中国大百科全书军事卷编审室：《中国大百科全书·军事（十）·中国古代兵器分册》，军事科学出版社1987年版。

中国第二历史档案馆编：《中华民国史档案资料汇编》，凤凰出版社 1991 年版。

中国漆器全集编辑委员会编，傅举有本卷主编：《中国漆器全集 3·汉》，福建美术出版社 1998 年版。

周绍良主编：《全唐文新编》，吉林文史出版社 2000 年版。

周振甫主编：《唐诗宋词元曲全集·全唐诗》第 3 册，黄山出版社 1999 年版。

[日]水野幸吉著：《中国中部事情：汉口》，武德庆译，武汉出版社 2014 年版。

[英]穆和德等著：《江汉关十年报告 1882—1931》，李策译，武汉出版社 2022 年版。

《大公报》

《大陆报》

《大声周刊》

《湖北商务报》

《上海新报》

《商务官报》

《申报》

《图画日报》

《中外日报》

近人论著

卞宗舜、周旭、史玉琢：《中国工艺美术史》，中国轻工业出版社 1993 年版。

蔡国声：《文房四宝：中国文房古珍鉴藏》，上海三联书店 2012 年版。

曹之：《中国古代图书史》，武汉大学出版社 2015 年版。

陈刚：《近代汉口社会转型与住居形态发展 1889—1938》，武汉出版社 2022 年版。

陈国灿、奚建华：《浙江古代城镇史》，安徽大学出版社 2003 年版。

陈伟明：《唐宋饮食文化初探》，中国商业出版社 1993 年版。

陈学文：《中国封建晚期的商品经济》，湖南人民出版社 1989 年版。

陈寅恪：《元白诗笺证稿》，商务印书馆 2017 年版。

陈勇：《唐代长江下游经济发展研究》，上海人民出版社 2006 年版。

陈诏：《红楼梦小考》，上海古籍出版社 1985 年版。

陈振裕：《战国秦汉漆器群研究》，文物出版社 2007 年版。

程明铭：《歙砚与名人》，地质出版社 1994 年版。

程英：《中国近代反帝反封建历史歌谣选》，中华书局 1962 年版。

重庆市文物局、重庆市移民局编：《重庆库区考古报告集：1997 卷》，科学出版社 2001 年版。

笪浩波：《探古寻踪：长江流域的古代文化遗迹》，武汉出版社 2006 年版。

董玉梅：《汉口里分》，武汉出版社 2017 年版。

杜石然主编：《中国古代科学家传记》，科学出版社 1992 年版。

范金民、金文：《江南丝绸史研究》，农业出版社 1993 年版。

方豪：《中西交通史》，岳麓书社 1987 年版。

方行、经君健、魏金玉主编：《中国经济通史：清代经济卷》，经济日报出版社 2000 年版。

冯立昇、关晓武、张治中：《工具器械》，大象出版社 2016 年版。

傅才武：《近代化进程中的汉口文化娱乐业（1861—1949）》，湖北教育出版社 2005 年版。

复旦大学历史学系、复旦大学中外现代化进程研究中心编：《近代中国的物质文化》，上海古籍出版社 2015 年版。

傅舟：《中国美术史》，重庆大学出版社 2014 年版。

葛涛、石冬旭：《具像的历史：照相与清末民初上海社会生活》，上海辞书出版社 2011 年版。

古方主编：《中国出土玉器全集 7：江苏 上海》，科学出版社 2005 年版。

顾颉刚著，王煦华辑：《苏州史志笔记》，江苏古籍出版社 1987 年版。

谷兴荣等：《湖南科学技术史》，湖南科学技术出版社 2009 年版。

何云波：《中国围棋文化史》，武汉大学出版社 2015 年版。

侯毓信：《唐宋散文》，上海人民出版社 2017 年版。

湖北省博物馆：《曾侯乙墓》，文物出版社 1989 年版。

湖南省博物馆编：《湖南省博物馆文物精粹（中英文本）》，上海书店出版社 2003 年版。

湖北省文物考古研究所：《江陵九店东周墓》，科学出版社 1995 年版。

湖南省博物馆，湖南省文物考古研究所等：《长沙楚墓》，文物出版社 2000 年版。

胡适著，欧阳哲生、刘红中编：《中国的文艺复兴》，外语教学与研究出版社 2001 年版。

华觉明、李劲松主编：《中国百工》，古吴轩出版社 2010 年版。

华觉明、谭德睿主编：《图说中华铜文化》，中国科学技术大学出版社 2018 年版。

黄成林等：《安徽旅游文化研究》，安徽师范大学出版社 2011

年版。

黄凤春：《浓郁楚风：楚国的衣食住行》，湖北教育出版社 2001 年版。

贾海燕：《荆楚医药》，武汉出版社 2016 年版。

蒋风主编：《玩具论》，希望出版社 1996 年版。

李彬彬：《公墓与近代上海的城市变迁：1909—1937》，上海社会科学院出版社 2021 年版。

李苍彦编：《中华灯彩》，北京工艺美术出版社 2013 年版。

李长莉：《中国近代社会生活史》，中国社会科学出版社 2015 年版。

李德喜、陈善钰：《中国古典家具》，华中理工大学出版社 1998 年版。

李根蟠：《中国农业史》，文津出版社 1997 年版。

李孝悌：《恋恋红尘：中国的城市、欲望和生活》，上海人民出版社 2007 年版。

李占才主编：《中国铁路史（1876—1949）》，汕头大学出版社 1994 年版。

刘敦桢主编：《中国古代建筑史》，中国建筑工业出版社 1984 年第 2 版。

刘洪涛、石雨祺：《中国古代印刷》，中国商业出版社 2015 年版。

刘建龙：《古文名篇类鉴》，中央编译出版社 2020 年版。

刘克祥：《简明中国经济史》，经济科学出版社 2001 年版。

刘锚锚：《"陶"向"瓷"的过渡与并存》，中国书籍出版社 2019 年版。

鲁文忠选注：《中国古代音乐诗 200 首》，上海音乐出版社 1993 年版。

陆韵、陶祎珺：《走近上海医院深处的老建筑》，同济大学出版社2017年版。

罗时汉：《古城汉阳》，武汉出版社2017年版。

罗苏文：《沪滨闲影》，上海辞书出版社2004年版。

马大勇：《青闺爱巧：中国女子的古典巧艺》，重庆大学出版社2013年版。

马茂元、赵昌平选注：《唐诗三百首新编》，岳麓书社1992年版。

马鹏翔：《无限江山：长江流域的君王与后苑》，长江出版社2014年版。

闵宗殿主编：《中国农业通史：明清卷》，中国农业出版社2016年版。

聂菲：《中国古代家具鉴赏》，四川大学出版社2000年版。

聂菲、张曦：《良工匠意：中国古代家具沿革考述》，百花文艺出版社2016年版。

蒲仪军：《都市演进的技术支撑：上海近代建筑设备特质及社会功能探析1865—1955》，同济大学出版社2017年版。

钱玄、钱兴奇：《三礼辞典》，凤凰出版社2014年版。

乔志霞：《中国古代航海》，中国商业出版社2015年版。

阙碧芬、范金民：《明代宫廷织绣史》，故宫出版社2015年版。

任杰：《中国近代时间计量探索》，花木兰出版社2015年版。

茹桂主编：《美术辞林：书法艺术卷》，陕西人民美术出版社1992年版。

阮浩耕、沈冬梅、于良子点校注释：《中国古代茶叶全书》，浙江摄影出版社1999年版。

尚秉和：《历代社会风俗事物考》，岳麓书社1991年版。

上海煤气公司编：《历经沧桑显辉煌——上海市煤气公司发展史

(1865年—1995年)》，上海远东出版社1995年版。

沈从文：《中国古代服饰研究》，商务印书馆香港分馆1981年版。

沈从文：《扇子史话》，万卷出版公司2005年版。

沈福伟：《中西文化交流史》，上海人民出版社2006年版。

沈福煦：《中国建筑史》，上海人民美术出版社2015年版。

史斌：《电报通信与清末民初的政治变局》，中国社会科学出版社2012年版。

宋传银：《国之命脉：长江流域的财源与税赋》，长江出版社2014年版。

宋公文、张君：《楚国风俗志》，湖北教育出版社1995年版。

《苏州通史》编纂委员会编，王国平、唐力行主编：《苏州通史：清代卷》，苏州大学出版社2019年版。

孙机：《汉代物质文化资料图说》，文物出版社1991年版。

孙机：《中国古代物质文化》，中华书局2014年版。

谭仲池主编：《长沙通史：现代卷》，湖南教育出版社2013年版。

王崇焕：《中国古代交通》，天津教育出版社1991年版。

王笛著：《街头文化：成都公共空间、下层民众与地方政治(1870—1930)》，李德英、谢继华、邓丽译，中国人民大学出版社2006年版。

王辉：《中国古代娱乐》，中国商业出版社2015年版。

王瑞明、雷家宏：《湖北通史：宋元卷》，华中师范大学出版社1999年版。

王胜利、后德俊：《长江流域的科学技术》，湖北教育出版社2007年版。

王维江、吕澍著：《另眼相看：晚清德语文献中的上海》，上海辞书出版社2009年版。

王文锦译解:《礼记译解》,中华书局 2001 年版。

王余、李北星:《灯景灯品灯情:历代诗词曲中的灯彩世界》,西南交通大学出版社 2013 年版。

文怀沙主编:《四部文明:隋唐文明卷 50》,陕西人民出版社 2007 年版。

吴存浩:《中国农业史》,警官教育出版社 1996 年版。

吴熊和主编,肖瑞峰、沈松勤:《中国古典文学名著精品 宋词精品附历代词精品》,时代文艺出版社 2018 年版。

席龙飞:《中国造船史》,海洋出版社 2013 年版。

萧致治主编:《鸦片战争史》,福建人民出版社 1996 年版。

熊月之主编:《上海通史》,上海人民出版社 1999 年版。

熊月之:《千江集》,上海人民出版社 2011 年版。

徐琛:《中国绘画史》,文化艺术出版社 2012 年版。

徐海荣主编:《中国饮食史》,华夏出版社 1999 年版。

许涤新、吴承明主编:《中国资本主义发展史第 1 卷:中国资本主义的萌芽》,人民出版社 2003 年版。

许海山主编:《中国历代诗词曲赋大观》,北京燕山出版社 2007 年版。

许嘉璐主编:《中国古代礼俗辞典》,中国友谊出版社 1991 年版。

姚伟钧:《长江流域的饮食文化》,湖北教育出版社 2004 年版。

姚伟钧:《长江文明之旅:长江流域的饮食生活》,长江出版社 2019 年版。

杨伯达:《中国古代艺术文物论丛》,紫禁城出版社 2002 年版。

杨代欣:《中国家具收藏与鉴赏》,巴蜀书社 2000 年版。

伊永文:《古代中国札记》,中国社会出版社 1999 年版。

尹铁:《晚清铁路与晚清社会变迁研究》,经济科学出版社 2005

年版。

袁珂校注：《山海经校注》，上海古籍出版社1980年版。

袁珂、周明编：《中国神话资料萃编》，四川社会科学院1985年版。

袁宜萍：《浙江丝绸文化史话》，宁波出版社1999年版。

张秉伦等：《安徽科学技术史稿》，安徽科学技术出版社1990年版。

张海林：《王韬评传》，南京大学出版社2007年版。

张立辉：《和古人一起玩游戏》，中国戏剧出版社2010年版。

张亮采：《中国风俗史》，吉林出版集团股份有限公司2017年版。

张秋平、袁晓黎主编：《中国设计全集第6卷：服饰类编·冠履篇》，商务印书馆2012年版。

张硕：《巧梭慧针：长江流域的丝织与刺绣》，武汉出版社2006年版。

张硕：《长江文明之旅：长江流域的丝织刺绣》，长江出版社2015年版。

章斯睿：《塑造近代中国牛奶消费：对近代上海乳业市场发展及其管理的考察》，上海社会科学院出版社2021年版。

张小庄：《清代笔记、日记中的书法史料整理与研究》，中国美术学院出版社2012年版。

章巽主编：《中国航海科技史》，海洋出版社1991年版。

张亚林、江岸飞：《中国陶瓷设计史》，江西美术出版社2016年版。

赵光勇主编：《汉魏六朝乐府观止》，陕西人民教育出版社2019年版。

浙江省文物考古研究所：《河姆渡——新石器时代遗址考古发掘报告（上、下）》，文物出版社2003年版。

郑振铎：《中国版画史图录》1，中国书店 2012 年版。

中国国家博物馆、湖北省博物馆：《江汉汤汤：湖北出土商周文物》，北京时代华文书局 2015 年版。

中国湖州·国际湖笔文化节组委会编：《湖笔与中华文明：湖笔文化论坛论文集》，湖州日报印刷厂 2001 年版。

周德钧：《汉口的租界——一项历史社会学的考察》，天津教育出版社，2009 年版。

周啸天主编：《古诗词鉴赏》，四川辞书出版社 2018 年版。

周昕：《中国农具通史》，山东科学技术出版社 2010 年版。

朱瑞熙：《宋代社会研究》，中州书画社 1983 年版。

朱世力主编：《中国古代文房用具》，上海文化出版社 1999 年版。

朱晓剑：《闲雅成都》，东南大学出版社 2017 年版。

朱仲玉等：《中国古代的文房四宝》，上海文化出版社 2003 年版。

［法］R·巴特：《符号学美学》，董学文、王葵译，辽宁人民出版社 1987 年版。

［美］李欧梵：《上海摩登——一种新都市文化在中国 1930—1945》，毛尖译，北京大学出版社 2005 年版。

［日］岩间一弘：《上海大众的诞生与变貌：近代新兴中产阶级的消费、动员和活动》，葛涛、甘慧杰译，上海辞书出版社 2016 年版。

［英］李约瑟原著，［英］柯林·罗南改编：《中国科学文明史》，上海交通大学科学史系译，上海人民出版社 2014 年版。

常彧：《矟之成艺——魏晋南北朝的骑矟战斗及军事文化的形成》，《中华文史论丛》2014 年第 4 期。

陈定荣、徐建昌：《江西临川县宋墓》，《考古》1988 年第 4 期。

陈国安：《浅谈衡阳县何家皂北宋墓纺织品》，《文物》1984 年第

12 期。

陈晶、陈丽华：《江苏武进村前南宋墓清理纪要》，《考古》1986年第 3 期。

陈玉寅：《江苏吴江梅堰新石器时代遗址》，《考古》1963 年第 6 期。

程丽珍：《曾侯乙笙复原研究》，《文物修复与研究》2009 年第 4 期。

崔菊姬：《中国古代长柄香炉》，《中原文物》2016 年第 5 期。

崔军锋：《技术、观念与社会想象：X 光知识与实践在近代中国的传布与接受（1896—1949）》，《自然辩证法通讯》2021 年第 3 期。

戴开元：《中国古代的独木舟和木船的起源》，《船史研究》1985 年第 1 期。

戴吾三：《1897 年苏州博习医院引入简易 X 光机》，《中国科技史料》2002 年第 3 期。

丁贤勇：《新式交通与生活中的时间：以近代江南为例》，《史林》2005 年第 4 期。

范和：《吴城商代遗址新出土的陶器》，《南方文物》1976 年第 2 期。

方向明：《反山大玉琮及良渚琮的相关问题》，《东方博物》2019 年第 4 期。

方志良：《浙江诸暨南宋董康嗣夫妇墓》，《文物》1988 年第 11 期。

冯汉骥：《前蜀王建墓出土的平脱漆器及银铅胎漆器》，《文物》1961 年第 11 期。

傅振伦：《记长沙左家公山发现的古笔》，《文史哲》1956 年第 2 期。

吴春明、王凤竹：《湖北巴东茅寨子湾遗址发掘报告》，《考古学报》2001 年第 3 期。

郭梦雨、文璋：《河姆渡先民的衣食住行》，《大众考古》2014 年第 7 期。

何炳棣：《美洲作物的引进、传播及其对中国粮食生产的影响（二）》，《世界农业》1979 年第 5 期。

河姆渡遗址考古队：《浙江河姆渡遗址第二期发掘的主要收获》，《文物》1980 年第 5 期。

湖北省博物馆：《一九六三年湖北黄陂盘龙城商代遗址的发掘》，《文物》1976 年第 1 期。

湖北省博物馆：《盘龙城二里岗期青铜器》，《文物》1996 年第 2 期。

湖北省荆沙铁路考古队包山墓地整理小组：《荆门市包山楚墓发掘简报》，《文物》1988 年第 5 期。

湖北省荆州地区博物馆：《江陵天星观 1 号楚墓》，《考古学报》1982 年第 1 期。

湖北省文化局文物工作队：《湖北江陵三座楚墓出土大批重要文物》，《文物》1966 年第 5 期。

王红等：《湖北襄阳邓城韩岗遗址发掘报告》，《江汉考古》2002 年第 2 期。

胡刚、陶洋、宋涛：《湖北襄阳卸甲山墓地战国—西汉墓葬发掘简报》，《江汉考古》2017 年第 4 期。

胡迟：《池州傩戏：人与神的对话》，《江淮文史》2012 年第 4 期。

湖南省博物馆：《湖南常德德山楚墓发掘报告》，《考古》1963 年第 9 期。

湖南省博物馆：《长沙浏城桥一号墓》，《考古学报》1972 年第 1 期。

湖南省博物馆：《湖南湘阴唐墓清理简报》，《文物》1972年第11期。

湖南省博物馆：《新发现的长沙战国楚墓帛画》，《文物》1973年第7期。

胡文权：《琐谈我国古代的蔬菜》，《植物杂志》1988年第1期。

黄承宗：《四川木里出土的汉代农具》，《农业考古》1981年第1期。

黄纲正：《长沙市五里牌战国木椁墓》，《湖南考古辑刊》1982年第1期。

黄金贵、胡丽珍：《评王力的"羹、汤"说》，《浙江大学学报（人文社会科学版）》2005年第1期。

黄权生、罗美洁：《长江流域水柴生成和利用研究》，《三峡大学学报（人文社会科学版）》2021年第3期。

黄权生、罗美洁：《东汉至隋朝三峡军事浮（索）桥及其攻防战》，《军事历史研究》2013年第2期。

姜明辉：《以鲥为瘟：古代长江鲥鱼的污名化》，《农业考古》2021年第1期。

江苏省文物工作队：《扬州施桥发现了古代木船》，《文物》1961年第6期。

江西省历史博物馆，贵溪县文化馆：《江西贵溪崖墓发掘简报》，《文物》1980年第11期。

江西省文物工作队：《江西南城明益宣王朱翊鈏夫妇合葬墓》，《文物》1982年第8期。

金凤君、王娇娥：《20世纪中国铁路网扩展及其空间通达性》，《地理学报》2004年第2期。

金庚星：《媒介的初现：上海火警中的旗灯、钟楼和电话》，《新闻与传播研究》2015 年第 12 期。

荆州地区博物馆：《湖北江陵马山砖厂一号墓出土大批战国时期丝织品》，《文物》1982 年第 10 期。

院文清：《江陵马山砖厂二号楚墓发掘简报》，《江汉考古》1987 年第 3 期。

蓝勇：《传统制造名实类分无序与技术时代断层研究——以近代川江木船船型调查反映的现象为例》，《西南大学学报（社会科学版）》2019 年第 5 期。

李伯重：《我国稻麦复种制产生于唐代长江流域考》，《农业考古》1982 年第 2 期。

李伯重：《明清江南地区造船业的发展》，《中国社会经济史研究》1989 年第 1 期。

李根蟠：《先秦农器名实考辨——兼谈金属农具代替石木骨蚌农具的过程》，《农业考古》1986 年第 2 期。

李举纲、张蒙滋：《中国古代的制墨业》，《碑林集刊》2001 年第 7 辑。

李立新：《鹿车考析》，《民族艺术》2010 年第 3 期。

李永加：《河姆渡遗址出土"骨哨"研究》，《东南文化》2012 年第 4 期。

李勇军、陆楚琼：《地方文献中的清代汉口城市社会》，《湖北社会科学》2009 年第 8 期。

廖江波：《中国传统葛纺织服饰探析》，《丝绸》2020 年第 2 期。

廖江波、杨小明：《布衣本体语义视角下的葛麻》，《服饰研究》2017 年第 3 期。

林邦存：《崇阳商代铜鼓》，《乐器》1982 年第 5 期。

林声：《晋宁石寨山出土铜器图象所反映的西汉滇池地区的奴隶

社会》,《文物》1975 年第 2 期。

林声:《中国古代的"车船"——〈中国古代造船史料汇考〉之一》,《郑州大学学报(哲学社会科学版)》1979 年第 1 期。

刘洁:《汉代席考——论汉赋述及的古席原型及其文化》,《黑龙江史志》2008 年第 14 期。

刘丽文:《镇江出土宋代泥孩儿》,《收藏》2015 年第 3 期。

刘美志、郭平兴:《湘军兴起与近代湖南早期物质生活的演变》,《船山学刊》2007 年第 2 期。

刘庆平、肖放:《转型期的汉口民俗——清末民初汉口民俗研究》,《江汉论坛》1998 年第 7 期。

刘秋阳:《困顿与迷茫——近代的武汉人力车夫》,《学习月刊》2007 年第 8 期。

刘兴、肖梦龙:《江苏溧阳竹箦北宋李彬夫妇墓》,《文物》1980 年第 5 期。

陆胤:《"实用"与"虚文"之间——清季民初新编尺牍教本源流考》,《文艺理论研究》2022 年第 1 期。

罗桂环:《近代西方人在华的植物学考察和收集》,《中国科技史料》1994 年第 2 期。

罗宗真:《淮安宋墓出土的漆器》,《文物》1963 年第 5 期。

吕静:《耳杯及其功用新考》,《湖南省博物馆馆刊》2018 年第 00 期。

马敏:《博览会与近代中国物质文化变迁——以南洋劝业会、西湖博览会为中心》,《近代史研究》2020 年第 5 期。

南京博物院:《如皋发现的唐代木船》,《文物》1974 年第 5 期。

南京博物馆:《江苏吴县草鞋山遗址》,载文物编辑委员会编:《文物资料丛刊》(3),文物出版社 1980 年版。

倪文俊：《嘉定封浜宋船发掘简报》，《文物》1979 年第 12 期。

楚文化研究会编：《楚文化研究论集》第 1 集，荆楚书社 1987 年版。

彭福荣、吴吴：《水木匠·血盆饭·水和尚——乌江船夫文化解读》，《广西民族大学学报（哲学社会科学版）》2016 年第 6 期。

钱镛、范放、黄正祥：《苏州虎丘云岩寺塔发现文物内容简报》，《文物》1957 年第 11 期。

上海博物馆、沈令昕、许勇翔：《上海市青浦县元代任氏墓葬记述》，《文物》1982 年第 7 期。

诗中、家和：《江西新余拾年山遗址原始农业遗存》，《农业考古》1989 年第 2 期。

四川省博物馆：《成都百花潭中学十号墓发掘记》，《文物》1976 年第 3 期。

四川省博物馆：《四川万县唐墓》，《考古学报》1980 年第 4 期。

四川省文物管理委员会、四川省文物考古研究所、成都市博物馆：《成都十二桥商代建筑遗址第一期发掘简报》，《文物》1987 年第 12 期。

宋镇豪：《从出土文物看春秋战国时代的服饰（上、下）》，《文物天地》1996 年第 1，2 期。

苏州博物馆、江阴县文化馆：《江阴北宋"瑞昌县君"孙四娘子墓》，《文物》1982 年第 12 期。

苏州市文物保管委员会、苏州博物馆：《苏州吴张士诚母曹氏墓清理简报》，《考古》1965 年第 6 期。

随县擂鼓墩一号墓考古发掘队：《湖北随县曾侯乙墓发掘简报》，《文物》1979 年第 7 期。

孙机：《略论百炼钢刀剑及相关问题》，《文物》1990 年第 1 期。

孙作云:《长沙战国时代楚墓出土帛画考》,《人文杂志》1960年第4期。

王恺、邱永生:《徐州狮子山西汉楚王陵发掘简报》,《文物》1998年第8期。

王崇礼:《楚巫略说》,载《楚俗研究》第3集,湖北美术出版社1999年版。

王钢:《汉口燮昌火柴厂创办始末》,《武汉文史资料》2007年第11期。

王光艳:《纪录片在湖北的早期传播研究(1903—1935)》,《当代电影》2016年第12期。

王宏钧、刘如仲:《明代后期南京城市经济的繁荣和社会生活的变化——明人绘〈南都繁会图卷〉的初步研究》,《中国历史博物馆馆刊》1979年第1期。

王齐洲:《论荆楚精神》,《湖北电大学刊》1997年第1期。

王强:《近代蛋品出口贸易与蛋业发展》,《史林》2014年第5期。

王青建:《试论出土算筹》,《中国科技史料》1993年第3期。

王晓涛、夏晶、胡乔等:《江苏仪征刘集联营1—4号西汉墓发掘简报》,《东南文化》2017年第4期。

王志高、邵磊:《试论我国古代墨的形制及其相关问题》,《东南文化》1993年第2期。

王治平:《汉口蛋行史话》,《武汉文史资料》1994年第2期。

汪济英、牟永抗:《关于吴兴钱山漾遗址的发掘》,《考古》1980年第4期。

汪遵国、郁厚本、尤振尧:《江苏六合程桥东周墓》,《考古》1965年第3期。

魏宇文:《清代〈释名〉注疏研究》,暨南大学出版社2023年版。

文士丹：《长江中游的先秦农具》，《农业考古》1987年第1期。

武汉市文物考古研究所、巫山县文物管理所：《重庆巫山土城坡墓地2004年发掘简报》，《江汉考古》2009年第2期。

巫惠民、阳吉昌：《广西桂林甑皮岩洞穴遗址的试掘》，《考古》1976年第3期。

吴加安、梁中合、鹿俊倜：《安徽蒙城尉迟寺遗址发掘简报》，《考古》1994年第1期。

吴铭生、戴亚东：《长沙出土的三座大型木椁墓》，《考古学报》1957年第1期。

吴山菁：《江苏六合县和仁东周墓》，《考古》1977年第5期。

夏渌：《从楚简"车輂"谈"太史公牛马走"》，《江汉论坛》1986年第8期。

肖梦龙：《江苏金坛南宋周瑀墓发掘简报》，《文物》1977年第7期。

谢韩、李勇：《古代酱生产发展研究》，《江苏调味副食品》2016年第2期。

谢振声：《上海科学仪器馆述略》，《科学》1990年第1期。

熊传新：《楚国的丝织业》，《江汉论坛》1982年第8期。

熊传新、陈慰民：《湖南长沙咸嘉湖唐墓发掘简报》，《考古》1980年第6期。

熊月之：《晚清上海私园开放与公共空间的拓展》，《学术月刊》1998年第8期。

徐琳：《钱裕墓出土元代玉器综述》，《台北故宫文物月刊》1999年第193期。

徐涛：《自行车与近代中国》，《史林》2015年第6期。

徐文永：《晚清重庆报业发展述评》，《宜宾学院学报》2005年第

5 期。

徐州博物馆：《江苏徐州后山西汉墓发掘简报》，《文物》2014 年第 9 期。

许檀：《明清时期区域经济的发展——江南、华北等若干区域的比较》，《中国经济史研究》1999 年第 2 期。

许至：《以羹探政：论古代食物与政治关系》，《孔子研究》2017 年第 5 期。

闫艳：《古代"馒头"义辩证——兼释"蒸饼"、"炊饼"、"笼饼"与"包子"》，《南京师范大学文学院学报》2003 年第 1 期。

杨赤：《鄱阳湖史家桥原始稻作农业遗存》，《农业考古》1998 年第 1 期。

杨定爱：《湖北宜城罗岗车马坑》，《文物》1993 年第 12 期。

杨古城、曹厚德：《南宋东钱湖仿木结构石椅》，《浙江工艺美术》1994 年第 4 期。

杨海涛：《汉代〈中官〉铭铜扣彩绘云熊纹漆盘赏析》，《文物鉴定与鉴赏》2011 年第 7 期。

杨鸿霞：《安徽舒城九里墩春秋墓》，《考古学报》1982 年第 2 期。

杨权喜：《光化五座坟西汉墓》，《考古学报》1976 年第 2 期。

杨君、陈皓：《从方苏雅的老照片想到的》，《现代传播》1999 年第 3 期。

杨小军、张华：《晚清上海厅堂陈设——以〈点石斋画报〉中的室内场景画面为中心》，《中国建筑装饰装修》2010 年第 9 期。

姚军：《关于邛窑省油灯问题的探讨》，《四川文物》2001 年第 3 期。

弈闻：《我国古代的围棋》，《文史杂志》1987 年第 4 期。

仪征市博物馆：《江苏仪征刘集联营 1—4 号西汉墓发掘简报》，

《东南文化》2017年第4期。

尹焕章：《仪征破山口探掘出土铜器纪略》，《文物》1960年第4期。

喻枝英：《"波罗馆"与"夜总会"》，《武汉文史资料》1997年第4期。

袁北星：《辛亥革命前后湖北社会生活变迁及其象征性意义》，《江汉论坛》2011年第11期。

袁进京：《重庆市涪陵区石沱遗址1998年度发掘报告》，《北京文物与考古》2002年第6期。

曾维华：《"黄瓜"始名考》，《上海师范大学学报（社会科学版）》2000年第4期。

曾庸：《汉代的金马书刀》，《考古》1959年第7期。

张文绪、袁家荣：《湖南道县玉蟾岩古栽培稻的初步研究》，《作物学报》1998年第4期。

张新宁：《云南江川县李家山古墓群第二次发掘》，《考古》2001年第2期。

张欣如：《湖南长沙近郊隋唐墓清理》，《考古》1966年第4期。

张绪球、何德珍等：《钟祥六合遗址》，《江汉考古》1987年第2期。

张亚生、徐良玉、古建：《江苏邗江蔡庄五代墓清理简报》，《文物》1980年第8期。

张正明：《料器与先秦的楚滇关系和中印交通》，《江汉论坛》1981年第2期。

张仲礼、沈祖炜：《近代上海市场发育的若干特点》，《上海社会科学院学术季刊》1994年第2期。

赵桦、陈永祥：《试述春秋战国时期楚人的饮食》，《湘潭大学学报（哲学社会科学版）》1987年第1期。

浙江省文管会：《吴兴钱山漾遗址第一、二次发掘报告》，《考古学报》1960 年第 2 期。

浙江省文物管理委员会：《杭州水田畈遗址发掘报告》，《考古学报》1960 年第 2 期。

浙江省文物管理委员会等：《河姆渡遗址第一期发掘报告》，《考古学报》1978 年第 1 期。

中国社会科学院考古研究所长江工作队：《湖北均县朱家台遗址》，《考古学报》1989 年第 1 期。

周安庆：《昔日丹青证沉史》，《东方收藏》2015 年第 3 期。

周匡明：《钱山漾残绢片出土的启示》，《文物》1980 年第 1 期。

周能：《湖南常德东吴墓》，《考古》1992 年第 7 期。

周世荣：《长沙赤峰山二号唐墓简介》，《文物》1960 年第 3 期。

周世荣：《长沙烈士公园发现五代灰坑》，《考古》1965 年第 9 期。

朱和平、李蕊廷：《传统走向现代：晚清民国包装业的转型》，《工业工程设计》2021 年第 6 期。

訾威、方晓阳：《中国古代漆砚探析》，《广西民族大学学报（自然科学版）》2020 年第 1 期。

左烨、黄懿君：《话说折扇——锡博藏箑拾珍》，《书画艺术》2004 年第 2 期。

C. H. 鲁金科：《论中国与阿尔泰部落的古代关系》，潘孟陶译，《考古学报》1957 年第 2 期。

蒋乐平、朱倩、郑建明、施加农：《跨湖桥遗址发现中国最早的独木舟》，《中国文物报》2003 年 3 月 21 日。

陇菲：《漫议"便面"——兼谈文物图像命名》，《光明日报》2012 年 3 月 13 日。

明海英：《近代长江文化推动中国社会发展——访南开大学历史

学院教授陈振江》，《中国社会科学报》2019 年 9 月 6 日。

莫泽：《西汉"张姌楱槃"夹纻胎漆盘的保护修复》，《中国文物报》2018 年 9 月 14 日。

袁家荣：《玉蟾岩获水稻起源重要新物证》，《中国文物报》1996 年 3 月 3 日。

曹家启：《唐宋时期南方地区交通研究》，浙江大学博士学位论文，2001 年。

代亚松：《茶馆与近代汉口的文化社会生活》，华中师范大学硕士学位论文，2007 年。

洪石：《战国秦汉漆器研究》，中国社会科学院博士学位论文，2002 年。

刘翠佳：《苎麻纺织品的发展》，东华大学硕士学位论文，2018 年。

马元琪：《中国古代箭镞材质的演变与发展研究》，西北民族大学硕士学位论文，2019 年。

任晓飞：《都市生活与文化记忆》，华中师范大学博士学位论文，2012 年。

唐娴：《汉代成都漆器的审美研究》，西南民族大学硕士学位论文，2019 年。

王运辅：《三峡先秦渔猎经济的考古学观察》，重庆师范大学硕士学位论文，2006 年。

翟岩：《清代江西建昌府士绅与地方公共事务》，江西师范大学硕士学位论文，2011 年。

赵戈：《时段理论视野下中国古代防护装具研究》，西北大学博士学位论文，2018 年。

后 记

本书由路彩霞、朱晓艳分工合作完成。文史所研究生吴笑宇、殷柯协助搜集整理了第一、二章的资料和文稿，后由朱晓艳进行了统一修订。研究生裴远、万梦迪对第五章注释进行了补校。

写作此书比最初预想的要困难很多。通论性专题书稿由于时间跨度长、地域范围广、衣食住行用涉及内容多，且需要留意甄别所描述对象是否为长江流域特有的、创始的或普遍存在的，以避免将其他区域器物误归入长江流域范围。因为这样的谨慎与志忑，本卷在定稿阶段进展明显迟缓，数次删改调整，方敢呈主编过目。

非常感谢主编冯天瑜先生、刘玉堂研究员给予我们承担《长江文明通史·物用卷》的机会，长者的充分信任、悉心指导、亲自斧正，是本卷得以顺利完成的重要保障。感谢武汉出版社的耐心等待、细心校对、用心打造。本书写作过程参阅了前辈学者和同仁的研究成果，在此一并谨致谢忱！虽经众人帮助，限于作者水平，本书仍有一些瑕疵和遗憾，敬请读者批评指正。

路彩霞　朱晓艳

2022年冬